KB142675

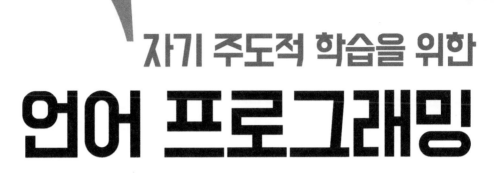

C

자기 주도적 학습을 위한

언어 프로그래밍

이형옥 · 이성운 共著

21세기사

머리말

    4차 산업 시대의 기반인 인공지능, 사물 인터넷, 빅 데이터, 클라우드 컴퓨팅 등은 미래 사회에서 요구하는 능력의 근간이 될 것입니다. 이러한 디지털 기술을 통해 미래 사회에서 창의적 문제 해결 능력을 갖추는 것은 매우 도전적인 문제입니다.

    문제 해결을 위한 논리적 처리 절차를 생각하고 컴퓨터를 활용하는 도구를 이용하여 창의적 아이디어를 구현하는 능력은 IT 영역에서 의미 있는 활동이라고 할 수 있습니다.

    이 책은 C 프로그래밍 언어에 익숙하지 않은 초보자라 할지라도 자기 주도적으로 학습 내용을 이해하고, 어떻게 활용할 수 있는지 답습을 통해 익힐 수 있도록 구성 하였습니다.

    먼저 C 언어의 문법적 요소를 이해하고, 문법 요소가 프로그램에서 어떻게 활용되고, 의미가 무엇인지 학습자가 생각하는 기회를 갖도록 하였습니다. 또한 다양한 프로그래밍 방법에 대해 예제를 통해 배울 수 있도록 하였으며 연습문제를 통해 학습자 중심으로 실습을 할 수 있도록 구성 하였습니다.

    이 책을 통해 자신의 인내력과 실천 중심의 자기 주도적 학습으로 C 언어와 활용에 대해 의미 있는 성장이 있기를 희망합니다.

저자

목차

CHAPTER 03 상수와 변수

CHAPTER 04 연산자

CHAPTER 09 포인터

CHAPTER 10 구조체와 공용체

CHAPTER 11 메모리 할당과 해제

CHAPTER 12 파일처리

1.1 C 언어의 역사

　C 언어의 기원은 1972년 벨 연구소의 Dennis Ritchie와 Brian Kernighan이 개발하였다. 개발 이유로는 PDP-11에서 사용할 새로운 유닉스 운영체제를 만들기 위해 B 언어를 개량한 C 언어를 만들었다. C 언어는 UNIX에서 어셈블리 언어를 대신하여 운영체제를 작성하는데 사용되었다. 어셈블리 언어는 기계어를 단지 의사코드화 시켜놓은 것에 불과했기 때문에 역시 어려운 언어다. 그것에 비해 C 언어는 매우 융통성이 있고, 사용하기 쉬워 C 언어를 사용하는 프로그래머가 증가하였다. 1978년 Brain Kernighan과 Dennis Ritchie가 공동 연구하여 C 프로그래밍 언어 책을 펴냄으로써 널리 알려지게 되었는데 K&R C라고 불렸다.

1.2 C 언어의 특징

　C 언어는 대다수 사람들이 프로그래밍을 배우기 시작하면 접하게 되는 범용언어 중 하나이다. 여기서 범용이란 의미는 하드웨어와 관계없이 널리 사용되는 프로그램이라는 뜻이다.
　C 언어는 다음과 같은 특징을 갖는다.

(1) C 언어는 고급언어와 저급 언어의 장점을 가진다.

　C언어는 프로그래머가 사용하기 쉬운 고급언어들의 장점과 강력한 하드웨어 제어 기능을 가진 저급언어의 장점들을 고루 가진 언어이다. C 언어는 비트, 바이트, 메모리 주소 등을 쉽게 제어할 수 있고, 광범위한 입출력 기능과 인터럽트 기능을 이용해 시스템 프로그래밍을 하기에 적절하다. 예를 들어, UNIX는 커널의 일부분을 제외하고 모든 시스템 프로그램이 C 언어로 작성되어 있다. 범용적으로 사용하는 현대 Windows 역시 커널 부분을 포함하여 거의 모든 시스템 프로그램이 C 언어로 작성되어 있다.
　C 언어는 상용 언어로 예약어가 만들어져 있어서 작성하기 쉽다. 예약어의 개수가 32개에 불과해 예약어를 적게 알아도 된다는 장점을 갖는다.

(2) C 언어는 절차적 프로그래밍 언어이다.

절차적 언어는 처리해야할 명령들을 순차적으로 해결한다. 절차적 언어는 일부 상황에서 객체지향 언어가 해결하지 못하는 문제를 해결할 때 더 유리할 수 있다. 객체지향 언어는 현실세계를 모델링하여 객체 위주로 현실세계의 문제를 해결하는데 적합하다.

(3) C 언어는 모듈 지향적이다.

C 프로그램은 함수들의 집합으로 구성되어 있다. 모듈화 된 목적 파일이나 라이브러리 파일이 재사용 될 수 있다는 것은 프로그래머에게 큰 장점이나. 이것은 프로그래머가 사용자 지정 함수들을 구축 및 재활용을 할 수 있다는 점에서 프로젝트 작성 시 시간단축을 할 수 있다. 또한, 프로그램 실행의 호환성을 높여 프로그램의 이식성을 높여준다.

(4) C 언어는 시스템 프로그래밍 언어이다.

시스템 프로그램이란 운영체제, 언어처리계, 편집기, 디버거 등 소프트웨어 작성을 지원하는 프로그램을 의미한다. C 언어는 뛰어난 이식성, 작은 언어 사양, 비트 조작, 포인터 사용, 자유로운 자료형 변환, 분할 컴파일 기능 등 다양한 특징을 갖고 있어서 시스템 프로그래밍 언어에 적합하다.

1.3 C 언어의 표준 ANSI와 ISO

C 언어가 소개된 후 많은 프로그래머들이 C 언어를 사용해 프로그램을 작성하기 시작했다. 그러나 서로 다른 곳에서 C 언어를 사용하는 프로그래머들은 C 언어를 수정하면서 자신들의 환경에 적합한 프로그램으로 변경을 하였다. 이러한 현상으로 인해 C 언어로 작성된 프로그램들 사이에는 미묘한 차이가 발생하게 되었고, 많은 프로그래머들은 다른 환경에서 작성된 프로그램들을 자신의 환경에서 수행하기 위해 다시 수정하는 불편함이 생겼다. 이러한 문제를 해결하기 위해 미국의 국가표준협회에서 C 언어에 대한 표준을 만들기 위해 1983년 위원회를 만들어서 1989년 ANSI 표준 C 언어를 발표했다.

현재 사용되는 대부분의 C 컴파일러는 몇 가지 경우를 제외하고 모두 ANSI 표준안에 따라 만들어졌다. ANSI C 표준은 얼마 후 국제표준협회에서 인준되어 새로운 C 언어의 표준은 이제 ANSI가 아니라 ISO를 중심으로 만들어지고 있다.

1.4　프로그램 개발과 실행코드 생성

프로그램 언어를 이용하여 문제 해결하는 것은 처리 절차를 작성하여 이를 프로그램으로 변환하는 과정이 필요하다. 이러한 작업을 수행하는 일반적인 방법은 아래와 같다.

(1) 소스코드 생성 단계

처리 절차를 기술한 소스코드는 통합개발 환경에 내장되어 있는 에디터를 이용하여 입력한다. 소스코드의 확장자는 ".c"로 할당해야한다.

(2) 컴파일 단계

소스코드가 작성되면 논리적 결함을 확인하는 과정을 거쳐야한다. 이 과정을 컴파일이라고 한다. 컴파일러는 소스 코드를 읽어 들여서 각 문장을 분석하고 문법에 맞는지 확인한다. 결과에 따라서 프로그래머는 소스 코드를 수정하여 컴파일 과정을 정상적으로 종료해야 한다. 문장에 에러가 없는 경우 컴파일러는 각 문장을 어셈블리 언어로 변환하고, 어셈블러는 그 결과를 다시 기계어로 변환한다. 이처럼 소스 코드를 기계어로 번역하여 기계어로 되어 있는 파일을 목적 파일이라 한다. 파일의 확장자는 ".obj" 또는 ".o"를 갖는다. 어셈블러는 컴파일러 속에 포함되어 있고, 컴파일 과정을 수행하는 동안 자동적으로 수행된다.

(3) 링크 단계

목적 프로그램을 생성하기 위해서는 라이브러리 또는 부 프로그램 등과 연결해서 실행 파일을 만들어야 한다. 이러한 작업을 링크라고 한다. 보통 C 컴파일러는 컴파일 중 링크까지 자동적으로 수행한다. 일반적으로 링크 단계가 끝나면 파일이름의 확장자가 ".exe"인 실행 파일이 생성된다.

(4) 실행 단계

파일이름의 확장자가 ".exe"인 실행파일을 통해 결과를 받아본다. 만약 예상치 못한 실행 결과가 나온 경우에는 소스 코드가 문법적으로는 문제가 없지만 논리적으로 잘못된 경우가 있을 수 있다.

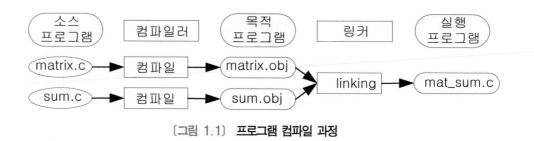

〔그림 1.1〕 **프로그램 컴파일 과정**

| 1.5 | 프로그램 동작 기본 원리와 실행 과정 |

컴퓨터는 하드웨어를 이용해 소프트웨어를 실행한다. 프로그램을 실행하기 위해서는 자료를 하드디스크 등의 보조기억 장치에서 주기억장치의 메모리로 읽어 와야 한다. 프로그램을 컴파일한 후 네이티브 명령어로 해석해 CPU가 작업을 수행한다.

네이티브 명령어는 CPU가 해석 가능한 기계어이다. CPU에서 서로 다른 언어로 작성된 프로그램을 실행시킬 수 있는 이유는 네이티브 코드로 번역되기 때문이다. 즉, C 언어, 델파이, 베이직 등의 언어로 작성된 프로그램은 각각의 컴파일러를 통해 CPU가 해석 가능한 동일한 형태의 네이티브 코드를 생성한다.

프로그래밍 언어	과정	[동일 코드]
C 언어 델파이 베이직	컴파일 과정 →	네이티브 코드 네이티브 코드 네이티브 코드

네이티브 코드는 메모장과 같은 일반 에디터 프로그램으로 열면 알아볼 수 없는 글자들로 표현된다. 네이티브 코드를 16진수로 파일을 읽을 수 있는 프로그램으로 열면 16진수로 된 숫자가 나열된 것을 확인할 수 있다. 컴퓨터에 저장되는 파일은 사람이 읽을 수 있는 텍스트 형식과 읽을 수 없는 바이너리(binary) 형식이 있다. 네이티브 코드는 바이너리 형식으로 2진수로 된 명령어의 집합니다. 이러한 네이티브 코드는 하드 디스크와 같은 저장 장치에 저장되어 있다. 프로그램이 실행되면 저장 장치에 있는 네이티브 코드를 RAM 메모리로 읽어 들인다. CPU는 입출력 장치를 이용해 메모리에 있는 네이티브 코드를 실행한다.

보통 프로그램은 하드디스크에 있다가 실행이 되면 RAM 메모리로 로딩 된다. 이때 프로그램은 메모리에서 코드(code) 영역 메모리와 데이터(data) 영역 메모리로 나누어진다. 코드(또는 텍스트) 영역은 CPU에 의해서 실행할 프로그램의 코드가 저장되는 메모리 영역이다. 데이터 영역은 변수(전역, 상수 등)와 메모리로 나누어지고, 다시 메모리는 스택(stack) 영역과 힙(heap) 영역으로 나누어진다.

code 영역	code 영역	code 영역
data 영역	변수(전역, 상수) 영역	변수(전역, 상수) 영역
	메모리 영역	스택(stack) 영역
		힙(heap) 영역

- code 영역: 실행할 프로그램 코드를 저장하는 영역이다.
- data 영역: 초기화된 data 영역과 비초기화된 데이터 영역으로 나눈다. 초기화된 data 영역에는 초기화된 변수, 전역변수, 상구 등을 저장하고 있다. 비초기화된 data 영역은 프로그램에서 초기화되지 않은 변수들을 저장하는 메모리 영역이다.
- 스택(stack) 영역: 프로그램에서 함수 내에서 생성된 변수와 함수 호출과 관계되는 지역(local) 변수와 매개변수가 저장되는 영역이다. 스택 영역은 함수 호출과 함께 할당 되고, 함수 호출이 완료되면 소멸한다.
- 힙(heap) 영역: 프로그램이 실행되는 도중에 필요에 의해서 할당받는 메모리 영역으로서 동적 메모리 할당을 위한 공간이다. 힙 영역은 사용자가 직접 관리하는 영역이므로 메모리 크기가 정해져 있지 않고 유동적이다.

1.6   C 프로그램 구조 및 구성

1.6.1   C 기본 구조

C 언어는 함수로 구성된 프로그래밍 언어이다. 문제를 해결하기 위한 일련의 절차를 모듈 단위인 함수로 분할하여 구성할 수 있다. 또한 필요한 경우에는 함수를 호출하여 결과를 돌려받는 형식으로 프로그램을 만들 수 있다. 이미 만들어져 있는 함수를 활용할 수 있는 장점도 있다. C 언어 프로그램의 구조는 아래와 같이 나타낼 수 있다.

프로그램 내용	프로그램 구조	비고
/* 프로그램 이름 */ #include ⟨stdio.h⟩ #define rate 0.17	주석 전처리 지시문 상수, 변수, 매크로 선언	헤더
int sum(int x, int y);	함수 원형 선언	

int main(void) {
    int j, k;
    j=10;
    k=20;
	프로그램 시작
	변수 선언부
	변수 초기화
		몸체

j=j+k;
    printf("%d ₩n",sum(j,k));
}
	실행문
	실행문과 함수 호출	

int sum(int x, int y) {
return (x+y);
}
	함수 정의 및 실행문
	
	주석	

C 언어는 크게 헤더와 몸체 부분으로 나누어진다. 헤더 부분에는 전처리 지시문과 상수, 전역 변수, 매크로 그리고 함수의 원형 선언문 등이 있다.

전처리 지시문은 소스 코드를 컴파일하기 전에 알아야하는 내용을 컴파일러에게 미리 알려주는 역할을 수행한다. 몸체는 main() 함수를 포함하면서 하나 이상의 다른 함수를 포함할 수 있다. main() 함수는 C 프로그램에서 프로그램의 시작점 역할을 하는 것으로 변수 선언부분, 초기화, 실행명령문 등으로 구성된다. main() 함수의 시작과 끝은 중괄호를 이용하여 나타내고, 한 명령문 끝에는 명령문의 끝을 알리는 세미콜론을 사용한다. 단, 헤더 부분에서 전처리 지시문에 의한 선언과 헤더파일은 세미콜론을 사용하지 않는다. 전처리 지시자가 아닌 함수의 원형 선언이나 전역변수의 선언 경우에는 세미콜론을 사용 한다.

```
#include <stdio.h>          /* C 언어의 기본적인 프로그램 */

int main(void)  {
    printf("Hello World! \n");

    return 0;
}
```

　위의 프로그램은 C 언어의 가장 기본적인 프로그램이다. 이 프로그램을 통해 C 언어의 기본적인 구조를 알아보자. 먼저 int main(void) 문장을 보자. C 언어는 기본적으로 하나의 main() 함수를 가져야 한다. main 함수는 컴파일 시 실행되는 함수이기 때문이다. 그렇기 때문에 C 언어 소스코드에는 main함수는 필수로 작성되어야 한다. main()함수에는 왜 중괄호가 있을까? main() 함수뿐만 아니라 모든 C 언어의 함수는 "{"로 시작하고 "}"로 끝나야 한다. "{"과 "}"의 사이에는 프로그램에서 수행할 명령어를 기술하는 곳이다.

　C 언어는 컴파일하기 전에 어떤 작업들을 먼저 처리할 수 있는데, 이 작업을 하는 것을 전처리기라고 한다. 전처리기에게 전달하는 명령들은 "#"으로 시작하며, 함수 바깥부분에 존재해야 한다. 전처리기에게 내리는 명령은 함수 내부가 아닌 프로그램 어느 곳에 있어도 관계없다. 하지만, 주로 C 프로그램 명령에 필요한 선언들을 읽어 들이는 역할을 하기 때문에 프로그램의 첫 부분에 오는 것이 좋다. #include 문은 전처리기에게 stdio.h 파일을 읽어 들이라는 명령어이다. stdio.h 파일은 standard input output header 파일을 의미하며 프로그램 내부에서 표준 입출력 함수 printf()와 scanf() 등의 원형이 선언되어 있으므로 두 함수를 사용할 때 꼭 적어주어야 한다.

1.6.2　C 언어 주요 구성 요소

　C 언어는 아래의 6가지 주요한 요소들로 구성되어 있다.

(1) 식별자

　C 언어에서 식별자는 변수명, 배열명, 함수명, 레이블명 등 프로그래머가 임의로 이름을 만들 수 있는 C 언어 요소들을 말한다. 식별자를 만드는 규칙은 다음과 같다.

① 영문자, 숫자 그리고 _로 구성되며, 첫 글자는 반드시 영문자 또는 _로 시작한다.

선언문	가능 여부	사유
int abcd	O	
int abc123_	O	첫 글자가 영문자로 시작하고 이후의 식별자가 영문자, 숫자 그리고 언더바로 구성되어 있기 때문에 사용가능하다.
double _____	O	첫 글자가 언더바로 시작하고 이후의 식별자가 언더바로 구성되어 있기 때문에 사용가능하다.
int 3abc	X	숫자로 시작할 수 없다. 첫 글자는 반드시 영문자 또는 _로 시작한다.

② 예약어와 특수문자는 사용할 수 없다. 단 예약어를 포함한 단어는 사용할 수 있다. 아래에 예약어에 대한 설명을 참고하기 바란다.

선언문	가능 여부	사유
int main	X	main이라는 단어는 main함수를 위한 예약어 선언이 되어 있기 때문.
double int	X	int라는 단어는 변수 선언 시 사용되기 위한 예약어로 선언 되어있기 때문.

③ 영문사의 소문자와 대문자는 서로 다르게 인식한다.

선언문	의미
int aBc	aBc라는 식별자를 가진 정수형 변수 선언
int abC	abC라는 식별자를 가진 정수형 변수 선언

④ 식별자는 사용하기 전에 데이터형을 선언해야한다.

선언문	의미
int a	정수형 변수 a를 선언
float a	실수형 변수 a를 선언

⑤ ANSI C 표준에서는 식별자의 길이는 제한이 없다. 하지만 표준 컴파일러는 파일명의 처음부터 31 글자까지만 인식한다. 그러므로 처음부터 31번째 문자까지는 동일하고 32번째부터 다른 두개의 변수를 사용한다면 에러를 출력한다. 이 경우는 하나의 프로그램 내부에서 사용할 때 해당된다. 어떤 식별자가 외부에서 참조되는 함수명이나 전역변수일 경우에는 프로그램 내부에서 사용되는 식별자보다 허용 길이가 더 짧다. 다음은 올바른 식별자와 올바르지 않은 식별자의 예를 보였다.

〔표 1.1〕 **식별자의 사용 예**

올바른 예	잘못된 예	잘못된 이유
exam	12exam	숫자가 처음 나온 경우
_vartest	_var!test	특수 문자 !가 사용된 경우
continue_1	continue	키워드가 사용된 경우

(2) 예약어

예약어는 컴파일러에 의해 미리 정의된 명령어로서 형 지정자, 변수 사용 범위를 지정하는 단어, 절차를 지시하는 명령어 그리고 흐름을 제어하는 명령어 등을 말한다. 다음은 처음 C 언어 표준의 28개 예약어와 ANSI 표준위원회에서 추가한 5개를 포함하여 33개의 예약어를 나열하였다. 이중에 void, enum, const, signed, volatile는 ANSI 표준위원회에서 추가한 예약어이다. 이러한 예약어는 C 언어 문법에서 컴파일 과정에서 의미 있는 토큰으로 인식되므로 사용자가 변수명으로 사용할 수 없다. 이러한 예약어를 키워드라고도 한다.

〔표 1.2〕 예약어

명령어		형 지정자와 변수 범위 지정	
if	return	signed	short
for	goto	unsigned	float
while	else	int	typedef
do	연산자	double	register
switch	+, −, *, /, %	long	auto
sizeof	⟨. ⟩, =, !=	char	static
continue	++, −−	const	extern
break	⟩⟩, ⟨⟨	enum	volatile
case		struct	void
default		union	

(3) 주석문

주석문은 C 프로그램 명령어가 아니라 설명문이다. 주석문은 컴파일 하지 말아야 할 범위를 지정하도록 되어 있다. 주석문을 표현하는 방법은 "//"와 "/*　*/"이다. 슬래시를 이용한 주석 처리는 문장에서 "//"부터 시작하여 라인의 끝까지 주석으로 처리된다. "/*"은 주석문의 시작을 나타내고 "*/"은 주석문의 마지막을 나타낸다. "/*"을 이용한 주석문은 여러 줄에 걸쳐 사용할 수 있다. 그것은 주석문의 특징이 아니라 C 언어 자체의 특성 때문이다. C 컴파일러는 공백문자, 탭, 개행문자를 무시한다. 하지만 특별한 경우에는 예외이다. 예약어 중에 공백을 필요로 하는 예약어가 있다. 이것은 C 언어의 여러 가지 중요한 특징들에서 더 자세히 설명한다.

```
#include <stdio.h>                          // 주석 문장처리 예제

int main(void){
    printf("안녕 하세요. \n"); /*
        주석문장이 여러 줄에 걸쳐 작성될 수 있음을 보여주는 예입니다 */
    printf("C언어의 세계로 오신 걸 환영 합니다. \n");
}
```

안녕 하세요.
C언어의 세계로 오신 걸 환영 합니다.

▷ 주석 문 '/* */'이 두 줄에 걸쳐 존재한다.

▷ main() 함수와 "{" 이 공백 없이 연결되어 있다. 하지만 이것은 C 언어에서 허용하는 것이다. 컴파일러가 특별한 경우를 제외하고는 공백을 무시하기 때문이다.

(4) 연산자

산술식에서 피연산자를 필요로 하는 개수에 따라 단항 연산자, 이항 연산자, 삼항 연산자로 나눈다. 단항은 1항, 이항은 2항, 삼항은 3항이다. 연산자 종류는 다음과 같다.

연산자 종류		기호
단항 연산자	산술 연산자	+, -, *, /, %
	증감 연산자	++, --
	비트 이동 연산자	<<, >>
	주소 연산자	&
	포인터 연산자	*
이항 연산자	관계 연산자	>, >=, <, <=, ==, !=
	논리 연산자	&&, ||
	비트 연산자	&, |, ~, ^
삼항 연산자		(), ?, :

(5) 명령문

명령문은 프로그램의 대부분을 이루는 것으로 문제 해결을 위한 명령어를 기술한 문장이다. 대부분은 예약어와 연산자를 이용하여 나타낸다.

(6) 헤더파일

C 언어는 모듈 지향적이며 함수들의 집합이다. 이 함수들은 사용자가 직접 작성하여 라이브러리 형태로 저장해 두고 재사용 할 수 있고, 목적 파일의 형태로 재사용 할 수 있다. 목적 파일 형태는 링커가 프로그램들을 서로 연결할 때 프로그램 전체를 가져온다. 그에 비해 라이브러리는 실제 프로그램에서 사용되는 함수만 연결시킨다. 따라서 목적 프로그램은 특정 프로그램의 부프로그램으로 적당하고, 라이브러리는 모든 프로그램에서 상용될 수 있는 함수로 적당하다. 이러한 사용자 라이브러리 중에 가장 사용빈도가 높고 상용적인 함수들을 C 컴파일러 배급사가 만들어서 lib의 확장자를 갖는 파일을 그 함수들을 어떻게 사용해야 하는지에 대한 매뉴얼과 함께 배포한다. 함수의 종류에 따라 다수의 lib 확장자를 갖는 라이브러리를 배포한다. 프로그래머는 매뉴얼을 보고 함수를 이용해 프로그램을 작성하고 컴파일 후 링크시 해당 라이브러리 파일을 연결하면 된다. 하지만 이것만으로 부족하다.

C 언어는 컴파일러의 효율성을 위해 실행 파일을 컴파일 할 때 자료형을 미리 정의해야 하고, 함수의 구조도 정의해야 한다. 컴파일러가 작성된 라이브러리를 검사하지 않고, 미리 정의된 구조를 검사함으로서 함수가 문법적으로 적절한지 판단한다. 헤더 파일은 상용 라이브러리 함수들과 그 함수들이 사용하는 자료와 변수를 정의해 놓은 것이다.

배급사들이 상용 라이브러리 함수들을 링크시킬 때 자동으로 링크되도록 환경을 설정해 놓았다. 프로그래머들은 상용 함수를 사용할 때 어떤 헤더 파일을 프로그램 안으로 가져 올 지만 결정하면 된다. 헤더 파일에 정의된 내용은 아래와 같다.

〔표 1.3〕 **헤더파일의 내용**

헤더파일	정의 내용
stddef.h	공통적으로 사용되는 상수들 정의
stdio.h	기본적인 입출력과 파일 입출력 함수 정의
stdlib.h	메모리 동적 할당, 문자열 변환 함수 정의
string.h	문자열 처리 함수 정의
time.h	시스템 시간 함수 정의
ctype.h	문자(character) 제어 함수 정의
limits.h	시스템 의존 한계 값들 정의
math.h	수학 함수 정의

(7) 문자 코드

아스키코드는 미국정보교환표준코드를 의미한다. 아스키코드는 7비트로 구성되어 있으며, 영문자의 대소문자, 0-9까지 숫자, #, @, $ 등 특수기호를 포함하여 전체 $128(=2^7)$개의 문자를 나타낼 수 있다. 아스키코드를 10진수로 표현할 때, 0~31번까지와 마지막 문자인 127번 문자는 문자의 표현을 하나의 문자 형태로 나타낼 수 없는 문자이다. 이 문자들은 출력 형태에서 특별한 의미를 갖는 제어 문자로 인쇄할 수 없는 문자이다. 또한 아스키코드에서 32번부터 126번까지 문자를 인쇄문자이라 한다. 아스키코드에서 영문자 A는 십진수 65, B는 66, C는 67로 정의되어 있고, 소문자 a는 97, b는 98, c는 99로 정의되어 있다.

〔표 1.4〕 **아스키코드 일부 내용**

10진수	16진수	문자	10진수	16진수	문자	10진수	10진수	문자	10진수	16진수	문자
0	0x00	NULL	32	0x20	SP	64	0x40	@	96	0x60	`
1	0x01	SOH	33	0x21	!	65	0x41	A	97	0x61	a
2	0x02	STX	34	0x22	"	66	0x42	B	98	0x62	b
3	0x03	ETX	35	0x23	#	67	0x43	C	99	0x63	c
4	0x04	EOT	36	0x24	$	68	0x44	D	100	0x64	d
5	0x05	ENQ	37	0x25	%	69	0x45	E	101	0x65	e
6	0x06	ACK	38	0x26	&	70	0x46	F	102	0x66	f
7	0x07	BEL	39	0x27	'	71	0x47	G	103	0x67	g
8	0x08	BS	40	0x28	(	72	0x48	H	104	0x68	h
9	0x09	HT	41	0x29	)	73	0x49	I	105	0x69	i
10	0x0A	LF	42	0x2A	*	74	0x4A	J	106	0x6A	j
11	0x0B	VT	43	0x2B	+	75	0x4B	K	107	0x6B	k
12	0x0C	FF	44	0x2C	,	76	0x4C	L	108	0x6C	l
13	0x0D	CR	45	0x2D	−	77	0x4D	M	109	0x6D	m
14	0x0E	SO	46	0x2E	.	78	0x4E	N	110	0x6E	n
15	0x0F	SI	47	0x2F	/	79	0x4F	O	111	0x6F	o
16	0x10	DLE	48	0x30	0	80	0x50	P	112	0x70	p
17	0x11	DC1	49	0x31	1	81	0x51	Q	113	0x71	q
18	0x12	DC3	50	0x32	2	82	0x52	R	114	0x72	r
19	0x13	DC3	51	0x33	3	83	0x53	S	115	0x73	s
20	0x14	DC4	52	0x34	4	84	0x54	T	116	0x74	t
21	0x15	NAK	53	0x35	5	85	0x55	U	117	0x75	u
22	0x16	SYN	54	0x36	6	86	0x56	V	118	0x76	v
23	0x17	ETB	55	0x37	7	87	0x57	W	119	0x77	w
24	0x18	CAN	56	0x38	8	88	0x58	X	120	0x78	x
25	0x19	EM	57	0x39	9	89	0x59	Y	121	0x79	y
26	0x1A	SUB	58	0x3A	:	90	0x5A	Z	122	0x7A	z
27	0x1B	ESC	59	0x3B	;	91	0x5B	[	123	0x7B	{
28	0x1C	FS	60	0x3C	〉	92	0x5C	W	124	0x7C		

29	0x1D	GS	61	0x3D	=	93	0x5D	]	125	0x7D	}
30	0x1E	RS	62	0x3E	>	94	0x5E	^	126	0x7E	~
31	0x1F	US	63	0x3F	?	95	0x5F	_	127	0x7F	DEL

1.7　C 프로그램의 특징

1.7.1　공백문자, tab 문자, 개행 문자의 취급

C 컴파일러는 C 언어 프로그램을 읽어 들여 번역할 때, 공백 문자나 탭 문자, 개행 문자는 무시하고 지나간다. 이들은 문법적인 영향은 없고 단지 프로그램의 가독성을 위해 사용된다. 다음 예제는 공백문자를 사용한 예제와 동일한 프로그램에서 공백 문자와 개행 문자를 제거한 프로그램 예제이다.

```
#include<stdio.h>      /* 공백 문자가 제거된 예제 */

int main(void){printf("안녕 하세요. C언어의 세계로 오신 걸 환영합니다.");}
```

```
#include <stdio.h>       /* 공백 문자가 사용된 예제 */

int main(void)  {
    printf("안녕 하세요. C 언어의 세계로 오신 걸 환영합니다.");
}
```

안녕 하세요. C언어의 세계로 오신 걸 환영합니다.

▷ 위의 소스 코드 2개는 사용자 입장에서 보면 다르게 보이지만 컴파일러가 읽어서 번역한 실행 프로그램은 같다. 따라서 위의 소스 코드는 동일한 결과를 갖는 프로그램이다.
▷ 문자열에 포함된 공백은 의미가 있다. 예를 들어, printf("안녕 하세요. C 언어의 세계로 오신 걸 환영합니다.") 이와 같이 문자열에 포함된 공백은 의미가 있다.
▷ 예약어의 사용에도 공백문자는 역할을 한다. 예를 들어, int main(void)을 int main(void) 이라고 쓰는 것은 문법적 에러를 동반한다. 예약어와 식별자는 공백으로 구분지어 주어야한다. 식별자는 만들 때 예약어를 포함할 수 있으므로 예약어와 식별자가 공백 없이 작성되는 경우 컴파일러가 그것들을 구분해 낼 수 없기 때문이다.
▷ #으로 시작하는 문장은 전처리기 지시자이다.

1.7.2   문장의 끝은 세미콜론으로 끝나야 한다.

C 언어에서 수행 문장의 끝은 무조건 세미콜론으로 끝나야 한다. 예를 들어 "안녕하세요"를 출력하고자 하는 경우 다음과 같이 printf("안녕하세요");와 세미콜론을 사용한다. 하지만 int main(void) 같은 경우에는 세미콜론이 없다. 이 문장은 수행문이 아니기 때문이다. 전처리기 또한 수행문이 아니기 때문에 세미콜론을 붙이지 않는다. 전처리기는 개행 문자가 한 문장의 끝을 의미한다.

1.7.3   진수 표현

C 언어에서는 8진수, 10진수, 16진수를 사용할 수 있다. 10진수는 사용할 때 아무런 추가 문자 없이 사용 가능하지만, 8진수와 16진수를 나타내는 방법은 약간 다르다. 따라서 입력 자료에서 숫자 0이 먼저 나오는 경우에는 조심해서 표현해야 한다.

```
#include <stdio.h>

int main(void) {
    int a;

    a=10;
    printf("%d\n", a);

    a=0x20;
    printf("%d\n", a); /* 16진수 표현 : 0은 숫자 영, x는 영문자를 나타냄 */

    a=030;
    printf("%d\n", a); /* 8진수 표현 : 0은 숫자 영 */
}
```

```
10
32
24
```

▷ 위의 세 문장에서 첫 번째 문장 'a=10;'은 변수 a에 십진수 10을 대입한다는 뜻이다.
▷ 두 번째 문장 "a=0x20;"은 16진수 20을 변수 a에 대입한다는 뜻이다. 16진수를 나타낼 때는 숫자 앞에 0x 또는 0X를 붙인다.
▷ 세 번째 문장 "a=030;"은 8진수 30을 a에 대입하라는 뜻이다. 8진수를 나타낼 때는 숫자 앞에 0을 붙이면 된다. 여기에서 0은 영문자가 아니라 숫자 0이다.

1.7.4   빈 문장

C 언어에서는 빈 문장도 허용된다. 빈 문장이란 수행할 명령문이 없는 것을 말한다. if(조건식) 문의 경우 조건식을 만족하였을 때 처리하는 최소한의 문장이 있어야 한다. 그러므로 문장의 끝을 나타내는 세미콜론을 생략하는 것은 문법적 오류이고, 세미콜론을 사용하여 수행문이 없는 문장임을 나타내야 한다.

```c
#include <stdio.h>

int main(void) {
    int a;
    a=10;
    if(a>8);            /* 빈 문장 */
}
```

▷ if() 문장의 조건식 'a>8'이 참이므로 수행 문장을 수행하면 된다. 이 예제에서는 수행 명령문이 없는 빈 문장이다.

1.7.5   true값과 false값

C 언어에서는 논리 값으로 참(true)과 거짓(false)을 쓴다. 참과 거짓 이외에도 수식이나 문자를 논리 값으로 판단할 수 있는데, 숫자 0은 거짓이고, 숫자 0이 아닌 모든 숫자는 참이다. 문자에서 '₩0'값은 거짓 이고, 널(null)이 아닌 값은 모두 참이다.

1.7.6   행 연결 문자 "\"

```c
#define max \
700                      //행 연결문자를 사용한 예

#include <stdio.h>

int main(void)  {
    printf("안녕 하세요. C언어의 세계로 오신 \
            걸 환영 합니다. \n");
}
```

안녕 하세요. C언어의 세계로 오신   걸 환영 합니다.

▷ 위의 예제에서 행 연결문자 "₩"는 2회 사용했다. 첫 번째는 전처리기에서 사용하였고, 두 번째는 printf()에서 사용하였다. 문자열이 두 줄에 걸쳐 연속될 때는 "₩"를 사용하여 연결해야 한다.

1.7.7 중괄호 { }의 의미

C 언어에서 { }는 함수의 시작과 끝을 의미하기도 하지만, 블록의 시작과 끝을 나타내기도 한다. 중괄호 { }으로 묶여진 명령문들의 집합은 하나의 블록을 형성하여 변수의 사용범위를 제한하거나 규정한다.

C 언어에서 명령어들을 순차적으로 배우는 것은 쉽지 않다. 명령어들을 배우는데 기본적인 문법만으로는 명령어를 배우기 쉽지 않고, 예제 프로그램을 해석함으로써 그 프로그램에 사용된 명령어를 좀 더 쉽게 이해할 수 있는데, 예제 프로그램에 아직 배우지 않은 명령어들이 동반되는 경우가 많다. 이 절에서는 예제 프로그램에서 자주 사용되는 for문, if문, printf() 함수를 간단한 프로그램으로 살펴본다. 다음 프로그램은 1부터 10까지 더한 결과를 출력하는 프로그램이다.

```c
#include <stdio.h>              // ①

int main(void)  {               // ②
    int i, sum;                 // ③
    sum=0;                      // ④
    for(i=1; i<11; i++) {       // ⑤
        sum=sum+i;
    }
    printf("합은 = %d ", sum);   // ⑥
}
```

합은 = 55

① #include <stdio.h> 선언문은 어떤 값을 출력하기 위해 사용하는 printf() 함수를 사용하기 위해 필요한 문장이다.
② main()은 프로그램의 시작점을 의미하는 문장으로 반드시 필요한 문장이다.
③ 변수 i, sum은 정수형을 값으로 갖는 변수로서 i와 sum을 프로그램에서 사용하기 위해 선언한 부분이다.

④ sum=0;은 sum이란 변수에 0을 넣는 문장으로 sum 변수를 초기화하는 문장이다. 변수는 여러 가지 값을 필요에 따라 넣을 수 있는 그릇이라고 생각하면 된다.

⑤ for(i=1; i<11; i++) 문장에서 변수 i가 다른 문자로 변경될 수 있지만 기본적인 형식은 문법이므로 변하지 않는다. for문은 다음에 나오는 '{'과 '}' 사이에 있는 명령문을 i=1일 때 수행하고, 그 다음 i=2일 때 수행하고, 연속하여 i=10일 때 까지 수행한다. 다시 말하면, sum의 최초 값이 0 이므로 처음에 i=1일 때 sum=0+1; 이 수행되고 sum=1이 된다. i=2일 때 sum=1+2;가 되어 sum=3이 된다. 최종적으로 i=10일 때 sum=45+10이 되어 sum=55가 된다.

⑥ printf()함수에서는 sum의 값 55가 %d에 대입되고 " "안의 값이 출력되므로 합은 = 55가 출력된다.

아직은 무슨 함수인지 잘 모를 수 있다. 이 교재를 따라가다 보면 모든 코드를 이해할 수 있게 될 것이다.

EXERCISE

1   Hello World를 아스키코드로 표현하시오.

2   C 언어의 특징을 2가지 서술하시오.

3   아래 코드를 보고 C 언어의 요소에 대해 설명하시오.

```
#include <stdio.h>
int main(void) {
    printf("Hello World!");
}
```

4   다음은 C언어 코드를 작성한 것이다. 코드가 실행 될 수 있는지 확인하고 그 이유를 설명하시오.

```
int main(void)  {
}
```

5   학습자의 학번과 이름을 출력하시오.

C 언어의 표준 입출력함수에 대해 살펴본다. C 언어에서는 표준 입출력 장치인 디스플레이, 키보드 등으로부터 자료를 입력하거나 출력하는 명령어가 없다. 대신, C 컴파일러 개발사들이 제공하는 표준입력 함수를 호출하여 표준입출력 장치에 입출력을 수행할 수 있다.

입출력 함수는 키보드를 통해 입력하고 디스플레이 장치를 통해 출력하는 표준 입출력 함수와 일반 사용자가 지정하는 외부 파일을 대상으로 입출력하는 파일 입출력 함수로 구분할 수 있다.

C 언어에서 사용하는 표준 입출력 함수는 printf(), scanf(), putchar(), getchar(), puts(), gets() 등이 있다. 이 함수들의 원형은 stdio.h 헤더 파일에 저장되어 있다. 따라서 표준 입출력 함수를 사용하기 위해서 stdio.h 헤더 파일을 프로그램에 다음과 같이 포함해야한다.

```
#include <stdio.h>
```

출력은 printf() 함수, 입력은 scanf() 함수, 한 개의 문자 출력은 putchar() 함수, 한 개의 문자 입력은 getchar() 함수, 문자열 출력은 puts() 함수, 그리고 문자열 입력은 gets() 함수를 사용한다.

2.1 printf() 함수

printf() 함수는 문자열, 상수, 변수 등을 표준 출력장치로 출력하는 표준 출력함수이다. 인쇄하기 위해 입력된 인수들을 서식문자열에 맞추어 표준 출력장치인 디스플레이 장치로 출력한다. printf()는 'print formatted'이라는 표현에서 print에 f를 추가하여 만든 C 언어의 라이브러리 함수이다. printf() 함수의 반환값은 정수이다. 정상적인 출력일 때 출력할 문자의 값을 반환하고, 비정상적인 출력일 때 음수를 반환한다. printf() 함수의 형식은 다음과 같다.

```
printf("서식 지정자", 인수1, 인수2, 인수3);
```

  서식 지정자은 출력할 문자열들과 인수들을 출력하기 위한 변환지정 기호로 이루어져 있다. 출력할 문자열들은 문자열 자체를 그대로 출력하기 위한 문자열로, 일반 문자열과 특수 문자열로 이루어져 있다.

  특수문자열은 키보드에서 입력할 수 없거나 컴파일러가 제대로 인식할 수 없는 문자열을 '₩' 기호를 사용하여 출력하는 특수 문자들이다. 특수 문자들의 종류와 기능은 [표 2.1]에 있다.

〔표 2.1〕 **특수 문자**

문자열	ASCII 코드 (10진수)	기능
₩0	0	널 문자
₩'	39	' 문자 자체를 표시
₩"	34	" 문자 자체를 표시
₩₩	92	₩ 문자 자체를 표시
₩a	7	경고음
₩b	8	커서를 뒤로 한 칸 이동한 효과
₩n	10	커서를 다음 행으로 이동
₩r	13	커서를 줄의 처음으로 이동
₩f	12	프린터의 종이를 넘김
₩t	9	탭 키를 누른 만큼 커서 이동
₩v	11	수직 Tab

```c
#include <stdio.h>      // 서식문자열 출력

int main(void)  {
    printf("안녕하세요\"! \n");
    printf("C 언어 \a\a 시간입니다 \n");
    printf("안녕하세요\b\b!");
    printf("C 언어 \t시간입니다 \n\n");
}
```

```
안녕하세요"!
C 언어    시간입니다
안녕하!C 언어    시간입니다
```

변환지정기호는 한 쌍이 자리맞춤기호, 출력폭, [h/l/L]서식, Type으로 이루어져 있다. 변환지정기호 쌍의 숫자는 출력할 인수의 개수와 같다. 변환지정기호 한 쌍은 인수 한 개의 값을 어떻게 출력할지 정하는 것이다. 자리맞춤기호는 출력할 인수의 자리 맞춤을 위해 사용한다. 자리맞춤기호가 생략되면 오른쪽으로 정렬된다. 자리맞춤기호의 종류와 기능은 [표 2.2]에 나타나 있다. 출력 폭은 '숫자.숫자'의 형태로 기술되며 왼쪽의 숫자는 전체 자리수를 오른쪽의 숫자는 소수점 아래 자리수를 나타낸다. 출력될 데이터의 폭이 이 숫자보다 큰 경우 이 기술은 무시되며 데이터가 더 작은 경우 최소한 기술한 숫자만큼은 출력한다.

〔표 2.2〕 **자리맞춤 기호의 종류와 기능**

자리맞춤 기호	기능
+	수치 앞에 부호를 붙인다.
−	왼쪽으로 줄을 맞춘다. 생략하면 오른쪽으로 맞춘다.
0	0의 숫자만큼 수치를 출력하고 남은 공백을 0으로 채운다.
공백	공백의 숫자만큼 공백을 채운다.
#	type이 0 이면 시작부분에 0을 붙인다. type이 x이면 시작부분에 0x를 붙인다.

[h/l/L]서식은 Type의 자료형을 short, long, double의 형태로 출력할 것인지를 결정한다. 서식 및 기능은 [표 2.3]과 같다.

〔표 2.3〕 **h/l/L 서식**

서식	대응 변환 문자	기능
h	d, i, o, u, x, X	short int 또는 unsigned short int를 나타냄
	p	short int의 포인터임을 나타냄
l(소문자 L)	d, i, o, u, x, X	long int 또는 unsigned long int를 나타냄
	p	long int의 포인터임을 나타냄
L	e, E, f, g, G	long double 임을 나타냄
	p	long int의 포인터임을 나타냄

Type은 출력할 자료형을 결정한다. 단 실수형의 자료를 출력할 때 Type을 정수형을 기술하면 출력은 결과를 해독하기 힘들다. 마찬가지로 음수를 부호 없는 정수로 출력하면 결과를 해독하기 힘들다. 마지막으로 [표 2.4]는 Type의 종류와 기능을 나타냈다.

〔표 2.4〕 **출력 Type의 종류와 기능**

종류	기능
d	부호 있는 정수(10진수)
u	부호 없는 정수(10진수)
o	부호 없는 정수(8진수)
x, X	부호 없는 정수(16진수) x의 경우 a, b, c, d, e, X의 경우 대문자
f	부호 있는 실수(10진수)
e, E	부호 있는 실수의 지수형 표기 e의 경우 o E의 경우 E도 밑수 표기
g, G	부호 있는 실수의 지수형 표기나 실수형 표기(f와 e중 선택적으로)
c	문자 한 개
s	null까지의 문자열
p	포인터 출력
%	"%" 글자를 그대로 출력

* f, e, E의 경우 표준 소수점 이하는 6자리
* g의 경우 보통 f 변환을 하지만 소수점 아래 5자리부터는 e 변환을 한다.
* 실수형의 데이터를 정수형(d, i, u, o, x)으로 변환하면 잘못된 결과가 나온다.

C 언어에서는 자료형에 맞는 Type을 사용해야한다. 그러나 정수형인 d에 문자를 출력한다면 어떻게 될까? 놀랍게도 오류가 뜨지 않는다. 다만 뜬금없는 숫자가 출력 될 것이다. 아래 예시를 보자.

```
#include <stdio.h>              // printf() 함수의 인수 출력

int main(void)  {
    printf( " %d %d %d %d\n" , ' A ' , ' B ' , ' C ' , ' D ' );

    return 0;
}
```

`65 66 67 68`

이러한 결과가 나타나는 이유는 아스키코드 때문이다. 출력하려는 A, B, C, D에 해당하는 아스키코드가 출력이 되는 것이다. 아스키코드가 있기 때문에 문자형과 정수형은 호환이 될 수 있다는 관계가 성립된다.

```
#include <stdio.h>          // printf() 함수의 인수 출력

int main(void)  {
    int a=20;
    double b=-10.1;
    double c=0.00008;

    printf("실수를 부호 없는 정수로 b=%10u \t", b);
    printf("실수를 부호 있는 정수로 b=%10d \n\n", b);

    printf("부호 있는 실수로 b=%10f \t", b);
    printf("정수를 부호 있는 실수로 a=%4f \n\n", a);

    printf("정수를 8진수로 a=%5o \t", a);
    printf("정수를 16진수로 a=%5x \n\n", a);

    printf("실수의 지수형 표기 b=%10e \t", b);
    printf("g(b)=%10g \n\n",b);
    printf("실수의 지수형 표기 a=%10g \n\n", c);

    printf("포인터 출력 &a=%10p \n", &a);
}
```

실수를 부호 없는 정수로 b= 858993459　　실수를 부호 있는 정수로 b= 858993459

부호 있는 실수로 b=-10.100000　정수를 부호 있는 실수로 a=0.000000

정수를 8진수로 a=　24　정수를 16진수로 a=　14

실수의 지수형 표기 b=-1.010000e+001　　g(b)=　　-10.1

실수의 지수형 표기 a=　8e-005

포인터 출력 &a=000000000062FE0C

위 프로그램에서 첫 번째 printf() 문장은 예상치 못한 결과를 출력했다. 왜냐하면 실수값을 가지고 있는 b를 부호 없는 정수로 출력했기 때문이다. b=-10.1로 b는 메모리에서 부호 비트가 1을 갖고 있는데 서식문자열에서 %u를 적용하면 음수를 나타내는 부호비트를 부호비트로 인식하지 않고 값으로 인식하게 되어 결과적으로 예상치 못한 큰 값을 갖게 된다. 일반적으로 대입문의 경우 정수 값을 실수 변수에 대입하면 형 변환이 발생하고 그 값은 이해 가능하지만, 위 소스코드처럼 printf()에서 정수 값을 받는 변수 a가 %10f 즉, 실수 값에 대응하여 어떻게

변환되는지 알 수 없다. 따라서 printf()문에서는 선언된 변수형에 맞추어 출력 형식도 지정해
야한다.

```c
#include <stdio.h>      //   printf() 함수의 인수 출력

int main(void)  {
    int a=32769;
    int d=-10;

    printf("부호 있는 정수 a_1=%-10i \t", a);
    printf("부호 없는 정수 a_1=%10ld \n\n", a);

    printf("부호 없는 정수 d=%+-10u \t 부호 있는 정수 d=%+-10i \n", d, d);
    printf("부호 없는 정수 d=%10u \t 부호 있는 정수 d=%10i \n", d, d);
}
```

단순문자열은 printf() 함수에서 인수의 값을 이용하지 않고 인용부호 안의 문자열로 표준출
력장치에 그대로 출력된다.

```c
#include <stdio.h>   //   printf()를 이용한 문자열

int main(void)  {
    char *p;
    p = "abcd";
    printf("포인터변수를 이용한 문자열: %s\n",p);
    printf("출력문의 제어 문자열: abcd\n");
    printf("문자열 값을 출력: %s\n","abcd");
    printf("낱개 문자로 출력: %c%c%c%c\n",'a','b','c','d');
}
```

```
포인터변수를 이용한 문자열: abcd
출력문의 제어 문자열: abcd
문자열 값을 출력: abcd
낱개 문자로 출력: abcd
```

printf()의 변환문자열은 % 기호와 변환문자로 구성되지만 추가로 옵션을 사용하면 출력 형
식을 다양하게 바꿀 수 있다. 다음 예제의 수행 결과를 통해 사용된 옵션의 의미를 알아보자.

```
#include <stdio.h>   //   printf()를 이용한 문자열

int main(void)  {
    printf("12345678901234567890\n");
    printf("%10c\n", 'a');
    printf("%10d\n", 268);
    printf("%10lf\n", 3.1415926);       /* 실수를 소수점 형태로 출력 */
    printf("%10le\n", 3.1415926);       /* 실수를 지수 형태로 출력 */
    printf("%10.4f\n", 3.1415926);
    printf("%s\n", "Program");
    printf("%10.4s\n", "Program");      /* 문자열에서 앞의 4문자만 출력 */
}
```

```
12345678901234567890
         a
       268
  3.141593
3.141593e+000
    3.1416
Program
      Prog
```

2.2 | scanf() 함수

 scanf() 함수는 표준 입력 장치로부터 입력된 자료를 지정된 서식 문자열에 따라 변수에 저장하는 표준 입력함수이다. scanf() 함수는 숫자뿐만 아니라 문자열도 입력 받을 수 있다. scanf() 함수를 통해 정수형 자료를 입력하는 경우에는 서식기호 '%d'를 사용해야 하고, 인수는 콤마로 구분한다. 변수 이름 앞에 주소연산자를 붙여서 사용한다. 주소 연산자를 사용하는 이유는 읽어 들인 자료를 저장할 메모리의 주소를 지정하기 위한 것이다.

 scanf() 함수를 통해 문자열을 입력하는 경우 서식기호 '%s'를 사용해야한다. '%s'를 이용하여 문자열을 입력할 때, scanf() 함수는 공백 문자키를 만나기전까지의 문자열을 내용으로 받아들인다. 따라서 scanf() 함수는 공백문자를 포함하는 문자열 입력에는 적합하지 않다.

 공백 문자를 포함하는 문자열의 입력에는 gets() 함수를 사용하는 것이 편리하다. scanf() 함수의 형식은 다음과 같다.

```
scanf("서식 문자열", 인수1, 인수2, 인수3, ... 인수n);
```

　scanf()의 서식 문자열은 printf()의 서식문자열과 비슷하며, 자료들을 서식문자열에 맞추어 입력 받아 인수들에 저장한다. 인수는 콤마로 구분하고, 변수 이름 앞에 주소연산자를 붙여서 사용한다. 다만 서식 문자열이 '%s'인 경우에는 주소연산자를 사용하지 않는다. 그 이유는 문자열은 배열로 저장되며 배열의 이름은 배열의 첫 번째 주소를 가리키고 있기 때문이다.

　서식 문자열은 변환지정기호들의 조합으로 이루어져 있고, 변환지정기호는 %, 대입억제문자, 입력너비, [h/l/L] 서식, Type 그리고 구분기호로 이루어져 있다. 대입억제문자를 쓰게 되면 입력받은 자료는 무시된다. 무시된다는 의미는 그 입력값이 저장될 변수가 없어지는 것이다. 입력너비는 입력 구분자가 없이 자료가 연속해서 입력될 때 자료들은 그 너비만큼 짤라서 해당 변수에 저장한다. [h/l/L]서식은 Type의 자료형을 short, long, double의 형태로 입력할 것인지를 결정한다. Type은 종류와 기능은 [표 2.5]와 같다. 구분기호는 데이터가 입력될 때 자료들 사이에 구분을 위해 사용한다. 구분기호를 생략하면 공백이 구분기호가 된다. 따라서 입력하는 자료는 공백을 포함할 수 없다. 수행이 정상적이면 입력받은 개수를 반환하고, 비정상적이면 EOF를 반환한다. 기호 상수 EOF는 헤더파일 stdio.h 파일에 정수 −1로 정의되어 있으며, 파일의 끝이라는 의미이다.

〔표 2.5〕 **입력 Type의 종류와 기능**

Type	기능
d, i	부호 있는 정수(10진수)
u	부호 없는 정수(10진수)
o	부호 없는 정수(8진수)
x, X	부호 없는 정수(16진수)　x의 경우 a, b, c, d, e, X의 경우 대문자
f	부호 있는 실수(10진수)
e, E	부호 있는 실수의 지수형 표기 e의 경우 e, E의 경우 E로 지수 표기
g, G	부호 있는 실수의 지수형 표기나 실수형 표기(f와 e중 선택적으로)
c	한개 문자
s	문자열입력(공백 입력 불가)
p	포인터 출력(16진수)
%	"%" 글자를 그대로 입력하여 버린다.
[문자....]	문자에 일치하는 문자들만 입력받는다. 　[abc]이면 a, b, c가 아닌 문자들은 입력 받지 않는다. 　[^abc]이면 a, b, c 가 아닌 문자들만 입력 받는다. 　[a-z]이면 a~z 까지 문자들을 입력 받는다.

```
#include <stdio.h>        // scanf()를 이용한 인수 입력
int main(void)  {
    int a, b, c;
    printf("입력할 자료:");
    scanf("%*d %d %u %i", &a, &b, &c);
    printf("a = %d    b = %u    c = %i \n\n", a, b, c);

    scanf("%3d %4d %2d", &a, &b, &c);
    printf("a = %d    b = %d    c = %d \n", a, b, c);
}
```

```
입력할 자료:10 20 30 40
a = 20    b = 30    c = 40

10 20 30
a = 10    b = 20    c = 30
```

위의 소스코드에서 'scanf("%*d %d %u %i", &a, &b, &c);'에서 *는 대입억제문자로 입력된 값을 무시하게 되어 3개의 인수만 값을 받아들인다. 명령문 'scanf("%3d %4d %2d", &a, &b, &c);'에서 변수 a는 입력된 자료 중 3자리 정수만 입력하고, 변수 b는 변수 a의 입력 후 남은 숫자 중 최대 4자리 정수를 입력한다. 변수 c는 입력된 자료 중 최대 2자리 정수까지 입력한다.

```
#include <stdio.h>        // 문자열 입출력
int main(void)  {
    char ch;
    char str[]={'a','b','c','d','e','f','g','h','i','j','\0'};
    printf("%s \n\n", str);

    scanf("%c", &ch);
    printf("ch = %c \n", ch);

    scanf("%s", str);
    printf("str = %s \n", str);
}
```

```
abcdefghij

k
ch = k
happy
str = happy
```

▷ 위의 소스코드에서 'scanf("%c", &ch)'는 입력된 문자열을 저장하고 있는 입력 버퍼에서
  첫 번째 한 문자만 변수 ch에 저장한다.

2.3 / getchar(), putchar(), gets(), puts() 함수

문자 입출력 함수는 표준 입력장치를 이용하여 문자와 문자열을 입력하고, 표준 출력장치로
출력하는 함수이다. 문자 한 개를 입력하고 출력하는 함수로 getchar()와 putchar()가 있고,
문자열을 다루는 함수로 gets()와 puts() 함수, getch()와 putch() 함수가 있다. getch()와
putch() 함수는 버퍼를 활용하지 않는다.

2.3.1 getchar() 함수

getchar() 함수는 표준 입력장치인 키보드에서 한 문자가 입력되면, 그 값을 정수형이나 문
자형 변수에 저장한다.

```
int getchar()
```

getchar() 함수는 키보드에서 여러 개의 문자를 입력 한 후 엔터키가 입력되면 문자열을 입
력 버퍼에 저장하여 입력이 종료되고, 버퍼(buffer)에 있는 문자열 중 첫 번째 입력된 한 문자
를 받아들인다. 다시 getchar()이 호출되면 버퍼에 있는 두 번째 문자를 받아들인다. 이러한
방식을 라인 버퍼링이라 한다. 라인 버퍼링 방식은 인터랙티브한 입출력을 요구하는 시스템에
서는 이용이 불가능하다.

2.3.2 putchar() 함수

putchar() 함수는 인수로 받아들인 하나의 문자를 표준 출력장치로 출력한다.

```
int putchar(char c)          // char c는 출력할 한 문자
```

아래의 예제에서는 한 문자를 입력하는 getchar() 함수를 이용하여 문자변수 ch에 hello를 입력한 후, 문자 출력함수인 putchar()를 이용하여 문자변수 ch의 내용을 출력한다.

```
#include <stdio.h>         // getchar()와 putchar()
int main(void)  {
    char ch;
    printf("입력 문자: ");
    ch=getchar();                  /* hello를 입력 */
    printf("\n\n 출력문자: ");
    putchar(ch);
    printf("\n\n");
}
```

입력 문자: hello

출력문자: h

▷ 위의 프로그램을 통해 확인할 수 있는 내용은 getchar()함수에서는 getchar()를 통해 여러 개의 문자가 버퍼에 입력되어도, 버퍼에 있는 문자열 중에서 가장 처음에 입력된 한 문자만 받아들인다.

```
#include <stdio.h>          // 문자를 %c와 %d로 출력
int main(void)  {
    char letter;          // int letter
    letter=getchar();         /* ABCDEF를 입력 */
    putchar(letter);
    printf("\n letter=%c, letter+3=%c \n", letter, letter+3);
    printf("letter=%d, letter+3=%d \n", letter, letter+3);
}
```

▷ 위 프로그램에서 getchar()을 이용하여 문자열 "ABCDEF"를 입력하면 문자열 "ABCDEF"는 임시 버퍼에 저장된다.
▷ getchar() 함수가 호출되면 버퍼에 있는 문자 중에서 가장 처음에 입력된 문자 'A'를 변수 letter에 저장하고, putchar(letter)를 통해 'A'를 출력한다.

▷ 첫 번째 printf()에서 인수 'letter'를 출력서식 '%c'를 이용하여 출력하면 문자 A를 출력한다. 인수 'letter+3'은 변수 letter에 있는 자료 A보다 아스키코드 값이 3 증가한 값을 의미한다. 따라서 'letter+3'을 출력서식 '%c'를 이용하여 출력하면 문자 D가 된다.

▷ 두 번째 printf()에서 인수 'letter'과 'letter+3'을 출력서식 '%d'를 이용하여 출력하였다. 즉, 인수의 값을 십진수로 출력하였다. 결국 변수 letter의 값은 'A'의 아스키코드 값이므로 십진수 65이고, 'letter+3'은 문자형 변수 letter의 아스키코드 값보다 3 증가한 문자를 의미하므로 십진수 68이다.

▷ 이러한 결과는 자료형에서 문자형 변수는 정수로 취급될 수 있으며 연산이 가능함을 의미한다. getchar()의 반환형은 char형이 아니라 int형이다. 따라서 int letter도 가능하다.

```c
#include <stdio.h>               /* 소문자를 대문자로 변환 */
int main(void)  {               /* 소문자 a의 아스키 코드 97 */
    int letter;                 /* 대문자 A의 아스키 코드 65 */
    while( (letter=getchar()) != EOF ) {
        if('a' <= letter && letter <= 'z')
            putchar(letter-32);
        else
            putchar(letter);
    }
}
```

```
a
A
b
B
4
4
*
*
^Z
^Z
^z
^Z
```

▷ 위의 예제는 입력받은 문자가 소문자이면 소문자를 대문자로 변환하는 프로그램이다. 이 프로그램에서는 문자의 아스키코드 값을 이용하여 소문자를 대문자로 변환하고 있다.

▷ 소문자 'a'의 아스키코드에 해당하는 십진수 값은 97이고, 대문자 'A'는 65이므로 purchar(letter -32)에 의해 소문자가 대문자로 변환된다.

▷ EOF 값은 stdio.h 헤더파일에서 -1 값으로 정의되어 있고, ctrl+z 키를 입력하면 운영체제가 버퍼에 -1 값을 저장하고, getchar() 함수가 letter로 읽어 들이게 되어 프로그램이 종료한다.

다음 프로그램의 의미와 처리과정을 예측해 보자.

```c
#include <stdio.h>
int main(void) {
    int k=0, ch=0;
    char a[6];
    for(k=0; k<5; k++) {
        ch=getchar();
        a[k]=ch;
    }
    a[k]='\0';       /* 배열 마지막에 널 문자 삽입 */
    k=0;
    while(a[k] != '\0') {
        putchar(a[k]);
        k++;
    }
}
```

```
apple
apple
```

▷ 위 예제는 getchar() 함수를 통해 문자를 입력 받아 배열에 저장하고, putchar() 함수를 이용하여 배열의 문자를 출력하는 프로그램이다.

▷ 위 프로그램에서 getchar() 함수에서 "apple"를 한번 만에 넣고 엔터키를 누르면 배열 a[]에는 다음과 같이 저장될 것이다.

배열 첨자 →	0	1	2	3	4	5
a[] 자료 →	a	p	p	l	e	\0

▷ 이것은 키보드로부터 입력된 자료가 임시 버퍼에 저장되고, getchar()가 호출될 때마다 한문자씩 차례로 반환하기 때문이다. getchar()가 호출되었는데 임시 버퍼에 자료가 없으면 다시 키보드로부터 자료를 입력 받는다.

```
a
p
p
a
p
p
```

만약, getchar() 함수에서 "apple"를 한번 만에 넣지 않고, 한 문자씩 넣을 때마다 엔터키를 누르면 배열 a[]에는 어떻게 저장될까? getchar() 함수는 입력 과정에서 임시 버퍼를 사용하므로 키보드에서 버퍼로 자료가 전달되는 시점이 엔터키를 입력할 때이므로 줄 바꿈 문자 '\n'도 버퍼에 저장된다. 즉, getchar() 함수는 모든 문자를 입력 자료로 생각하기 때문에 줄 바꿈 문자도 입력 자료가 된다.

배열 첨자 →	0	1	2	3	4	5
a[] 원소 →	a	\n	p	\n	p	\0

위의 문제를 해결할 수 있는 방법은 문자를 받아들이는 동안 '\n'을 만나면 무시하도록 하는 것이다.

```c
#include <stdio.h>

int main(void) {
    int k=0, ch=0;
    char a[6];
    while(1) {
        ch=getchar();
        if(ch == '\n') continue; /* if() 조건식이 참이면 while(1)로 이동 */
        a[k]=ch;
        k++;
    }
    a[k]='\0';       /* 배열 마지막에 널 문자 삽입 */
    k=0;
    while(a[k] != '\0') {
        putchar(a[k]);
        k++;
    }
}
```

a
b
c
d
e
f
g
h
i
j
k

다음 프로그램의 의미와 과정을 생각하면서 실행해보자.

```
#include <stdio.h>
int main(void)  {
   int letter;
   while( (letter=getchar()) != EOF)
        putchar(letter);
   return 0;
}
```

2.3.3 gets() 함수

문자열 입력 함수 gets()는 표준 입력장치에서 입력된 문자열을 str에 입력하고, 입력 받은 첫 문자의 주소값을 반환한다. 에러 발생 시 널값을 반환한다.

```
char *gets(char * str)
```

▷ 위의 gets(char *str)에서 char *str은 버퍼에 입력된 문자열이 저장되는 변수를 나타낸다.
▷ gets() 함수는 엔터키가 입력될 때까지 공백을 포함하여 모든 문자열을 입력받아 문자열 변수가 가리키는 기억장소에 저장한다.
▷ 입력된 문자열에는 엔터키는 넣지 않고, 문자열의 마지막 위치에 문자열의 마지막을 의미하는 널 문자인 '₩0'을 넣는다. 따라서 문자열의 끝을 의미하는 널 문자 때문에 저장 공간의 크기는 실제 입력하고자하는 문자열보다 한자리 더 많아야 한다.
▷ scanf()의 '%s' 변환 형식에 의한 스트링 읽기는 공백을 포함한 문자열은 읽을 수 없지만, gets()는 문자열의 중간에 공백이 있어도 읽을 수 있다.

```
char *ptr;                      /* 문자 포인터 변수 선언 */
char string_line[60];           /* 문자 배열 선언 */
gets(string_line);              /* 문자 배열 이용 */
gets(ptr);                      /* 문자 포인터 이용 */
```

gets() 함수의 사용은 문자열이 저장될 배열명을 먼저 선언한 다음, 배열명을 gets() 함수의 인자로 전달한다. 사용자가 입력할 문자열을 모두 입력한 후에는 엔터키를 누른다. gets() 함수는 문자열의 끝에 입력된 엔터키를 제거하고, 문자열의 마지막을 알리는 널 문자를 대신 저장한다.

```
#include <stdio.h>

int main(void)  {
    char string_line[60];                    /* 문자 배열 선언 */
    printf("이름을 입력하시오: \n");
    gets(string_line);                       /* 문자 배열 이용 */
    printf("입력한 이름:  ");
    puts(string_line);
}
```

```
이름을 입력하시오:
홍길동
입력한 이름:   홍길동
```

▷ gets(string_line) 함수를 통해 입력된 문자열 "홍길동"은 문자배열 string_line[60]에 저장된다.

▷ puts(string_line) 함수를 통해 메모리에 저장된 string_line의 주소로 이동하여 "홍길동"을 출력하고, 문자열의 마지막을 의미하는 널 문자 '₩0'에 의해 문자열 출력을 종료한다.

2.3.4   puts() 함수

문자열 출력 함수인 puts()는 인수로 받아들인 문자열을 표준 출력장치 즉, 모니터로 출력하는데 이용한다. puts() 함수의 인자는 출력하고자 하는 문자열 배열의 주소이다. puts()는 출력 문자열에서 마지막 널 문자를 제외한 모든 문자열을 출력하고, 널 문자 대신에 개행 문자인 '₩n'을 출력한다. 이 개행 문자를 통해 문자열을 한 줄에 출력하는 결과를 갖는다.

```
int puts(char *str)
```

▷ puts(char *str)에서 char *str은 출력할 문자열의 메모리 주소를 의미한다.

▷ puts() 함수는 정상적으로 처리된 경우 정수 0을 반환하고, 정상처리 되지 않은 경우 EOF를 반환한다. 다음은 gets()과 puts() 함수를 사용한 예를 보였다.

```
#include <stdio.h>      // gets()와 puts()의 사용 예제

int main(void)  {
    char str[20];                             /* 문자열 배열 선언 */
    printf("gets 리턴값 = %s \n", gets(str)); /* str 시작주소, 문자열 입력 */
    puts(str);                                /* str 시작주소, 문자열 출력 */
    printf("puts 리턴값 = %d \n", puts(str));
}
```

```
Have a nice day~
gets 리턴값 = Have a nice day~
Have a nice day~
Have a nice day~
puts 리턴값 = 0
```

▷ 표준 입출력 함수인 printf()와 scanf()는 다양한 입출력에 적합하지만, 속도에 있어서는
   문자열 입출력 함수인 puts()와 gets()가 더 빠르게 수행된다.

▷ 표준 입출력 함수인 gets()와 puts() 같이 파일의 문자열을 입출력하는 함수로 fgets()와
   fputs()도 이용할 수 있다. 파일 입출력 함수로 이용하는 fgets()와 fputs()도 헤더파일
   stdio.h 파일에 정의되어 있다.

```c
#include <stdio.h>

int main(void)  {
    char str[20];                        /* 문자 배열 선언 */
    printf("gets 리턴값 = %d \n\n", gets(str));
    puts(str);                       /* str 시작주소의 문자열 출력 */
    printf("배열 str의 시작위치 주소값 = %d \n\n", str);
    printf("puts 반환값 = %s \n", puts(str));
}                       /* puts()의 최종출력 문자는 \n임을 확인 */
```

```
대한민국의 민주주의
gets 리턴값 = 6487552

대한민국의 민주주의
배열 str의 시작위치 주소값 = 6487552

대한민국의 민주주의
puts 반환값 = (null)
```

▷ 첫 번째 printf()의 인수로 사용된 gets(str)의 반환 값은 gets() 함수를 통해 입력 받은
   문자열이 저장된 메모리 공간의 첫 번째 문자의 주소를 반환한다. 따라서 입력된 문자열
   "대한민국의 민주주의"에서 시작 위치인 "대"의 시작 주소를 나타낸다. 이 주소는 실제로
   문자 배열 str[]의 메모리 주소와 동일하다.

EXERCISE

1   3개의 변수 a, b, c를 선언하고, 변수 a에는 10, b에는 20을 대입한 후, 변수 c에는 a와 b의 값을 더한
    결과를 저장하여 3개 변수를 아래와 같은 형태가 되도록 출력하시오.

```
a=10, b=20
a + b = 30
```

2   2개의 변수 a=23.34, b=2.76일 때 c=a*b의 결과를 아래와 같이 출력하시오.

```
a=23.34
b=2.76
c=a*b=64.4184
```

3   어떤 한 문자를 입력 받아 변수 ch에 저장하고, 변수 ch를 출력하여 아래와 같은 결과가 되도록 작성하시
    오.(예제, 입력 받은 문자 A인 경우)

```
A (enter key)
입력 받은 문자는 A입니다.
```

4   어떤 10진 정수 K를 입력 받아 K에 대한 8진수, 10진수, 16진수로 출력하는 프로그램을 작성하시오.(예제,
    K가 256인 경우)

```
입력 받은 정수는 256입니다.
첫째, 8진수로는 400이고,
둘째, 10진수로는 256이고,
셋째, 16진수로는 100입니다.
```

5   표준입력함수 scanf()를 이용하여 3개의 정수 A, B, C를 각각 입력한 후, 덧셈(A+B+C), 평균((A+B+C)/3) 결과를 아래와 같이 출력하시오.(예제, A=76, B=18, C=20인 경우)

```
입력 정수 A : 76
입력 정수 B : 18
입력 정수 C : 20
합(A+B+C) : 114
평균((A+B+C)/3) : 38
```

6   키보드를 통해 한 문자를 입력 받아, 그 문자의 ASCII 코드 값을 출력하도록 하시오.

```
입력 문자 : 9
문자 9의 ASCII 코드 10진수 값 : 57
```

7   표준 입력과 출력 함수를 이용하여 학생의 학번, 이름, 학과를 출력하시오.

```
학번 : 095188
이름 : 홍길동
학과 : 컴퓨터교육과
```

8   사각형의 둘레 길이와 면적을 구하는 프로그램을 작성하시오. 사각형의 가로와 세로는 표준입력 함수를 이용한다.

9   다음과 같이 출력 하는 두 개의 프로그램을 각각 작성 하시오.

```
A              A
AA             AAA
AAA            AAAAA
AAAA           AAAAAAA
```

10 영문 대문자 'Z'가 입력될 때까지 문자와 숫자를 입력받아 그대로 출력하는 프로그램을 작성하시오.

11 3개의 문자열을 입력받아 입력받은 역순으로 출력하는 프로그램을 작성하시오.

12 직장인의 연봉이 입력되었을 때, 월 급여를 계산하는 프로그램을 작성하시오. 단, 연봉은 표준입력으로
    입력 받는다.

상수는 프로그램 안에서 변할 수 없는 고정된 값이고, 변수는 메모리에 저장된 값이 변할 수 있는 것이다. C 언어에서 상수는 정수형 상수, 문자 상수, 문자형 상수, 실수형 상수, 그리고 문자열 상수 등이 있다. 상수와 변수는 함수의 시작 부분이나 프로그램의 시작부분에 선언된다.

자료형은 메모리에 할당된 변수 값의 유형을 의미하는 것으로, 메모리 공간에 할당된 변수 값이 정수인지 혹은 실수인지 등을 구분하기 위해 사용한다. 이러한 자료형은 컴파일러가 소스 코드를 컴파일 할 때, 변수가 필요로 하는 메모리 공간을 확보하여 잘못된 값이 할당되어 발생할 수 있는 문제를 방지하기 위해서이다.

C 언어에서는 char, int, long, float, double이라는 5가지 기본 자료형을 지원한다. 기본 자료형에 signed, unsigned, short와 같은 수식어가 붙을 수 있다. signed와 unsigned는 부호를 고려할 것인지 말 것인지를 나타낸 것이다. unsigned는 정수의 범위가 0과 양수만을 나타낸다는 의미로서 음수를 표현하지 않는다. short는 정수형 자료형에만 사용할 수 있고, signed는 기본 값이므로 특별히 지정하지 않아도 signed로 간주한다.

아래 표에서 괄호는 생략 가능함을 의미한다. 괄호가 두 개 이상일 경우 괄호 중 한 가지만 생략한다.

〔표 3.1〕 **C 언어의 기본 자료형**

정수형	문자형	char	signed char	unsigned char
	정수형	(signed) short (int)	(signed) (int)	(signed) long (int)
		unsigned short (int)	unsigned (int)	unsigned long (int)
부동소수형		float	double	long double

다음은 자료형의 종류와 기능 및 표현 가능한 수의 범위를 나타낸다.

[표 3.2] **자료형에 따른 수 표현 범위**

구분	형	byte 수	범위	
정수형	int 또는 signed int	2	$-32768(-2^{15}) \sim 32767(2^{15}-1)$	
		4	$-2147483648 \sim 2147483647$	
	unsigned int	2	$0 \sim 65535(2^{16}-1)$	
		4	$0 \sim 4294967295$	
	short int 또는 signed short int	2	$-32768 \sim 32767$ $(-2^{15} \sim 2^{15}-1)$	
	unsigned short int	2	$0 \sim 65535(2^{16}-1)$	
	long int 또는 signed long int	4	$-2147483648 \sim 2147483647$ $(-2^{31} \sim 2^{31}-1)$	
	unsigned long int	4	$0 \sim 4294967295(2^{32}-1)$	
문자형	char 또는 signed char	1	$-128 \sim 127$ $(2^7 \sim 2^7-1)$	
	unsigned char	1	$0 \sim 255(2^8-1)$	
실수형	float	4	$-2^{31} \sim 2^{31}-1$	소수점이하 6자리
	double	8	$-2^{63} \sim 2^{63}-1$	소수점이하 15자리
	long double	8	$-2^{63} \sim 2^{63}-1$	소수점이하 15자리
구조체	struct	프로그래머가 정의하기에 따라 다름		
공용체	union	"		
열거형	enum	"		
void	void	0 byte, 값이 없음을 뜻함		
포인터	*	메모리 주소 참조 연산자		
사용자 정의형	typedef	프로그래머가 정의하기에 따라 다름		

C 언어에서 사용하는 자료 형에 따른 저장 공간의 크기를 출력하는 프로그램을 알아보자. 저장 공간의 크기를 알 수 있는 함수로 sizeof()를 이용할 수 있으며, 이 함수의 결과 값은 할당된 자료형의 메모리 크기를 byte 크기로 나타낸다.

```
#include <stdio.h>          // 자료형의 메모리 크기 예제
int main(void)  {
    printf("문자형           %3d byte \n",sizeof(char));
    printf("부호 문자형      %3d byte \n",sizeof(signed char));
    printf("부호 없는 문자형 %3d byte \n",sizeof(unsigned char));
    printf("short 형         %3d byte \n",sizeof(short));
    printf("실수형           %3d byte \n",sizeof(float));
    printf("double 형        %3d byte \n",sizeof(double));
    printf("long double 형   %3d byte \n",sizeof(long double));
}
```

```
문자형             1 byte
부호 문자형         1 byte
부호 없는 문자형    1 byte
short 형           2 byte
실수형             4 byte
double 형          8 byte
long double 형    16 byte
```

▷ 위의 printf()에서 sizeof(char)는 문자형 변수의 메모리 공간이 1byte 임을 나타내고, sizeof(long double)은 16byte임을 나타낸다. 그런데 자료형에 대한 메모리 공간의 크기는 사용하는 컴파일러마다 다를 수 있으므로 sizeof()함수를 통해 확인해보면 된다.

C 언어에서 메모리를 할당하는 기법은 동적 메모리 할당기법과 정적 메모리 할당기법으로 나눈다. 프로그램에서 사용하는 모든 변수, 상수, 배열 등은 컴파일 과정에서 기억공간에 대한 크기가 결정되는데, 이러한 메모리 할당 방법을 정적 메모리 할당이라 한다.

동적 메모리 할당 기법은 컴파일 과정 중에 메모리 공간을 할당하지 않고, 프로그램 실행 중에 자료의 형태에 따라 메모리를 할당하는 방법이다.

정적 메모리 할당 기법은 자료 형태에 따라 미리 기억장소 크기를 선언해야 하므로 기억 공간이 낭비되는 단점이 있다. 동적 메모리 기법은 메모리 공간의 낭비가 적지만 프로그래머가 메모리를 관리해야하고 프로그램이 복잡하다는 단점이 있다.

3.1 / 상수

상수는 프로그램에서 그 값이 변하지 않는 특징을 갖는다. 상수 종류는 표현하고자하는 자료형에 따라 아래와 같이 정수형 상수, 문자 상수, 문자열 상수, 실수형 상수 등이 있다. 상수를 정의할 때 C 언어에서는 const라는 키워드를 이용하여 정의할 수 있다. 흔히 const를 이용하여 정의한 상수를 기호 상수이라 한다.

상수 종류	사용 예제
정수형 상수	12, −823, 012(8진수), 0x12(16진수), 0X12(16진수)
실수형 상수	12.5, −0.0654, 12.5E21, 12.5e−8
문자 상수	'a', '*', 'Wn'
문자열 상수	"C Program", "훈민정음"

3.1.1   정수형 상수

정수형 상수는 정수의 형태로 소수점 이하 부분이 없는 수이다. 예를 들어, 정수 100, 0, −99 등과 같다. 정수형 상수에는 기본적으로 부호가 있는 signed int형 상수와 부호가 없는 unsigned int형 상수가 있으며, 기타 형태로 short int형 상수, long int형 상수, signed long int형 상수, unsigned long int형 상수가 있다.

정수형 자료에서 short, int, long의 차이점은 할당된 저장 공간의 크기이고, 컴파일러에 따라 int형의 크기는 2바이트 또는 4바이트이다. 정수 자료형 short, int, long앞에는 signed와 unsigned라는 키워드가 올 수 있다. 키워드 signed는 정수의 범위가 양수, 0, 음수를 모두 나타낸다는 의미이지만, 키워드 signed는 생략이 가능하다. 키워드 unsigned는 정수의 범위가 0과 양수만을 나타낸다는 의미로서 음수를 표현하지 않는다는 의미이다.

8진수의 상수 표현은 상수 앞에 '0'을 붙이고, 16진수는 상수 앞에 '0x' 또는 '0X'를 붙인다. unsigned int형 상수의 경우 상수 뒤에 'u'를 붙이면 된다. unsigned long int의 경우 'ul'을 붙여주면 된다. 정수 상수의 형은 많지만 상수를 선언하는 과정에서 컴파일러가 알아서 상수의 크기에 맞게 형을 정의하기 때문에 상수 뒤에 상수의 형을 기술해 줄 필요는 없다.

```
#include <stdio.h>            // 정수(8, 10, 16진수)의 크기 예제
int main(void)  {
    short j=010;                   /* 8진수 선언 */
    int k=120;
    long n=0x10;                   /* 16진수 선언 */
    printf("변수 j의 8진수 값=%o, 10진수 값=%d \n", j, j);
    printf("변수 k의 10진수 값=%d \n", k);
    printf("변수 n의 16진수 값=%x, 10진수 값=%d \n", n, n);
}
```

```
변수 j의 8진수 값=10, 10진수 값=8
변수 k의 10진수 값=120
변수 n의 16진수 값=10, 10진수 값=16
```

▷ 첫 번째 printf()에서 출력서식 '%o'는 인수를 8진수로 나타내고, '%d'는 10진수로 나타내
라는 뜻이다. 따라서 8진수로 초기화된 변수 $j=010_8$의 10진수 값은 $8(=1*8^1 + 0*8^0)$임
을 알 수 있다.

▷ 세 번째 printf()에서 출력서식 '%x'는 인수를 16진수로 나타낸다. 16진수로 초기화 된
변수 n=0x10을 10진수로 나타내면 $16(=1*16^1 + 0*16^0)$임을 알 수 있다.

3.1.2 문자 상수

문자 상수는 영문자나 숫자, 특수기호 등을 표현하기 위해 사용하는 것으로 하나의 문자를
말한다. 보통 'a', '1', '\t' 과 같이 영문자, 숫자, 특수문자 등을 작은따옴표로 묶어서 표현한
다. 문자 상수는 1바이트 크기이다. 'a'~'z', 'A'~'Z', '0'~'9' 그리고 특수문자로 이루어져 있
다. 특수문자는 '\t'와 같은 형태로 이루어져 있으며 [표 2.1] 특수문자에 나타나 있다. 문자
상수를 나타내는 아스키코드 값은 아래 프로그램을 통해 볼 수 있다.

```
#include <stdio.h>              // 아스키코드 출력
int main(void)  {
    int k;
    for(k=0; k<128; k++)  {
            if((k % 8) == 0)                    /* %: 나머지 연산자 */
        printf("\n");
      printf("%X - %c\t", k, k);
    }
}
```

```
0 - ·      1 - ┌    2 - ┐    3 - └    4 - ┘    5 - │    6 - ─    7 -
8 -        9 -           A -
           E - ♪    F - ☼    D -
10 - ┼  11 - ◀  12 - ↕  13 - ‼  14 - ¶  15 - ⊥  16 - ┬  17 - ┤
18 - ↑  19 - ┝  1A - →  1B - ←  1C - L  1D - ↔  1E - ▲  1F - ▼
20 -    21 - !  22 - "  23 - #  24 - $  25 - %  26 - &  27 - '
28 - (  29 - )  2A - *  2B - +  2C - ,  2D - -  2E - .  2F - /
30 - 0  31 - 1  32 - 2  33 - 3  34 - 4  35 - 5  36 - 6  37 - 7
38 - 8  39 - 9  3A - :  3B - ;  3C - <  3D - =  3E - >  3F - ?
40 - @  41 - A  42 - B  43 - C  44 - D  45 - E  46 - F  47 - G
48 - H  49 - I  4A - J  4B - K  4C - L  4D - M  4E - N  4F - O
50 - P  51 - Q  52 - R  53 - S  54 - T  56   U  5b - V  57 - W
58 - X  59 - Y  5A - Z  5D - [  5C - ₩  5D - ]  5E - ^  5F - _
60 - `  01 - a  62 - b  63 - c  64 - d  65 - e  66 - f  67 - g
68 - h  69 - i  6A - j  6B - k  6C - l  6D - m  6E - n  6F - o
70 - p  71 - q  72 - r  73 - s  74 - t  75 - u  76 - v  77 - w
78 - x  79 - y  7A - z  7B - {  7C - |  7D - }  7E - ~  7F - □
```

▷ if 문의 조건식 (k % 8)에서 %는 나머지 연산자이다. (k % 8)는 변수 k를 8로 나눗셈을 수행 하였을 때 나머지 값을 나타낸다.

▷ if((k % 8) == 0)에서 조건식이 참이면 수행하는 명령문은 출력하는 줄을 새로운 줄로 바꾼다. 이 명령어에 의해 한 라인에 8개의 아스키코드를 출력하게 하였다.

▷ printf()의 서식 문자열에서 '%X'는 부호 없는 16진수 값으로 출력하면 된다.

3.1.3 문자열 상수

문자열 상수는 문자들의 집합으로 이루어진 상수이다. 문자열 상수는 큰따옴표로 묶여 있으며, 문자열의 마지막 위치에는 널(null) 문자 즉, '₩0'이 있다. 여기서 널은 표준입출력 함수를 정의한 라이브러리에 0으로 정의되어 있다.

```c
#include <stdio.h>        // 문자열의 크기
int main(void)  {
        printf("문자열(hello) 크기: %d \n\n", sizeof("hello"));
    printf("공백문자 크기: %d  \n", sizeof(""));
}
```

문자열(hello) 크기: 6

공백문자 크기: 1

▷ 위의 예제에서 sizeof() 함수를 이용한 문자열의 크기에서 실제 문자의 길이가 1씩 더 많게 나온 것은 문자열을 표현할 때 마지막에 '₩0'이 추가 되어 있기 때문이다.

▷ 공백문자를 나타낸 sizeof("")은 문자열의 길이가 0인 널 스트링이지만 널 스트링의 실제 문자열의 메모리 공간 크기는 1byte이다. 즉, 문자열에 '₩0'이 있기 때문이다.

3.1.4 실수형 상수

실수형 상수는 실수값 10.23, −9.9 등과 같은 값을 갖는 상수이다. 실수형 상수는 기본적으로 double float형이다. 그 외에 long double float형이 있다. float형 상수는 상수 뒤에 'f' 또는 'F'를 붙이면 되고, long double float형의 경우 'lf'를 붙여주면 된다. 또한 3.14E-3과 같은 지수형도 있다. 지수형 자료 3.14E-3은 3.14×10^{-3}과 같다.

```
#include <stdio.h>           // 실수 상수의 크기
int main(void)  {
        printf("%f %lf %ef  \n\n",1234.56, 32.5676954, 3276.987601234);
}
```

▷ float형 자료는 소수점 이하 6자리까지 출력하고 있다.

```
#include <stdio.h>            // 원의 면적 계산
int main(void)  {
        double radius, area;
    scanf( "%lf", &radius);
    area=3.141592 * radius * radius;
    printf( "원 면적: %f \n", area);
}
```

위 프로그램에서 3.141592와 같은 상수에는 이름이 붙지 않는다. 이러한 상수를 리터럴 상수(literal constant)라 한다. 상수에 이름을 붙인 것을 기호상수(symbolic constant)라 한다.

3.2 변수

3.2.1 변수 개념

변수는 프로그램 수행 중 임의의 값을 저장하기 위해 할당한 메모리 공간이고, 프로그램 안에서 대입 연산자 또는 증감 연산자에 의해 값이 바뀔 수 있다. 일반적으로 변수를 참조하는 방식은 메모리 주소를 이용하지 않고 변수의 이름으로 참조하는 것이 쉽다.

변수는 프로그램의 함수 시작부분에 선언해야 한다. 변수 선언은 변수를 위한 기억 공간을 할당하고 변수명과 변수가 가질 자료형을 지정하는 것을 의미한다.

변수 선언은 묵시적 선언과 명시적 선언 방법이 있다. C 언어에서는 명시적 선언 방법을 사용한다. 명시적 선언은 프로그램에서 사용할 변수들을 미리 선언하고 사용하는 방식으로서 전체 변수를 선언해야 하므로 불편한 점이 있다. 그렇지만 프로그램을 해독하기 쉽고 에러를 유발시키지 않는 장점이 있다.

묵시적 선언 방법은 미리 선언하지 않고 사용하는 시점에 메모리에 적재된다. 이것은 프로그램 효율성을 높일 수 있지만 프로그램의 논리적 오류를 찾아내기 힘들나는 단점이 있다.

3.2.2   변수 자료형

변수 자료형에는 정수형, 실수형, double형, 문자, 문자열, 구조체, 공용체, void형, 열거형, 사용자 정의형 그리고 포인터가 있다.

변수명은 식별자의 사용규칙에 따라 정의하면 된다. 변수의 이름을 만들 때 가독성을 생각해야한다. 예를 들어, 변수명을 단순하고 간단하게 a, b라고 만들 수는 있지만 좋은 이름은 아니다. 즉, user_name 같이 변수명만 보고도 그 변수가 의미하는 바를 예측할 수 있으면 좋다. 이것은 프로그램의 가독성을 높여 소프트웨어 생산성을 높일 수 있는 방법이다.

□ 변수의 선언 예제

```
int count;                  /* 정수형 변수 count 선언 */
float total_average;        /* 실수형 변수의 선언 */
char name;                  /* 문자 변수 name 선언 */
char *user_name;            /* 문자형 포인터 변수 선언 */
```

(1) 문자형

문자형 char은 영문자 한 개를 기억할 수 있도록 1바이트 메모리 공간을 할당한다. 따라서 1byte는 2^8(=256)가지 서로 다른 정보를 저장할 수 있다. char 형도 산술연산이 가능하지만 산술   연산을 할 때에는 short int형으로 간주한다.

메모리 8비트 중에서 가장 왼쪽 1bit를 최상위 비트라 하고, 최상위 비트는 부호비트로 사용한다. 부호비트가 0이면 양수를, 1이면 음수를 나타낸다. 따라서 1바이트 메모리에는 −128~127까지의 수 범위를 가질 수 있다. 위의 테이블에서 char와 signed char는 서로 동일한 표현이지만, unsigned char는 부호를 고려하지 않은 표현이므로 0~255까지의 양수 범위를 갖는다.

char 형	메모리 크기	자료 표현 범위
char	8bit	−128 ~ 127
signed char	8bit	−128 ~ 127
unsigned char	8bit	0 ~ 255

(2) 정수형

정수형 자료를 저장하는 int형은 4byte의 메모리 공간을 할당받아 −2^{31} ~ 2^{30}까지의 정수를 저장할 수 있는 자료 형이다.

정수형 변수는 부호 있는 수와 부호 없는 수로 분류할 수 있다. 부호가 있는 정수는 최상위 비트를 부호 비트로 사용하므로, 표현할 수 있는 값의 범위는 −2147483648 ~ 2147483647의 범위를 갖는 값을 저장할 수 있다. short는 일반적인 정수형 자료 크기보다 작은 정수를 가리키는 용도로 사용한다. 정수형에 4바이트를 할당하여 사용하는 유닉스에서는 short를 2바이트로 크기를 축소하지만, 2바이트를 할당하여 사용하는 경우에는 int와 short int의 크기는 동일하게 2바이트를 할당한다.

부호 없는 정수형을 나타내는 unsigned int 또는 unsigned short int와 같이 사용하면 최상위비트를 항상 0으로 간주하여 음수를 제외한 0 ~ 4294967295까지의 범위를 나타낼 수 있다. 아래 표의 정수형은 이용하는 시스템에 따라 다를 수 있으므로 sizeof() 함수를 이용하여 확인해 보아야한다.

종류	크기 (단위: byte)	수 허용 범위
int	2	−32768 ~ 32767
	4	−2147483648 ~ 2147483647
unsigned int	2	0 ~ 65535
	4	0 ~ 4294967295
short	2	−32768 ~ 32767
unsigned short	2	0 ~ 65535
long	4	−2147483648 ~ 2147483647
unsigned long	4	0 ~ 4294967295

▌ C 언어에서 음수 표현 : 2의 보수 표현법

C 언어에서 음수를 표현하는 방법 중 한 가지는 2의 보수 표현 방법이다.

2진수에서 2의 보수 표현 과정은 다음과 같다.

첫째, 주어진 2진수에 대하여 1의 보수를 구한다.

둘째, 1의 보수 값에 가장 오른쪽 1bit에 이진수 1을 더한다.

2진수에 대한 1의 보수는 주어진 2진수에 대해 보수를 취한 것이다. 예를 들어, 2진수 10010의 1의 보수는 01101이다.

값	10진수	4바이트 이진수 표현
-2^{31}	-2147483648	10000000 00000000 00000000 00000000
$-2^{31}+1$	-2147483647	10000000 00000000 00000000 00000001
…	…	…
0	0	00000000 00000000 00000000 00000000
…	…	…
$2^{31}-2$	2147483646	01111111 11111111 11111111 11111110

10진수 $-(2^{31}-1)$의 표현 과정

4byte 크기를 갖는 변수 a의 값이 $2^{31}-1 (=2147483647)$이라 하자. 변수 a에 대한 음수 $-a$의 값은 어떻게 표현 되겠는가? 변수 a에 대한 2의 보수로 $-a$를 나타낼 수 있다.

2의 보수를 만드는 방법은 먼저 변수 a에 대한 1의 보수를 취한 후, 그 결과 비트에서 마지막 오른쪽 비트에 이진수 1을 더한 결과이다.

값	10진수	4바이트 이진수 표현
$(2^{31}-1)$	2147483647	01111111 11111111 11111111 11111111
$(2^{31}-1)$의 1의 보수 표현		10000000 00000000 00000000 00000000
$(2^{31}-1)$의 1의 보수 $+1$ $=(2^{31}-1)$의 2의 보수 표현 →		10000000 00000000 00000000 00000000 $+\ 1$ 10000000 00000000 00000000 00000001

메모리 오버플로우 현상

C 언어에서 signed int 자료형의 4byte로 표현할 수 있는 수는 $-2^{31} \sim 2^{31}-1$까지 표현 가능하다. 가장 큰 양의 정수 $2^{31}-1$의 10진수 값 2147483647에 정수 1을 더한 결과와 정수 2를 더한 결과를 생각해보자.

첫째, $(2^{31} - 1)+1$의 결과는 10진수 2147483648이어야 하지만, 4바이트로 표현된 이진수를 보면 부호비트가 "1"을 갖고 나머지 31개 비트가 "0"을 갖게 되어 -2^{31}의 값과 동일하다.

둘째, $(2^{31} - 1)+2$의 결과는 10진수 2147483649이어야 하지만, 값은 부호비트가 "1"을 갖고 가장 오른쪽 1비트만 이진수 "1"을 갖고 나머지 30개 비트는 이진수 "0"을 갖게 되어 $-2^{31} - 1$의 값과 동일하게 된다.

위의 2가지 연산은 예상치 못하게 틀린 결과를 초래하게 된다. 이러한 일은 C 언어의 자료형에서 표현할 수 있는 범위의 수 보다 큰 수나 작은 수를 메모리에 저장하려고 하는 경우 발생하는 문제이다.

이와 같이 자료형에서 표현할 수 있는 범위의 수 보다 큰 수 또는 작은 수를 표현하고자 하는 경우 발생하는 현상을 메모리 오버플로우라 한다. 연산에서 오버플로우가 유발하는 문제는 연산의 정확성을 떨어뜨리지만 컴파일러는 그에 대한 에러 메시지를 만들지 않으므로 프로그래머가 관리해야 한다.

값	10진수 값	4바이트 이진수 표현
$(2^{31} - 1)$	2147483647	01111111 11111111 11111111 11111111
$(2^{31} - 1)+1$	2147483647 +1 −2147483648	01111111 11111111 11111111 11111111 +1 10000000 00000000 00000000 00000000
$(2^{31} - 1)+2$	2147483647 +2 −2147483647	01111111 11111111 11111111 11111111 +10 10000000 00000000 00000000 00000001

이와 유사하게 4byte로 표현할 수 있는 가장 작은 수 -2^31의 10진수 값 −2147483648에서 정수 −1을 더한 결과와 −2를 더한 결과를 생각해보자. 아래의 프로그램 예제를 통해 확인하면 signed int 형의 값 범위 내에서 연산 결과에 따라 값이 순환하는 결과를 가짐을 알 수 있다.

```c
#include <stdio.h>          // 4 byte로 표현된 자료형
int main(void) {
    signed int max= 2147483647;
    signed int min= -2147483648;
    printf("4바이트로 표현된 signed int형 최대 정수= %d \n", max);
    printf("4바이트로 표현된 signed int형 최대 정수+1= %d \n", max+1);
    printf("4바이트로 표현된 signed int형 최대 정수+2= %d \n\n", max+2);
```

```
    printf("4바이트로 표현된 signed int형 최소 정수= %d \n", min);
    printf("4바이트로 표현된 signed int형 최소 정수-1= %d \n", min-1);
    printf("4바이트로 표현된 signed int형 최소 정수-2= %d \n\n", min-2);
}
```

```
4바이트로 표현된 signed int형 최대 정수= 2147483647
4바이트로 표현된 signed int형 최대 정수+1= -2147483648
4바이트로 표현된 signed int형 최대 정수+2= -2147483647

4바이트로 표현된 signed int형 최소 정수= -2147483648
4바이트로 표현된 signed int형 최소 정수-1= 2147483647
4바이트로 표현된 signed int형 최소 정수-2= 2147483646
```

위 그림에서 볼 수 있듯이 short형의 변수는 최대값이 32767을 담을 수 있지만 여기서 +1을 할 경우 오버플로우가 발생하여 -32768이 나오게 된다.

(3) 실수형

실수는 float, long, double, long형이 있다. float형은 전체 32bit로 구성되고, 부호 부분 1bit, 지수 부분 8bit, 가수 부분 23bit로 표현된다. float형의 정밀도는 보통 소수점 이하 7자리이다.

float형과 동일하게 double형도 부동 소수를 표현하기 위해 사용하는 자료형이고, 8byte의 메모리 크기를 갖는다. 수의 정밀도는 float보다 큰 소수점 이하 19자리까지 표현할 수 있다. 만약 더 높은 정밀도를 필요로 하면 long double을 사용할 수 있다.

위에서 설명한 데이터 유형에 할당된 메모리 공간은 컴퓨터 시스템과 컴파일러에 따라 차이가 발생할 수 있으므로 자신이 사용하는 시스템에서 지원하는 자료형의 크기를 알아볼 필요가 있다.

자료형	byte 수	자료 표현 범위
float	4	$3.4E-38 \sim 3.4E+38$
double	8	$1.7E-308 \sim 1.7E+308$
long double	8	$1.7E-308 \sim 1.7E+308$

다음은 변수형에 따른 바이트수를 출력하는 프로그램이다. C 언어에서는 각 자료형의 크기와 해당 변수가 차지하는 메모리 공간의 크기를 알아볼 수 있는 sizeof() 함수를 제공한다. sizeof()의 인수로 자료형이나 변수 이름을 이용할 수 있다.

```
#include <stdio.h>      // 변수형에 따른 메모리 크기 출력 예제
int main(void) {
    int a;
    signed int b;
    unsigned int c;
    printf("정수형 int, short int, long int형의 메모리 크기\n");
    printf("int=%d, s_int=%d, un_int=%d\n", sizeof(a),sizeof(b),sizeof(c));

    short int d;
    signed short int e;
    unsigned short int f;
    printf("short=%d, s_short=%d, u_short=%d\n", sizeof(d),sizeof(e),sizeof(f));

    long int g;
    signed long int h;
    unsigned long int i;
    printf("long=%d, s_long=%d, u_long=%d\n\n", sizeof(g),sizeof(h),sizeof(i));
}
```

▷ C 언어에서 일반적으로 정수형 즉, int 자료 형은 4byte 크기의 메모리를 할당하고, short int형은 2byte의 메모리를 할당한다.

```
#include <stdio.h>            // 실수형 변수의 메모리 크기 예제
int main(void) {
    char a;
    signed char b;
    unsigned char c;
    printf("문자형 char과 float형의 메모리 크기\n");
    printf("char=%d, s_char=%d, un_char=%d\n", sizeof(a),sizeof(b),sizeof(c));

    float d;
    double e;
    long double f;
    printf("float=%d, double=%d, l_double=%d\n\n", sizeof(d),sizeof(e),sizeof(f));
}
```

```
문자형 char과 float형의 메모리 크기
char=1, s_char=1, un_char=1
float=4, double=8, l_double=16
```

▷ 문자는 1byte를, float형은 4byte, long형은 8byte를 할당함을 볼 수 있다.

3.2.3   void형

void는 주로 함수에 쓰이며 함수의 반환값이 없거나, 함수의 반환값을 무시할 때, 그리고 함수 호출시 인자가 없는 함수를 나타낼 때 쓰인다.

만일 main() 함수 앞의 void가 있다면 main() 함수의 실행이 끝날 때 호출한 곳에 반환할 값이 없음을 의미한다. main() 함수도 일반 함수처럼 필요한 경우 결과값을 호출한 곳에 반환할 수 있는데, 특별히 해당값을 반환할 필요가 없다는 뜻으로 void를 붙인 것이다. 일반적으로 main() 함수 앞에는 int가 오지만 만일 void를 사용할 경우 void를 생략하기도 하는데 생략하는 경우 main() 함수의 반환값은 정수로 간주하다.

main() 함수의 호출은 누가 수행하는가? main()함수는 프로그램의 시작점과 같으므로, 결국 C 프로그램을 실행시키는 주체를 찾으면 된다. 프로그램을 실행하는 주체인 운영체제가 main() 함수를 호출하는 것이다. main() 함수도 필요한 경우 외부로부터 인자 값을 받을 수 있지만, 위의 경우에는 인자 값이 비어 있으므로 main() 함수로 넘어오는 특별한 인자 값은 존재하지 않는다는 것을 알 수 있다. 좀 더 확실한 표현을 위해서 main(void)와 같이 인자 값이 존재하지 않는다고 표현 하는 것이다.

```c
#include <stdio.h>        // void 사용 예제
void v_func(void);
int main(void)  {
    (void) getchar();
    v_func();
}


void v_func(void)  {
    printf("empty return value");
}
```

```
hello
empty return value
```

▷ 위의 v_func() 함수는 함수 종료 후 반환할 값이 없음을 나타내기 위해 void를 사용하였다. 또한, v_func(void) 함수의 인수가 없음을 나타내기 위해 void를 사용하였다.

3.2.4   열거형 상수 enum

enum형은 열거형 상수를 정의할 때 사용한다. enum 상수는 한 개 이상의 정수형 원소를 갖는 집합으로 사용 예제는 다음과 같다.

```
enum day_type {sun, mon, tue, wed, thu, fri, sat} days;
days=sun;
```

▷ 위와 같이 선언되었다면 열거형 상수는 day_type이고, "열거형 변수 days는 열거형 상수 day_type으로 선언되었다"라고 말할 수 있다.

▷ 변수 days는 원소 sun, mon, tue, wed thu, fri, sat만 가질 수 있다. 열거형 변수에는 열거된 원소들 외에는 대입할 수 없다.

▷ days 원소들은 초기 값을 특별히 할당하지 않으면 가장 왼쪽 원소에 0을 할당하고, 오른쪽으로 이동하면서 1씩 증가된 값 1, 2, 3, ...의 값을 갖는다. days=sun;이라는 대입문을 실행하면 days 변수는 0의 값을 갖는다.

▷ 열거형 변수 days의 첫 번째 원소인 sun에는 초기 값이 주어지지 않았으므로 0이 할당되어 printf()에서 days를 출력하면 10진수 0이 출력 된다.

```
#include <stdio.h>          // 열거 형 예제
int main(void) {
    enum day_type {sun, mon, tue, wed, ths, fri, sat} days;
    enum color_type {red, blue, green, white};
    enum color_type color;
    days=sun;
    printf("days = %d\n", days);
    color=white;
    printf("colors = %d\n", color);
}
```

```
days = 0
colors = 3
```

▷ 열거형 변수 color에서 white는 4번째 위치한 원소이므로 3이 할당되어 있다.

3.2.5 자료형 재정의 typedef

typedef은 이미 정의된 자료형을 사용자가 다른 이름으로 재정의 하기 위해 사용한다. 자료형을 재정의 하여 사용하는 이유는 서로 다른 시스템간의 프로그램 호환성과 사용의 편의성을 높이기 위해서이다.

형 재정의 문장 typedef은 전처리 지시자가 아니고, 하나의 문장이므로 전처리 지시자인 '#'이 필요 없지만 문장의 끝을 나타내는 세미콜론이 문장 마지막에 있어야한다. 일반적으로 형 재정의 문장 typedef은 전처리 지시자와 같이 프로그램의 시작부분에 기술한다.

typedef형을 이용하는 예제는 다음과 같다.

```
typedef unsigned char byte;
byte b_b;
```

▷ 위의 예제는 byte라는 새로운 자료형을 선언하는데, byte의 자료형은 unsigned char형이다. 새로 생성된 자료형 byte를 사용하여 사용자가 변수를 선언할 수 있다. 즉, b_b는 byte형의 변수이므로 변수 b_b는 unsigned char형을 갖는다.

typedef를 사용하는 이유는 서로 다른 시스템 환경에서 프로그램의 이식성을 높이기 위해서이다. 예를 들어, 16bit 컴퓨터에서 정수형 자료 형은 2byte이지만, 32bit 컴퓨터에서는 4byte이다. 이러한 경우 16bit 컴퓨터와 32bit 컴퓨터에서 정수형 자료를 항상 4byte 정수로 프로그램을 동작하게 하려면 다음과 같이 할 수 있다. 예를 들어, 32bit 컴퓨터에서 정수형 변수 total=1000000을 사용하는 경우, 이 프로그램을 16bit 컴퓨터에서는 직접적으로 사용할 수 없다. 이유는 16bit 컴퓨터에서 2바이트로 할당된 정수형 자료에 total=1000000을 저장하는 경우 자료 오버플로우가 발생하기 때문이다. 이 문제를 해결하는 방법은 형 재정의 연산자 typedef를 이용하여 변수 total=1000000을 16비트 컴퓨터에서 저장할 수 있는 메모리 크기로 바꾸어주면 될 것이다.

```
typedef int new_int;                /* int는 4바이트 */
.....
new_int total=1000000;
```

▷ 이 경우 프로그램 호환을 위해 32bit 컴퓨터에서 int형으로 new_int를 재정의하여 total=1000000을 이용하고, 16비트 컴퓨터에서는 4바이트 크기를 갖는 long으로 new_int를 재 정의하여 total=1000000을 이용한다.

```
typedef long new_int;                    /* new_int 4바이트 */
.....
new_int total=1000000;
```

3.2.6   기호상수 const

const는 C 언어에서 변수의 값을 변경할 수 없도록 하여 상수와 같이 만드는 역할을 한다. const를 이용하여 정의한 상수를 기호상수이라 한다. const로 선언된 변수는 처음 선언할 때 값을 줄 수 있다.

const를 이용한 상수 값 할당은 프로그램 수정이 쉽고 에러 유발을 줄 일 수 있는 장점이 있다. const를 이용하여 상수를 정의하면 상수의 형태를 분명히 하기 때문에 프로그램을 컴파일 할 때 도움을 줄 수 있는 장점이 있다. 키워드 const를 이용하여 상수를 선언하는 방법이다.

```
const float ph=3.141592;
const int radius=4
double area;
area = radius * radius * ph;    // 수식 1
area = 4 * 4 * 3.141592;         // 수식 2
```

▷ 위의 문장에서 const를 사용한 ph 변수에 3.141592를 대입하고, 변수 ph는 값이 변경될 수 없음을 뜻한다.

▷ 수식1과 수식2는 결과적으로 동일한 값을 갖는다. 수식1은 기호상수를 이용하여 나타내어 프로그램 이해도가 높아지는 장점이 있다. 또한, 프로그램 사용 중에 상수의 값이 바뀌는 경우에 기호상수를 이용하면 쉽게 변경할 수 있는 장점이 있다. 수식2처럼 직접 값을 할당하는 경우에 값이 바뀐다면 소스코드에서 모두 찾아 변경해야하는 단점이 있다.

ANSI C에서 strcpy(char *s1, const char *s2) 함수는 s2의 문자열을 s1에 복사하는 기능이다. 이 함수에서 s2는 변하지 않으며, 만약 s2가 변한다면 함수가 잘못된 기능을 수행하는 것이다. 물론 함수 내부에서 s2를 변화시키는 명령문을 작성하지 않는다. 하지만 어떤 시스템 에러에도 s2는 변하지 않도록 const를 붙여 선언하였다.

3.2.7   최적화에서 제외하는 volatile

C 언어에서 변수의 값이 변하는 경우는 대입문과 증감 연산자 연산이 행해졌을 때 가능하다. 표준함수들도 값을 변화시키지만 결국 표준함수 안에 대입문과 증감 연산자에 의해 직접적으

로 변화된다. 이러한 조건하에 C 언어는 변수를 최적화 한다. volatile로 선언된 변수는 이 최적화를 방지한다.

```
int condition;
condition = 1;
while(condition==1) ;
```

▷ 이 부분은 C 언어의 최적화 처리에 의해 while(1==1), while(1)로 변한다. while문 바로 위에 condition 변수에 값 1을 대입하였고, condition은 while문 사이에서 더 이상 값이 변하지 않기 때문에 논리적으로는 이상이 없다.

▷ 이 예제의 경우 최적화된 while문은 무한 루프이다. 프로그래머가 그것을 원한다면 문제가 되지 않지만, while문을 수행하는 동안 외부 프로세서에 의해 condition의 값이 바뀌고 while문이 종료되길 원한다면 최적화된 while(1) 대신 while(condition==1)의 문장이 맞다. 이럴 경우 volatile int condition으로 선언해주면 최적화를 방지 한다.

3.3   변수 적용 범위와 기억 클래스

프로그래머에 의해 작성된 프로그램이 컴파일 과정을 거쳐 기계어로 번역된 것을 목적 코드라 한다. 프로그램은 목적 코드와 프로그램에서 사용하는 자료로 구성된다. 목적 코드는 프로그램 실행 도중에 변경되지 않지만 자료, 변수들은 그 값이 변경될 수 있다.

따라서 목적 코드는 기억공간에서 읽기만 가능하고 쓰기는 불가능한 영역에 저장되고, 변수들은 읽기와 쓰기 모두 가능한 기억공간에 저장되어 사용한다. 기억공간에서 목적 코드가 저장되는 공간을 코드영역이라 하고, 자료 즉, 변수가 저장되는 공간을 자료영역이라 한다. 자료영역은 기억장치에서 변수들의 영역과 생존시간에 따라 스택영역, 자료영역, 힙영역으로 구분한다.

프로그램에서 지금까지 사용한 변수는 저장할 자료의 종류, 크기와 특징을 고려하여 자료형을 선언하였다. 변수는 변수형, 변수이름, 저장장소 크기, 저장 값 등을 기본 속성으로 갖지만, 변수의 범위, 변수의 생존시간, 연결 등의 속성도 갖는다. 이 장에서는 변수의 기본 속성 이외의 범위, 기억클래스, 생존시간, 연결에 대해 알아본다.

3.3.1   변수의 적용 범위

변수는 프로그램의 선언된 위치에 따라 접근할 수 있는 범위가 결정되고, 저장분류 기술자에 의해 변수의 특성이 결정된다. 변수의 범위는 변수가 어떤 범위에서 접근 가능한지를 나타내는 것으로 크게 3가지로 나눌 수 있다.

(1) 파일 범위 : 여러 개의 함수로 구성된 파일에서 함수의 외부에서 선언된 변수이다. 이러한 변수는 파일 내의 어느 곳에서도 접근이 가능하다.

(2) 함수 범위 : 함수 내부에서 선언된 변수이다. 함수 내부에서만 사용이 가능하다.

(3) 블록 범위 : 함수 내부의 블록 안에서 선언된 변수이다. 블록은 괄호 {}에 의해 포함된 문장을 의미한다.

위의 3가지 범위는 파일범위와 블록범위로 나눌 수 있다. 이유는 함수 자체가 블록을 나타내는 {}로 표현되기 때문이다. 파일 범위를 가지는 변수를 전역 변수, {} 범위를 가지는 변수를 지역 변수라 한다.

3.3.2　지역 변수

지역 변수는 함수 내부에서 선언된 변수다. 보다 정확하게 말하면 변수가 블록 {} 안에서 선언되면 지역변수이다. 지역변수는 기본적으로 함수 호출시에 생성되며 함수 호출이 종료되면 소멸된다.

지역변수 선언은 함수 내부에 있는 코드 블록의 첫 부분에서 이루어져야한다. 예를 들어, 선언부가 끝나고 실행 명령문이 나온 후에 지역변수를 선언하면 문법 에러가 발생한다. 지역 변수 선언과 동시에 초기화를 기술하고 있다면 함수가 호출되어 그 코드 블록이 실행될 때 마다 그 지역 변수가 초기화 된다.

지역변수는 선언된 함수(또는 블록) 안에서만 사용 가능하고, 그 밖의 영역에서는 사용될 수 없다. 함수 내부에 복수 개의 블록이 있는 경우 동일한 지역변수 이름을 사용할 수 있다. 변수 이름이 동일해도 블록이 다르면 서로 다른 변수로 인정하기 때문이다.

```
  void function(void)
 {                       /* 바깥쪽 코드 블록 시작 */
   int a=123;   /* function() 함수가 호출 될 때마다 변수 a 초기화 실행 */
   printf("%d", a);
   if(a==123)
     {                      /* 안쪽 코드 블록 시작 */
       int b=456;   /* if(조건식)이 참 일때 마다 변수 b 초기화 실행 */
       printf("%d", b);
     }                    /* 안쪽 코드 블록 종료, 변수 b의 메모리 삭제 */
   a=a+200;
   printf("%d", a);
 }                    /* 바깥쪽 코드 블록 종료, 변수 a의 메모리 삭제 */
```

다음 프로그램의 수행 결과로 출력되는 변수 x의 변화 과정을 생각해 보자.

```c
#include <stdio.h>
int main(void) {
    int x=100;
    {
        int x=300;

        {
            int x=400;
            x++;
            printf("지역변수 x=%d \n", x);
        }
        printf("지역변수 x=%d \n", x);
    }
    printf("지역변수 x=%d \n", x);
}
```

지역변수는 변수가 선언된 블록의 코드가 시작될 때 스택이라는 메모리 공간에 변수가 만들어지고 동시에 초기화가 된다. 지역변수는 초기화를 하지 않으면 메모리에 남아 있는 의미 없는 값인 쓰레기 값이 사용 될 수 있다. 그러므로 반드시 초기화를 수행해야한다. 지역변수에 할당된 스택 공간은 블록이 끝나면 메모리를 반환하게 된다. 따라서 지역변수의 생존시간은 변수가 선언된 함수(또는 블록)의 시작점부터 종점까지이다.

다음 예제는 표준입력 scanf()를 이용하여 정수 a, b를 입력한 후, exchange() 함수를 이용하여 변수 a와 b의 값을 서로 교환하였다. 실행 결과를 예측해 보자.

```c
#include <stdio.h>
int exchange();
int main(void) {
    int a, b;         /* 지역 변수 선언 */
    scanf("%d %d", &a, &b);
    printf("exchange() 수행 전 전역 변수 a=%d, b=%d", a, b);
    exchange();
    printf("exchange() 수행 후 전역 변수 a=%d, b=%d", a, b);
```

```
    }

    int exchange() {
        int temp;
        temp=a; a=b; b=temp;
        return 0;
    }
```

결과는 바뀌지 않고 그대로 출력이 된다. exchange() 함수가 실행 될 때만 변하고 다시 함수가 끝남으로써 변수의 생존이 중단되기 때문이다.

```
#include <stdio.h>
int main(void) {
    int temp;                          /* temp 초기화 없음 */
    int x=10, y=20;                    /* 지역변수 x, y 생성 */
            printf("지역변수 x=%d \n", x);
    if(y>5) {
        int x=333;                     /* 지역변수 x 생성 */
        printf("지역변수 x=%d \n", x);
    }                                  /* 지역 변수 x 소멸 */
    printf("지역변수 x=%d \n", x);
    printf("초기화 안 된 지역변수 temp=%d \n", temp);
}                                      /* 지역변수 x, y 소멸 */
```

```
지역변수 x=10
지역변수 x=333
지역변수 x=10
초기화 안 된 지역변수 temp=0
```

결과를 보면 if 함수 안에서만 새로 생성이 되고 함수가 끝난 후 사라져서 x는 10이 나오게 된다. 또한 사용된 컴파일러에 따라서 temp에 0이 들어간 것처럼 쓰레기 값이 들어가지 않고 자동으로 초기화가 될 수 있다.

동일 함수가 재귀적으로 호출되는 경우 지역 변수는 복수개가 동시에 존재한다. 재귀적으로 호출된 각 함수에 있는 지역 변수는 독립된 서로 다른 실체가 되어 서로 다른 값을 유지한다. 예를 들어, 아래와 같이 function() 함수가 3회 실행되는 경우를 고려해 보자. 각각의 function() 함수의 호출로 생성되는 지역 변수 a는 호출마다 서로 다른 실체를 가지므로 각기 다른 값을 유지할 수 있다. 이것을 지역 변수의 독립성이라 한다.

```
function() {                    /*  function() 함수의 첫 번째 호출 */
   int a=100;
   a=a+11;
   .......

   function() {                 /* function() 함수의 두 번째 호출 */
     int a=100;
     a=a+22;
     .......

     function() {               /* function() 함수의 세 번째 호출 */
       int a=100;
       a=a+33;
       .......
     }
   }
}
```

▌ 지역 변수에 static 사용

지역 변수에 static 기억 클래스 지정자를 사용하여 static 속성을 부여한 경우를 살펴보자. static 속성을 부여한 지역 변수는 프로그램 전체에서 하나밖에 존재하지 않는 변수가 된다. 이 결과 function() 함수를 호출할 때마다 지역 변수의 독립성이 상실되고, 각 function() 함수 호출에서는 동일한 실체의 변수를 공유한다. 예를 들어, 다음과 같이 지역 변수에 static이 선언되어 있고, 동일한 함수를 3회 호출하여 수행하는 경우를 생각해보자. function() 함수를 호출할 때마다 지역 변수 a의 독립성이 상실되고, 각 function() 함수 호출에서는 동일한 실체의 변수 a를 공유한다. 결국 static 속성을 갖는 지역 변수 a는 프로그램과 같은 길이의 수명을 갖게 된다.

```
function() {                    /*  function() 함수의 첫 번째 호출 */
   static int a=100;    /* 초기화는 프로그램 실행할 때 한번만 실행 */
                        /* 변수 a는 프로그램 실행중 하나만 존재 */

   .......
   a=a+1;
   printf("%d", a);

   function() {                 /* function() 함수의 두 번째 호출 */
     static int a=100;
     .......
     a=a+1;
```

```
        printf("%d", a);

        function() {         /* function() 함수의 세 번째 호출 */
            static int a=100;
            .......
            a=a+1;
            printf("%d", a);
        }
    }
}
```

위의 예제에서 변수 a의 초기화 문장 static int a=100;은 한번만 실행된다. 따라서 function() 함수의 두 번째 호출 시점에 변수 a의 값은 1이고, function() 함수의 세 번째 호출 시점에 변수 a의 값은 2이다.

| 함수의 매개변수

함수 정의에 있는 매개 변수도 일종의 지역 변수이다. 지역 변수가 갖는 특징을 모두 갖고 있기 때문이다. 단, 지역 변수와 다른 점은 함수를 호출할 때 넣어주는 인수 값으로 초기화 되어 있다는 점이다.

아래 예제에서 'sum(int a, int b)'에 있는 매개 변수 a와 b는 일종의 지역 변수이다. a와 b는 지역 변수의 특징을 그대로 가지고 있으며, sum() 함수가 시작되면 생성되고, 함수가 종료되면 소멸된다. 단, 매개변수 a와 b의 값을 변경한다고 해서 호출한 함수의 변수 값이 변경되지 않는다는 점이다.

```c
#include <stdio.h>              /* 값에 의한 호출(call by value) */

void sum(int, int);            /* 함수 원형 */

int main(void)  {
    int a=10, b=20;
    printf("main() 에서 주소 a=%p,   b=%p \n", &a, &b);
    printf("sum()함수 호출전 a=%3d, b=%3d \n\n", a, b);
    sum(a,b);
    printf("sum()함수 호출후 a=%3d, b=%3d \n", a, b);
}

void sum(int a, int b)  {                    /* 지역 변수 a, b */
```

```
    printf("sum()에서 주소 a=%p,   b=%p \n", &a, &b);
    a=a+100;
    b=b+200;
    printf("sum()함수에서 a=%3d, b=%3d \n\n", a, b);
}
```

```
main() 에서 주소 a=000000000062FE1C,    b=000000000062FE18
sum()함수 호출전 a= 10, b= 20

sum()에서 주소 a=000000000062FDF0,    b=000000000062FDF8
sum()함수에서 a=110, b=220

sum()함수 호출후 a= 10, b= 20
```

▌ 같은 이름의 지역 변수

변수의 적용 범위에서 지역이란 의미는 변수가 특정 지역 즉, 블록{ } 또는 함수( ) 내에서만 유효하다는 뜻으로 만약 다른 지역 안에 동일한 이름의 변수가 있으면 저장된 메모리 공간이 서로 다르기 때문에 컴파일 에러가 발생하지 않는다.

```
int sum(int a, int b)  {                /* 지역 변수 a, b */
    a=a+100;
    b=b+200;
    return (a+b);
}
int multi(int a, int b)  {                /* 지역 변수 a, b */
    a=a*100;
    b=b*200;
    return (a*b);
}
```

3.3.3   전역 변수

전역 변수는 함수의 바깥쪽에서 변수를 선언하고 초기화를 할 수 있다. 전역 변수는 지역변수와는 달리 프로그래머가 초기화를 수행하지 않으면 자동적으로 컴파일러에 의해 값을 0으로 초기화한다.

변수의 선언과 동시에 초기화되는 경우는 프로그램 실행할 때 한번만 초기화문이 실행된다. 전역변수의 생존기간은 프로그램이 시작할 때 생성되고, 프로그램이 종료되면 소멸된다. 이러한 특징으로 전역 변수는 함수 사이의 데이터 교환을 위한 하나의 수단이다. 따라서 전역 변수에 대한 비정상적인 접근이나 변경으로부터 변수를 보호할 수단이 없다는 점은 중요한 사항이다.

또한, 함수 내부에서 전역 변수와 동일한 이름의 지역 변수를 선언하고 있는 경우 지역 변수가 우선시 된다. 이러한 경우를 전역 변수가 보이지 않는다고 하고 전역 변수의 차단이라 한다.

다음 예제는 표준입력 scanf()를 이용하여 정수 a, b를 입력한 후, exchange() 함수를 이용하여 변수 a와 b의 값을 서로 교환하였다. 실행 결과를 예측해 보자.

```
#include <stdio.h>
int exchange();
int a, b;                /* 전역 변수 선언 */
int main(void) {
    scanf("%d %d", &a, &b);
    printf("exchange() 수행 전 전역 변수 a=%d, b=%d\n", a, b);
    exchange();
    printf("exchange() 수행 후 전역 변수 a=%d, b=%d\n", a, b);
}

int exchange() {
    int temp;
    temp=a; a=b; b=temp;
    return 0;
}
```

```
10 20
exchange() 수행 전 전역 변수 a=10, b=20
exchange() 수행 후 전역 변수 a=20, b=10
```

│ 같은 이름을 갖는 전역 변수와 지역 변수

프로그램에서 전역 변수와 지역 변수의 이름이 동일한 경우 어떤 일이 발생할까? 아래 프로그램의 수행 결과를 예측해 보자.

```
#include <stdio.h>
int total=1000;                /* 전역변수 total 선언 */
int main(void)  {
    int k=1, total=0;          /* 지역변수 total 선언 */
    for(k=1; k<=10; k++)
        total=total+k;         /* 지역 변수 total 사용 */
    printf("total=%d \n", total);
}
```

```
total=55
```

위의 예제에서 변수 total은 전역 변수와 지역 변수로 선언 되었다. for()문의 'total=total+k'에서 사용한 total 변수는 전역 변수가 아니라 지역 변수로 선언된 total이다. 따라서 프로그램 수행 결과는 1+2+3+...+9+10까지 합한 55이다.

이와 같이 어떤 변수가 전역변수와 지역변수로 동시에 선언된 경우 지역변수가 전역변수보다 우선시 된다. 이와 같은 경우 지역변수가 전역변수를 가린다고 한다. 아래 예에서 변수 C는 전역변수와 지역변수로 함께 선언되었다. 프로그램 수행 결과를 예측해보자.

```c
#include <stdio.h>
int sum(int x, int y);
int c=555;                          /* 전역 변수 c선언 */

int main(void) {
    printf("전역값 c=%d, 전역주소 c=%p \n\n", c, &c);
    {
        int a=10, b=20, c=100;          /* 지역 변수 c선언 */
        printf("블럭 지역값 c=%d, 주소 c=%p \n\n", c, &c);
        c=sum(a,b);
        printf("블럭 지역값 c=%d, 주소 c=%p \n\n", c, &c);
    }
    printf("전역값 c=%d, 전역주소 c=%p \n\n", c, &c);
}

int sum(int x, int y) {
    int c;                          /* 지역 변수 c선언 */
    c=x+y;
    printf("함수 지역값 c=%d, 주소 c=%p \n\n", c, &c);
    return c;
}
```

전역값 c=555, 전역주소 c=0000000000403010

블럭 지역값 c=100, 주소 c=000000000062FE14

함수 지역값 c=30, 주소 c=000000000062FDDC

블럭 지역값 c=30, 주소 c=000000000062FE14

전역값 c=555, 전역주소 c=0000000000403010

위의 예에서 변수 C 는 main() 함수에서도 sum() 함수에서도 사용가능하다. 전역변수를 쓰면 함수에서 값을 반환 할 필요 없이 전역변수에 값을 저장하여 어느 곳에서나 쓰면 된다.

이 같은 전역 변수 사용은 전역 변수 C 가 어느 곳에서 수정이 일어나는지, 어떻게 수정되는지 알기 쉽지 않다. 만약 위에서 sum 함수가 다음과 같이 수정된다면 그 결과는 예측하지 못한 결과를 갖는다.

```
void sum(int x, int y)  {
    int c;                          /* 지역변수 */
    c = 10(x+y);
}
```

이유는 sum()에서 변수 C는 지역변수이기 때문이다. sum 함수에 선언된 C는 전역변수 C가 아니다. 이것은 sum 함수의 지역변수이다. 이때 sum 함수에 선언된 변수 C가 전역변수와 이름이 같다 해도 두 변수는 전혀 다른 변수이다. 그러므로 sum 함수가 호출 되었다고 해도 전역변수 C의 값은 변하지 않는다.

결국 전역변수는 프로그램의 어디서나 접근이 가능한 장점이 있다. 반면에 규모가 큰 프로그램에서는 변수의 자료가 변경되는 경우 수정된 위치를 파악하기 어려운 단점이 있으므로 가능하면 사용을 자제하는 것이 좋다.

구분	지역변수	전역변수
변수 선언 위치	함수(또는 블록)	함수 외부
변수 사용 범위	함수(또는 블록) 내부	파일 내부
변수 초기화	초기화 없으면 쓰레기 값 저장	초기화 없으면 컴파일러가 0(또는 null) 값 저장
변수 수명	함수(또는 블록) 시작점부터 종점까지	프로그램 시작부터 종점까지
변수 이름 중복	변수 사용 위치(함수 또는 블록)가 다르면 중복 이름 가능	중복 불가능

변수의 생존시간은 프로그램이 수행되는 동안 메모리에서 변수가 생존하는 시간을 의미한다. 변수를 메모리 공간에 할당하는 방법은 정적 할당과 자동 할당이 있다.

정적 할당은 프로그램 수행기간 동안 변수가 메모리 공간에 할당되고 값이 유지되는 방법으로 전역변수가 해당한다.

자동 할당은 변수가 선언된 블록에 들어갈 때 메모리 공간이 할당되고 블록이 끝나면 메모리 공간이 회수되는 방법으로 지역변수가 해당된다.

변수에 메모리 공간을 할당하는 방법은 변수가 선언되는 위치와 저장분류기술자에 의해 결정된다. 변수선언 위치에 따라 함수 외부에서 선언되면 즉, 전역변수이면 정적 할당을 사용하고, 함수 내부(또는 블록)에서 선언되면 즉, 지역변수이면 자동할당으로 만들어진다. 단, 지역변수 중에서 특별히 저장분류기술자에 의해 정적 할당으로 변경할 수 있다. 저장분류기술자는 auto, static, register, extern 4가지 방법으로 변수의 메모리 할당 방법을 지정할 수 있다.

3.3.4   저장 분류 기술자

지역 변수와 전역 변수는 C 언어에서 제공하는 개념은 아니지만 선언하는 위치에 따라 사용되는 범위가 나뉘어져 있기 때문에 전역 변수 또는 지역 변수라고 명명한다. 저장 분류 기술자는 C 언어에서 제공하는 개념이다. 저장 분류 기술자에는 auto, static, register, extern가 있다. 이것들은 변수를 선언할 때 가장 앞자리에 기술되며 변수의 특성을 규정한다. 지역변수에 사용되는 auto는 전역변수에 쓸 수 없고, extern은 전역변수를 지역에서 사용하고자 할 때 명시적으로 외부 변수임을 선언하는 것이다. static은 함수 안에서 함수가 소멸되고 재호출되어도 값이 초기화되지 않고 기존의 값을 그대로 유지한다. register는 변수가 메모리나 스택에 생성되지 않고 레지스터에 생성됨으로 좀 더 빠른 실행을 제공한다.

(1) auto 지정자

함수(또는 블록)내에 선언되는 지역변수는 기본적으로 자동 변수로 할당된다. 그렇지만 함수의 외부에서 선언된 변수는 자동변수가 아니다. 자동변수로 선언하려면 auto 키워드를 붙여야 하지만 생략이 가능하고, 저장분류기술자가 생략된 경우에는 자동변수로 취급한다. 자동변수는 함수(또는 블록)가 실행될 때 스택 기억 영역에 변수가 생성되고, 그 함수(또는 블록)를 벗어나게 되면 자동으로 스택 메모리에서 변수가 제거된다. 자동변수는 스택 메모리 공간에 할당되기 때문에 변수를 초기화하지 않으면 예상하지 못한 결과를 받을 수 있다.

```c
#include <stdio.h>

int main(void)  {
    auto int temp;          /* auto 변수 초기화 안 됨 */
    int x=10;               /* auto 지정자 생략 가능 */
    temp=temp + x;
            printf("auto 변수 temp=%d \n", temp);
}
```

```
auto 변수 temp=11
```

위 프로그램에서 temp에 1이란 값을 넣지 않았지만 결과에 x 값인 10을 더해 11이 나온 것을 볼 수 있다.

(2) static 지정자

정적 변수는 프로그램 시작과 함께 메모리에 할당되고, 그 프로그램이 종료 될 때까지 변수가 생존한다. 정적 변수는 키워드 static을 붙여서 사용한다. 정적 변수는 변수를 초기화 하지 않아도 컴파일러에 의해 자동으로 0으로 초기화되고, 한번 초기화된 정적 변수는 다시 초기화되지 않는다.

정적 변수는 선언된 위치에 따라 내부 정적 변수와 외부 정적 변수로 나눈다. 내부 정적 변수는 함수(또는 블록) 내부에서 선언된 경우이고, 외부 정적 변수는 함수 밖에서 선언된 변수이다. 내부 정적 변수는 지역 변수로 사용되지만 변수의 수명은 프로그램이 실행되는 동안 생존한다. 내부 정적 변수는 지역 변수라는 점에서 자동 변수와 동일하지만 변수 수명에 있어서 자동 변수와 약간 다르다. 외부 정적 변수는 전역 변수로 사용되지만, 일반적인 전역 변수와는 달리 변수적용 범위가 해당 프로그램에서만 사용가능하다.

```c
#include <stdio.h>

void sum(int x);
static int out_temp;                    /* 외부 static 변수 */

int main(void)  {
    auto int j=0, x=1;                  /* auto 변수 */
    for(j=1; j<5; ++j)  {
        sum(x);
        out_temp=out_temp +x;
    }
}

void sum(int x)  {
    int count=0;                        /* auto 변수 */
    static int in_temp;                 /* 내부 static 변수 */
    count=count +x;
    in_temp=in_temp +x;
    out_temp=out_temp +x;
            printf("auto 변수 count=%d \n", count);
    printf("내부 static 변수 in_temp=%d \n", in_temp);
    printf("외부 static 변수 out_temp=%d \n", out_temp);
}
```

```
auto 변수 count=1
내부 static 변수 in_temp=1
외부 static 변수 out_temp=1
auto 변수 count=1
내부 static 변수 in_temp=2
외부 static 변수 out_temp=3
auto 변수 count=1
내부 static 변수 in_temp=3
외부 static 변수 out_temp=5
auto 변수 count=1
내부 static 변수 in_temp=4
외부 static 변수 out_temp=7
```

위의 프로그램에서 자동변수 3개(변수 j, x, count)는 변수 선언과 동시에 초기 값을 할당하였다. main() 함수에서 sum() 함수를 호출하면 변수 x=1의 값이 전달되고, 호출된 sum() 함수에서는 자동 변수 count가 호출될 때 마다 초기 값 0을 갖게 되어, 출력문의 count 결과는 항상 1을 출력한다. 외부전역변수로 선언된 out_temp는 main() 함수에서 변수 x=1의 값을 더하고 호출된 sum() 함수에서도 변수 x=1의 값을 더하므로 내부전역변수 in_temp 보다 항상 두 배 큰 수를 갖는다.

구분	내부 정적 변수	외부 정적 변수
변수 선언위치	함수(또는 블록) 내부	함수 외부
변수 초기화	할당하지 않은 경우 자동으로 값 0(또는 null) 할당	할당하지 않은 경우 자동으로 값 0(또는 null) 할당
변수 기능	지역 변수	전역 변수
변수 범위	함수(또는 블록) 내부	단위 프로그램 전체
변수 수명	함수(또는 블록) 시작부터 끝까지	함수(또는 블록) 시작부터 끝까지

(3) register 변수

register 변수는 메인 메모리의 주기억장치에 할당되지 않고 CPU에 있는 레지스터를 사용한다. 이 register 변수는 int형과 char 형에만 적용되고, 지역변수와 함수의 가인수에만 사용 할 수 있다. register 변수는 CPU에 있기 때문에 메모리에 생성된 변수들보다 훨씬 빠른 실행속도를 가질 수 있다. 보통 루프의 제어변수 같이 자주 사용되고 빠르게 실행될 필요가 있는 변수에 선언한다. 레지스터 변수는 16비트 시스템에서 하나의 프로그램에서 보통 2개 정도 허용된다. 하지만 레지스터 변수 개수의 제한을 걱정할 필요는 없다. 만약 레지스터 변수의 개수가 시스템이 허용하는 개수를 초과했을 경우 컴파일러는 자동으로 메모리에 생성한다.

```
#include <stdio.h>

int main(void) {
    register int k;
    int total = 1;
    for(k = 1; k < 10; k++)
    {
        total = total * k;
    }
    printf("%d", total);
}
```

위에서 변수 k는 레지스터에 생성되어 빠른 속도로 연산할 수 있도록 한다.

(4) extern 지정자

extern은 변수가 이미 다른 프로그램에서 선언된 전역변수를 현재 프로그램에서 전역변수로 사용하고자하는 경우 사용한다. 다른 프로그램에서 선언된 변수를 extern의 선언 없이는 다른 어떤 방법으로도 사용할 수 없다. 예를 들어 2개의 단위 프로그램 a.c와 b.c을 개별 컴파일 하여, 링크를 거쳐 하나의 실행 프로그램을 만든다고 하자. a.c 프로그램에 선언된 int a;라는 변수를 b.c에서 사용하고자 할 때 extern int a;라고 b.c에 선언해주어야 한다. 만약 b.c에서 extern을 생략하고 int a;라고 선언하면 개별 컴파일에서는 에러를 유발하지 않는다. 하지만 a.c와 b.c를 링크 시킬 때 두개의 같은 이름의 변수가 선언되었다는 메시지를 출력할 것이다. 또 b.c에서 int a를 아예 선언하지 않고 사용한다면 b.c 프로그램 컴파일 때 선언되지 않은 변수를 사용했다는 에러 메시지를 출력한다.

```
a.c
int a;
void printa();
int main(void)  {
    ...
    a=10;
    printa();
}
b.c
extern int a;
void printa()  {
    ...
    printf("a = %d \n", a);
    ...
}
```

만약 하나의 단일 프로그램 안에서 선언된 전역 변수를 사용한다면 extern을 사용하여 전역 변수임을 선언하지 않아도 된다.

```
int a;

int main(void) {
    extern int a;
    a=10;
}
```

위의 경우 main()함수 안에서 'int a'가 전역 변수임을 선언하였다. 물론 이 방법이 잘못된 것은 아니지만 대부분의 프로그램에서는 이 선언을 생략한다. 컴파일러가 어떤 변수에 대해 지역에서 또는 전역에서 변수의 선언을 찾을 것이기 때문이다. 만약 다른 단위 프로그램에서 (실행 프로그램을 만들 때 링크될) 변수 'a'를 사용하려고 하는데 'extern int a;'라는 선언이 생략되면, 그 단위 프로그램이 선언되지 않은 변수를 사용하였다고 에러 메시지를 출력할 것이다. 만약 컴파일 에러를 없애기 위해 전역변수 'int a;'라고 선언한다면 링크시에 에러를 출력한다. 지역변수 'int a;'를 선언하면 전역변수 'a'와는 다른 새로운 변수 'a'를 메모리에 할당하기 때문이다.

변수 저장 형태	자동지역	정적지역	레지스터	전역	정적전역	외부참조
키워드	auto	static	register	–	static	extern
선언위치	함수(블록) 내부	함수(블록) 내부	함수(블록) 내부	함수 외부	함수 외부	함수 외부
적용 범위	함수(블록) 내부	함수(블록) 내부	함수(블록) 내부	모든 파일	한개 파일	모든 파일
변수 수명	일시적	일시적	일시적	영구적	영구적	영구적
초기 값	할당 필요	컴파일러	할당 필요	컴파일러	컴파일러	컴파일러

EXERCISE

1 동적 메모리 할당과 정적 메모리 할당에 대해서 기술하고 장단점을 비교 하시오.

2 현재 사용하고 있는 컴퓨터에서 char, int, long, float, double의 크기를 적으시오.

3 각 진법별 정수형 상수를 표시하는 방법을 기술 하시오.

4 문자열 상수 중에 키보드에서 직접 입력 불가능한 문자를 표시 하는 방법을 설명 하시오.

5 문자 A-Z 까지 그리고 a-z까지 인쇄하는 프로그램을 작성 하시오.

6 문자열의 크기가 5바이트 일 때 sizeof()를 이용하여 크기를 출력하면 왜 한 바이트 큰 6이 출력되는지 설명 하시오.

7 변수 선언의 명시적 선언과 묵시적 선언 방법을 설명하고 장단점을 비교 하시오.

8 음수를 2의 보수를 이용하여 표현하는 방법을 설명 하시오.

9 선언된 변수가 영향을 미치는 범위에 따라 3가지로 구분하고 각각 설명하시오.

10 short 형의 변수 K에 최대값 32767을 저장한 후에 K+1과 K-1 값을 출력하여 메모리 오버플로우 현상을 확인하는 프로그램을 작성 하시오.

11   표준입력으로 ASCII 코드 값을 입력 받고, 그 ASCII 값에 해당하는 문자를 출력하시오.

12   표준입력으로 문자 1개를 입력받아 k에 저장하고, 저장한 문자 k에 대해 산술 연산 k-1, k, k+1, k+2를 문자 형식(%c)로 출력하시오.

13   표준입력으로 10진수 k를 입력 받아, 8진수, 10진수, 16진수로 출력하시오.

14   사각형의 부피를 계산하는 프로그램이다. 사각형의 가로, 세로, 높이를 입력 받아 부피를 출력하시오.

15   정수형 변수 a, b를 입력 받은 후 a, b를 출력하시오. 그리고 변수 a, b의 값을 서로 교환하여 결과를 출력하시오.

연산자는 산술 연산자 +, −, *, /, % 등의 기호와 같이 이미 정의된 연산을 수행하는 기호를 의미한다. 연산에 참여하는 주소, 변수, 상수, 수식, 값 등을 피연산자라 한다. 연산자와 피연산자를 이용하여 여러 연산들을 수행할 수 있다. C 언어에서는 프로그램이 가지는 연산자 외에 조건 연산자, 증감 연산자, 비트 연산자, 포인터 연산자, 캐스트 연산자, sizeof 연산자, 멤버 참조 연산자 등의 연산자가 있다.

4.1 산술 연산자

산술 연산자는 사칙연산과 같은 산술적인 계산을 위한 것이다. 산술 연산자의 기본 형식은 피연산자와 연산자의 조합으로 구성이 된다. 피연산자는 식, 변수, 상수, 함수, 주소 등이 올 수 있다. 산술 연산자의 종류로는 [표 4.1]과 같다.

〔표 4.1〕 **산술 연산자**

산술 연산자	기능	예	설명
+	덧셈	c=a+b	a에 b를 더하여 c에 대입
−	뺄셈	c=a−b	a에서 b를 빼서 c에 대입
*	곱셈	c=a*b	a에 b를 곱하여 c에 대입
/	나눗셈	c=a/b	a나누기 b를 하여 c에 대입
%	나머지 연산	c=a%b	a나누기 b를 하여 나머지를 c에 대입
+=	더하기 등가	a+=b	a=a+b
−=	빼기 등가	a−=b	a=a−b
/=	나누기 등가	a/=b	a=a/b
*=	곱하기 등가	a*=b	a=a*b
=	할당	a=5	a에 5를 대입
++	증가	a++	a=a+1
−−	감소	a−−	a=a−1

나눗셈 연산자는 정수형과 문자형에 사용이 가능하고, 나눗셈 수행 후 몫을 결과로 가진다. 예를 들어, 실수형으로 선언된 변수 C가 있고, c=10/3을 계산하면 몫은 3.3333…이지만 변수 C의 값은 몫에서 정수 부분만 취한 값으로 3이 된다. 실수형으로 결과를 얻으려고 한다면 c=10/3.0과 같이 기술하면 된다.

나머지 연산자는 정수형과 문자형에만 적용되고, 나눗셈 수행 후 나머지 값을 결과로 갖는다. 실수형에는 적용할 수 없다. 실수형 나머지를 구하는 것은 수학 함수에 소개된 double fmod(double x, double y) 함수를 쓰면 된다. 아래 프로그램의 마지막 두 개의 printf() 함수에서 나머지 연산자 '%'를 출력하기 위해 '%'를 2번 사용하였다.

```
#include<stdio.h>
int main(void) {
    printf("10/3=%d \n", 10/3);              /* 정수 나눗셈 결과 정수 출력*/
    printf("10/3=%f \n", 10/3);              /* 정수 나눗셈 결과 실수 출력*/
    printf("10.0/3=%f \n", 10.0/3);          /* 실수와 정수 나눗셈 결과 */
    printf("3%%10=%d \n", 3%10);             /* 나머지 연산자 */
    printf("10%%3=%d \n", 10%3);
}
```

```
10/3=3
10/3=0.000000
10.0/3=3.333333
3%10=3
10%3=1
```

▷ 위의 출력 결과 화면에서 두 번째 prtintf()문에 의한 결과는 잘못된 형 지정으로 인해 값이 0.0000을 갖게 되었다.

▷ 마지막 printf() 함수에서 인수의 수식 '10%3'은 10을 3으로 나눈 나머지를 출력하므로 1이 된다.

다음 예제는 10진수를 2진수로 변환하는 프로그램이다. 프로그램에서 적용한 명령문의 의미를 생각해 보자.

```
#include <stdio.h>
int main(void) {
    int k=1, sum=0;
    int binary, digit;
    scanf("%d", &digit);
    printf("입력된 10진수는 %d 이고", digit);
    while(digit >0) {
        binary = digit%2;
        sum = sum+(binary*k);
        digit = digit/2;
        k = k*10;                    /* k를 자릿수 값처럼 표현 */
    }
    printf("2진수로 변환하면 %d 이다.",sum);
}
```

12
입력된 10진수는 12 이고2진수로 변환하면 1100 이다.

연산자 −는 이항 연산자이면서 단항 연산자이다. 이항 연산자인 경우 두개의 피연산자를 뺄셈 하지만, 단항 연산자의 경우 값에 −1을 곱한 것과 같다. 예를 들어, 'c=−a'의 경우 C의 값은 'a * −1' 값과 동일하다.

증감 연산자 ++, −−는 추측과 다른 결과를 가져올 수 있다. 아래 예제의 수행 과정을 생각해 보자.


```
#include <stdio.h>
int main(void)  {
  int x, y;
  x=10;
  y=++x;                      /* 수식 1 */
  printf("x=%d, y=%d\n", x, y);
  x=10;
  y=x++;                      /* 수식 2 */
  printf("x=%d, y=%d", x, y);
  return 0;
}
```

▷ 첫 번째 printf()의 결과는 x=11, y=11이 된다. 명령문 y=++x의 수행과정은 변수 x에 대해 증가 연산자 ++를 먼저 수행하고, 그 결과를 변수 x에 저장하고, 다음으로 저장된 변수 x의 결과를 대입 연산자를 적용하여 변수 y에 저장한다.

▷ 두 번째 printf()의 결과는 x=11, y=10이 된다. 명령문 y=x++의 수행과정은 저장된 변수 x의 현재 값 10을 대입 연산자를 적용하여 변수 y에 저장한다. 그리고 난 후 변수 x에 대해 증가 연산자 ++를 적용하므로 변수 x는 11이 된다.

▷ 두 개의 수식1과 2는 같은 결과를 가질 것 같지만 서로 다른 결과를 나타낸다. 이와 같은 현상은 다른 연산자들과 증감 연산자를 동시에 사용할 때 나타나는데, 증감 연산자가 피연산자에 선행하면 다른 모든 연산자를 사용하기 전에 증감하고, 증감 연산자가 피연산자 뒤에 나오면 다른 모든 연산자를 먼저 사용하고 증감한다.

어떤 수식에서 (x++)처럼 괄호가 있는 경우 괄호()가 연산 순서에 어떤 영향을 미치게 될까? 아래의 프로그램으로 확인해보자.

```c
#include <stdio.h>
int main(void) {
    int sum=0, x=10, y=1 ;
    sum=sum + x++;                      // 수식 3, 괄호 없는 수식
    printf("sum = %d \n\n", sum);
    x=10;
    sum=0;
    sum=sum + (x++);                    // 수식 4, 괄호() 있는 수식
    printf("sum = %d \n\n", sum);
    x=10;
    x *= y+1;                           /* 수식 5 */
    printf("(x *= y+1) = %d \n\n", x);
    x=10;
    x=x*(y+1);                          /* 수식 6 */
    printf("(x = x*(y+1)) = %d \n\n", x);
}
```

sum = 10

sum = 10

(x *= y+1) = 20

(x = x*(y+1)) = 20

▷ 위 프로그램에서 수식 3과 수식 4의 결과는 동일한 값으로 변수 sum=10을 갖는다. 따라서 어떤 변수에 증감 연산자가 이용된 경우 괄호의 사용 유무에 관계없이 증감 연산자의 위치에 따라 값이 적용됨을 알 수 있다.

▷ 수식5의 연산 순서에 대해 생각해보자. 수식5의 연산 순서는 가장 먼저 y+1이 계산되고, 그 결과를 x에 곱하는 과정이므로, 수식 6과 동일한 수식이다.

```
#include <stdio.h>
int main(void)  {
    int a;
    a=10;
    printf("a = %d \n", a);
    printf("++a = %d이고, a = %d이다. \n", ++a, a);
    printf("a = %d \n\n", a);

    a=20;
    printf("a = %d \n", a);
    printf("a = %d이고, a++ = %d이다. \n", a, a++);
    printf("a = %d \n\n", a);

    a=30;
    printf("a = %d \n", a);
    printf("a = %d이고, ++a = %d이다. \n", a, ++a);
    printf("a = %d \n\n", a);

    a=40;
    printf("b = %d \n", a);
    printf("a++ = %d이고, a = %d이다. \n", a++, a);
    printf("b = %d \n", a);
}
```

```
a = 10
++a = 11이고, a = 11이다.
a = 11

a = 20
a = 21이고, a++ = 20이다.
a = 21

a = 30
a = 31이고, ++a = 31이다.
a = 31

b = 40
a++ = 40이고, a = 41이다.
b = 41
```

▷ 위의 printf()에서 증감연산자가 'a++' 또는 'a--'인 경우에는 printf() 문장이 종료된 후에 변수 a가 증감된다.

▷ 그렇지만 증감연산자가 변수 앞에 나오는 '++a' 또는 '--a'인 경우에는 변수 a가 증감 연산자를 만나는 시점에 값이 증감된다.

▷ 또한, printf() 함수의 인수를 적용하는 순서는 가장 뒤에 있는 인수부터 적용한다. 예를 들어, printf("a = %d이고, a++=%d이다. ₩n", a, ++a);인 경우 '++a'를 가장 먼저 적용하고, 다음에 a를 서식문자열에 맞추어 출력한다.

```c
#include <stdio.h>
int main(void) {
    int a, b;
    a=285, b=13;
    printf("285 나누기 13의 나머지 연산 결과 = %d", a%b);
}
```

285 나누기 13의 나머지 연산 결과 = 12

C 언어의 문자형, short int형 산술 연산을 정수형으로 처리하는 이유는 무엇일까? 정수형은 컴퓨터의 CPU가 자료 입출력에서 가장 자연스럽게 처리할 수 있는 메모리 크기로서 CPU 내부에 있는 레지스터 메모리와 정수형 메모리 크기가 동일하다. 따라서 정수형보다 메모리 크기가 작은 문자형 또는 short형은 정수형으로 메모리 크기를 확장하여 연산을 수행한다. 산술연산자의 우선순위는 순위가 높은 순서대로 다음과 같다.

연산 우선순서	연산자 분류	연산자 종류	비고
높음	단항 연산자	++, --, !, ~, sizeof	증감, 부정형
		+, -, &, *, cast	부호, 포인터
	이항 연산자	*, /, %	곱셈, 나눗셈, 나머지
		+, -	덧셈, 뺄셈
		<<, >>	쉬프트
		<, >, <=, >=	비교
		==, !=	등가
낮음		&, |, ^	비트
		&&, ||	논리
	삼항 연산자	? :	조건

다음은 연산자 우선순위를 보여주는 예시이다.

```c
#include <stdio.h>
int main(void)
{
        int a = 30, b = 20;
        int result = 0;

        result = a + b * 10;

        printf("%d", result);
}
```

230

만약 순차적으로 실행이 됐다면 a와 b를 합한 50에 10을 곱한 500이 출력되어야 하지만 연산자의 우선순위 때문에 b에 10이 곱해진 뒤 a가 더해진 230이 출력된다. 올바르게 결과를 표시하기 위해서는 괄호를 사용하여 표현해주면 된다.

```c
#include <stdio.h>
int main(void)
{
        int a = 30, b = 20;
        int result = 0;

        result = (a + b) * 10;

        printf("%d", result);
}
```

500

결과가 올바르게 표현된 것을 볼 수 있다.

다음은 자동판매기에서 물건을 판매한 후 돌려줄 거스름돈을 계산하는 프로그램이다. 단, 모든 물건의 판매가격은 300원이라고 가정하고, 사용 가능한 돈은 지폐와 100원, 500원 동전이다.

```
#include <stdio.h>
int main(void) {
    int input, change;
    int change_500, change_100;
    scanf("%d", input);                    /* 투입금 입력 */
    change=input-300;                      /* 물건 가격 300원 */
    change_500=change/500;
    change_100=change/100;
    printf("500원 짜리 동전 %d개 \n", change_500);
    printf("100원 짜리 동전 %d개 \n", change_100);
}
```

```
1000
500원 짜리 동전 1개
100원 짜리 동전 7개
```

4.2 대입연산자

프로그래밍 언어에서 이용하는 대입 연산자 심벌 '='는 수학적인 의미와는 완전히 다르다. 대입 연산자 '='의 의미는 대입 연산자의 우측에 있는 값을 좌측에 있는 저장 장소에 저장하라는 의미이다.

대입 연산자의 종류로는 [표 4.2]와 같다. 대입 연산자는 단순 대입 연산자와 복합 대입연산자로 나뉘는데, 단순 대입 연산자는 간단한 대입 연산에서만 쓰이는 단항 연산자이고, 복합 대입 연산자는 2개 이상의 연산에서 쓰이는 이항 연산자이다.

〔표 4.2〕 **대입 연산자의 종류**

단순 대입 연산자	=
복합 대입 연산자	+= -= *= /= %= &= ^= |= <<= >>=

복합 대입 연산자는 단순 대입 연산자로 바꿔서 쓸 수 있다. 예를 들어 a+=b는 a=a+b와 같이 쓸 수 있다. 복합 대입 연산자는 대입 연산자와 산술 연산, 비트 연산자가 같이 있는 식을 쓸 때 대입 연산자의 왼쪽 피연산자와 오른쪽 첫 번째 피연산자가 동일 할 때 쓸 수 있다. 대입 연산자로 다중 대입이 가능하다. 아래와 같은 3가지 문장은 결과적으로 동일하다.

```
a=10; b=10; c=10;
a=b=c=10;
a=(b=(c=10))
```

4.3 　　관계 연산자

　관계 연산자는 피연산자 사이의 관계가 참인지 거짓인지를 판단하기 위한 것이다. 관계 연산자가 포함된 수식의 결과는 참과 거짓 중 하나로 표현된다. 관계 연산자의 종류는 [표4.3]과 같다.

〔표 4.3〕 관계 연산자의 종류와 예

관계연산자	연산	예	설명
〈	작다	(a〈b)	a가 b보다 작으면 참
〈=	작거나 같다	(a〈=b)	a가 b보다 작거나 같으면 참
〉	크다	(a〉b)	a가 b보다 크면 참
〉=	크거나 같다	(a〉=b)	a가 b보다 크거나 같으면 참
==	같다	(a==b)	a와 b가 같으면 참
!=	같지 않다	(a!=b)	a와 b가 다르면 참

　위의 관계 연산자들은 이항 연산자이고, 관계가 성립되는 경우에는 '1'을 돌려주고 관계가 성립하지 않는 경우에는 '0'을 돌려준다. 여기서 '1'은 참을, '0'은 거짓을 나타낸다.

수식	설 명	결과 값
4 〈= 6	4가 6보다 작거나 같은가?	1
4 〉= 6	4가 6보다 크거나 같은가?	0
4 == 6	4와 6이 같은가?	0
4 != 6	4와 6이 같지 않은가?	1

```
#include<stdio.h>

int main(void) {
    int j=1, k=0;
    printf("j=%d > k=%d 이면 n=%d \n", j, k, j>k);
    printf("j=%d < k=%d 이면 n=%d \n", j, k, j<k);
    printf("j=%d >= k=%d 이면 n=%d \n", j, k, j>=k);
    printf("j=%d <= k=%d 이면 n=%d \n", j, k, j<=k);
}
```

```
j=1 > k=0 이면 n=1
j=1 < k=0 이면 n=0
j=1 >= k=0 이면 n=1
j=1 <= k=0 이면 n=0
```

▷ 위의 첫 번째 printf()에서 관계 연산자를 이용한 인수 'j>k'는 참이므로 출력 결과로 1을 갖는다.

▷ 두 번째 printf()에서 관계 연산자를 이용한 인수 'j<k'는 거짓이므로 출력 결과로 0을 갖는다. 따라서 관계 연산자의 결과가 참이면 1을 반환하고, 거짓이면 0을 반환한다는 사실을 알 수 있다.

등치 연산자의 경우 대입 연산자와 혼동할 수 있다. 특히 조건식에서 2개 연산자를 잘못 사용하는 경우 원하지 않는 결과를 초래할 수 있다.

```
#include <stdio.h>
int main(void) {
    int a, b;
    if(a=20)                      /* if 조건식 (a=20)은 항상 참 */
        printf("a = %d \n", a);
    printf("if 문장의 조건이 대입연산자를 이용하고 있다. \n\n");
    scanf("%d", &b);
    printf("입력한 정수가 짝수이면 0을 홀수이면 1을 출력한다. \n");
    printf("입력한 정수는 %d이므로 출력 결과는 %d이다. \n", b, (b%2==1));
}
```

```
a = 20
if 문장의 조건이 대입연산자를 이용하고 있다.

10
입력한 정수가 짝수이면 0을 홀수이면 1을 출력한다.
입력한 정수는 10이므로 출력 결과는 0이다.
```

▷ 위의 if(a=20)에서 '='는 대입 연산자이므로 'if(a=20)은 a와 20이 같은가?' 라는 관계연
산자가 아니고, 변수 a에 20을 대입하라는 대입 연산자이다. 따라서 if문의 조건식
(a=20)은 항상 참이 된다.

 다음 프로그램은 주어진 수식 (1 < 0 <2)의 결과가 참인지 거짓인지 확인하는 프로그램이다.
결과 값을 예상하고, 그 이유를 생각해보자.

```c
#include <stdio.h>
int main(void) {
    int k;
    k=(1 < 0 <2);
    printf("수식 (1 < 0 <2)의 결과는 %d이다.", k);
}
```

4.4 논리 연산자

논리 연산자는 피연산자로 진리 값을 취해서 논리 연산을 수행하는 이항 연산자이다. 논리
연산자는 프로그램 상에서 조건 제어와 반복 제어 명령에서 많이 사용된다. 피연산자로는 관계
연산자가 포함된 관계식, 수식, 진리 값 등이 올 수 있다.
수식이 가지는 값이 0이면 거짓이고 0이 아닌 값이면 참이다. 또한, 수식이 문자와 관련된
값인 경우 널이면 거짓이고 널이 아니면 참이다. 그 종류는 [표 4.4]와 같다.

〔표 4.4〕 **논리 연산자**

논리 연산자	연산	사용 예	설 명
!	부정	(!a)	a의 부정
&&	논리곱	(a==1) && (b==1)	a가 1이고 b가 1이면 참
‖	논리합	(a==1) ‖ (b==1)	a가 1이거나 b가 1이면 참

관계 연산자와 논리 연산자는 결과로 진리값 0 또는 1을 반환한다. 그러므로 이 두 연산자는
주로 if문, while문, switch문 등의 조건식에 자주 쓰인다. 이 두 연산자는 서로 혼용하여 쓰는
경우가 많다. 그러므로 이 두 연산자 사이의 우선순위를 알아 두는 것은 중요하다.

```
#include<stdio.h>
int main(void) {
    printf("논리연산 8 && 5의          결과 값은 %d \n", 8&&5);
    printf("논리연산 8 && 0.0의         결과 값은 %d \n", 8&&0.0);
    printf("논리연산 (2>5) || !(2==5)의 결과 값은 %d \n", (2>5) || !(2==5));
    printf("논리연산 0 || 0의           결과 값은 %d \n", (0 || 0));
}
```

```
논리연산 8 && 5의          결과 값은 1
논리연산 8 && 0.0의         결과 값은 0
논리연산 (2>5) || !(2==5)의 결과 값은 1
논리연산 0 || 0의           결과 값은 0
```

▷ 위의 첫 번째 printf()의 인수 '8&&5'의 결과는 참이다. 왜냐하면 논리 연산자 &&에 대한 피연산자에 0이 없으므로 결과는 참이다. 따라서 출력 결과는 1을 갖는다.

다음 프로그램은 영문자를 한 개 입력받아서 소문자이면 1, 그렇지 않으면 0을 출력하는 코드이다.

```
#include <stdio.h>
int main(void) {
    int k;
    char ch;
    scanf("%c", &ch);
    k=((ch >= 'a') && (ch <='z'));       // 출력 결과가 1이면 소문자,
    printf("입력된 문자 %c는 %d이다", ch, k);  // 그렇지 않으면 0 이다.
}
```

```
a
입력된 문자 a는 1이다
```

▷ 표준입력으로 받은 변수 ch가 영문 소문자이면 변수 k의 수식 '((ch >= 'a') && (ch <='z'))'에서 관계 연산자 &&의 2개 피연산자가 참이므로 변수 k는 참이 된다. 그리고 나머지 입력 문자들은 변수 k가 모두 0이 되고, 단 ch가 −1이면 while() 조건식에 의해 종료한다.

연산 우선순위는 다음과 같다. 같은 줄에 있는 연산자는 우선순위가 동일하므로 좌측에서 우측 순서로 적용한다.

연산 우선순서	연산자 분류	연산자 종류	비교
높음	단항 연산자	!	부정형
	이항 연산자	⟨, ⟩, ⟨=, ⟩=	비교
		==, !=	등가
낮음		&&, ||	논리

생각해보기 다음 프로그램의 수행 결과를 예측해보자.

```c
#include<stdio.h>
int main(void) {
    int k=20;
    printf("논리곱 (k>7)&&(k<=28) 결과 값은 %d \n", (k>7)&&(k<=28));
    printf("논리곱 (-4.17)&&(k>0) 결과 값은 %d \n", ( 4.17)&&(k>0));
    printf("논리합 (k!=10) || !(k==20) 결과 값은 %d \n", (k!=10) || !(k==20));
    printf("논리합 (0 || a<0) 결과 값은 %d \n", (0 || k<0));
}
```

생각해보기 다음 프로그램의 수행 결과를 예측해보자.

```c
#include<stdio.h>
int main(void) {
    int a, b;
    scanf(%d %d " , &a, &b);
    printf("!%d 결과 값: %d \n " , a, !a);
    printf("%d || %d 결과 값: %d \n " , a, b, a||b);
    printf("%d && %d 결과 값: %d \n " , a, b, a&&b);
}
```

4.5   조건 연산자

조건 연산자는 조건식에 따라 값을 선택적으로 반환하는 3항 연산자다. 사용하는 형식은 다음과 같다.

```
조건식 ? 수식1 : 수식2
```

▷ 조건식의 결과 값이 참이면 수식1의 값을 반환하고, 조건식의 결과값이 거짓이면 수식2
  의 값을 반환한다. 예를 들어, 조건 연산자를 사용한 수식을 보자.

```
c=(a>10) ? 20: 30
```

▷ 위의 조건 연산자는 변수 a가 10보나 크면 변수 c에는 20이 저장되고, 그렇지 않으면
  c는 30을 갖는다.
  위의 조건 연산자와 동일한 기능을 수행하는 명령문을 아래와 같은 if문으로 나타낼 수
  있다.

```
if(a>10)
    c=20;
else
    c=30;
```

아래 프로그램에서는 조건 연산자를 이용하여 입력된 두 정수의 절대 값 차이를 출력하는
프로그램이다.

```
#include<stdio.h>        // 절대 값 차이
int main(void) {
    int j, k, n;
    printf("두개의 정수를 입력하시오 \n");
    scanf("%d %d", &j, &k);
    printf("입력된 정수는 j=%d k=%d 이다. \n", j, k);
    n=(j > k) ? (j-k) : (k-j);                      /* 조건 연산자 */
    printf("정수 j=%d 와 k=%d의 절대값 차이는 %d이다 \n", j, k, n);
}
```

```
두개의 정수를 입력하시오
10 40
입력된 정수는 j=10 k=40 이다.
정수 j=10 와 k=40의 절대값 차이는 30이다
```

▷ 조건 연산자가 사용된 수식 '(j 〉 k) ? (j-k) : (k-j)'에서 (j>k)가 참이면 (j-k) 값을 변수 n에 저장하고, (j>k)가 거짓이면 (k-j) 값을 변수 n에 저장한다. 결과적으로 j와 k의 값에서 큰 수에서 작은 수 값을 뺀 결과를 갖는다.

 아래 프로그램에서 조건연산자의 조건식이 의미하는 바를 생각해보고, printf()에 의한 출력 결과를 생각해보자.

```
#include<stdio.h>
int main(void) {
    int j=20, k=10;
    printf("j가 참이면 %d \n\n", j ? k : j);
    printf("j<k인가? %d \n\n", j<k ? j>k : !(j>k));
    printf("j<k이면 %s \n\n", j<k ? "참" : "거짓");
}
```

j가 참이면 10
j<k인가? 0
j<k이면 거짓

▷ 첫 번째 printf()에서 조건식은 항상 참이므로 변수 k를 출력한다.
▷ 두 번째 printf()에서 조건식 j<k가 거짓이므로 수식2를 수행한다. 수식2는 !(j>k)이고, 먼저 (j>k)는 참이므로 결과 값 1을 갖지만, 그에 대한 부정형이므로 0을 갖게 된다.
▷ 세 번째 printf()에서 조건식 (j<k)가 거짓이므로 수식2를 수행하여 문자열 '거짓'을 출력한다.

4.6 비트연산자

비트는 정보를 저장하는 가장 작은 단위로서 그 값은 이진수 '0'과 '1'이 있다. 비트 연산자는 정수형 자료와 문자형에 대해 비트 단위의 연산을 할 때 사용하는 연산자이다. 정수형과 문자형 자료를 2진수로 변환하여 비트 단위로 처리를 수행한다. 비트 연산자는 피연산자로 문자형과 정수형만 취급한다. float, double, long double와 같이 복잡한 자료형은 피연산자로 사용되지 않는다. 비트 연산자의 종류는 [표 4.5]와 같다.

〔표 4.5〕 **비트 연산자의 종류와 유형**

비트 연산자	연산	사용 예	설 명
&	AND	a=b & c	b와 c를 논리곱 연산하여 a에 대입
|	OR	a=b | c	b와 c를 논리합 연산하여 a에 대입
^	XOR	a=b ^ c	b와 c를 XOR 연산하여 a에 대입
~	NOT	a=~b	b의 1의 보수를 a에 대입
<<	왼쪽 쉬프트	a=b<<2	b를 왼쪽으로 2비트 이동하여 a에 대입
>>	오른쪽 쉬프트	a=b>>3	b를 오른쪽으로 3비트 이동하여 a에 대입

x	y	x&y (x AND y)	x|y (x OR y)	x^y (x XOR y)
0	0	0	0	0
0	1	0	1	1
1	0	0	1	1
1	1	1	1	0

(1) 비트 논리곱 연산자

비트 논리곱 연산자 &는 피연산자들을 논리곱 한다. 논리곱 연산은 다음과 같다.

x	y	x&y (x AND y)
0	0	0
0	1	0
1	0	0
1	1	1

위의 테이블에서 y=1인 경우, 비트 논리곱 x&y의 결과는 x의 입력값과 동일함을 알 수 있다. 왜냐하면 y=1로 결정되어 있고 논리곱을 수행하므로 x의 입력에 따라 x&y가 결정되기 때문이다. 이 성질을 이용하면 특정 위치의 비트가 "0" 또는 "1"인지 결정할 수 있다.

또한, y=0인 경우, 비트 논리곱 x&y의 결과는 x의 입력값에 관계없이 모두 0을 갖는다. 이러한 성질을 이용하면 특정 위치의 비트를 "0"으로 세팅할 수 있다.

```
#include <stdio.h>          /* 비트 논리곱 */
int main(void)  {
    int a=0x1234;
    int b=0xFF00;
    printf(" 0x1234 & 0xFF00 = 0x%x \n", a&b);
}
```

0x1234 & 0xFF00 = 0x1200

▷ 위와 같은 코드에서 printf()의 비트 논리곱 'a&b'의 결과는 0x1200이다. 왜냐하면 피연산자가 16진수로 F를 갖는다는 것은 2진수로 나타내면 4비트 모두 1111이다. 비트 논리곱에서는 결국 F와 연산을 하는 또 다른 피연산자의 값이 결과 값이 된다.

▷ 논리곱 연산자는 보통 특정 위치의 비트를 0으로 리셋하기 위해 사용한다. 위의 경우 변수 a의 오른쪽 위치에 있는 8bit를 0으로 리셋하였다.

생각해보기 다음 프로그램의 수행 결과를 예측해 보자. 아래의 변수들이 저장하고 있는 8bit를 계산해 보자.

```
#include <stdio.h>          /* 비트 논리곱 */
int main(void)  {
    char a='a', b='b';
    char j=1, k=(char)0xdf;
    printf("a&k : %c \n", a&k);
    printf("b&j : %d \n", b&j);
}
```

▷ 변수 k는 16진수로 표현되어 있으므로 10진수로 변환하면 223=(13×16 + 15)이므로 십진수 32에 해당하는 비트가 0을 갖는다. 따라서 각 변수가 갖는 8bit는 다음과 같다.

변수	8 bit
a	0110 0001
b	0110 0010
j	0000 0001
k	1101 1111

변수의 비트 논리곱	8 bit
a →	0110 0001
k →	1101 1111
a&k →	0100 0001

▷ 변수 a와 k를 비트 논리곱 연산을 취한 결과는 변수 a의 비트 중 10진수 32에 해당하는 비트만 0을 갖고 나머지 비트는 그대로 a의 비트값을 갖는다. 결국 소문자 'a'의 아스키코드값에서 32를 뺀 결과가 되므로 대문자 'A'가 된다.

(2) 비트 논리합 연산자

비트 논리합 연산자 '|'는 피연산자들의 논리합을 구한다. 논리합은 다음과 같다.

x	y	x|y (x OR y)
0	0	0
0	1	1
1	0	1
1	1	1

아래의 예제는 변수 a의 값에 대하여 변수 b의 값을 이용하여 변수 a의 특정 위치의 비트를 이진수 1로 설정하기 위해 사용한 예제이다.

```
#include <stdio.h>          // 비트 연산자
int main(void)  {
    int a=0x1234;
    int b=0xFF00;
    printf(" 0x1234 | 0xFF00 = 0x%x \n", a | b);
}
```

Ox1234 | OxFF00 = Oxff34

▷ 위와 같은 코드에서 비트 논리합 'a|b'의 결과는 0xFF34 이다.
▷ 비트 논리합 연산자 '|'는 비트별로 논리합 연산을 한다. 보통 특정 비트를 1로 세팅하기 위해 사용한다. 위의 경우 변수 a의 왼쪽 8bit를 이진수 1로 세팅하였다.

(3) 비트 XOR 연산자

비트 배타적 논리합 연산자의 심벌은 ^이고, 피연산자들을 XOR한다. XOR의 연산 결과는 다음과 같다.

x	y	x^y (x XOR y)
0	0	0
0	1	1
1	0	1
1	1	0

▷ 위의 테이블에서 y=1인 경우, 비트 XOR 연산자 x^y의 결과는 x 입력값의 보수 값임을 알 수 있다. 이 성질을 이용하면 특정 위치의 비트를 보수로 변환할 수 있다.

▷ 또한, y=0인 경우, 비트 XOR 연산자 x^y의 결과는 x 입력값과 동일한 값을 가짐을 알 수 있다.

```
#include <stdio.h>          //  비트 연산자
int main(void)  {
    int a=0x1234;
    int b=0xFF00;
    printf(" 0x1234 ^ 0xFF00 = 0x%x \n", a ^ b);
}
```

```
0x1234 ^ 0xFF00 = 0xed34
```

▷ 위의 경우 변수 a의 왼쪽 8bit를 보수로 변환하였다. 위의 프로그램의 변수 b는 왼쪽 8비트가 모두 16진수로 FF이다. 16진수 F를 2진수로 표현하면 4bit가 모두 1111이다. 변수 b의 16진수 중 F와 XOR를 수행하는 비트는 그 비트에 대한 보수 값을 구하면 될 것이다. 따라서 a^b의 결과는 0xED34이다.

▷ 배타적 논리합 연산자 ^는 비트별로 XOR 연산을 한다. 보통 특정 비트를 반전하기 위해 사용한다.

(4) 비트 NOT 연산자

비트 NOT 연산자 ~ 연산자는 피연산자들을 반전한다. NOT 연산자는 다음과 같다.

x	~x (NOT x)
0	1
1	0

```
#include <stdio.h>        //비트 연산자

int main(void) {
    int a=0x1234;
    int b=0xFF00;
    printf("~0x1234 = 0x%x \n", ~a);
}
```

~0x1234 = 0xfffffedcb

▷ 위의 코드에서 ~a의 결과는 0xffffedcb이다.

▷ 비트 부정 연산자 ~는 비트별로 부정 연산을 한다. 보통 모든 비트를 보수로 취하기 위해 사용한다. 위의 경우 변수 a의 모든 비트를 반전하였다.

연산식	결과
~(10101100)	01010011
11001100 & 01010101	01000100
11001100 | 11110000	11111100
11001100 ^ 10101010	01100110

다음 프로그램에서는 16진수로 표현된 변수 a, b에 대해 비트 논리곱, 논리합, XOR, 비트 NOT 연산자의 결과를 보였다.

```
#include <stdio.h>         //  비트 연산자
int main(void) {
    int a=0x1234;
    int b=0xFF00;
    printf(" 0x1234 & 0xFF00 = 0x%x \n", a & b);
    printf(" 0x1234 | 0xFF00 = 0x%x \n", a | b);
    printf(" 0x1234 ^ 0xFF00 = 0x%x \n", a ^ b);
    printf(" ~0x1234 = 0x%x \n", ~a);
}
```

```
0x1234 & 0xFF00 = 0x1200
0x1234 | 0xFF00 = 0xff34
0x1234 ^ 0xFF00 = 0xed34
~0x1234 = 0xffffedcb
```

다음 프로그램은 2개 정수 a, b에 대해 논리합, 논리곱, 배타적 논리합 연산을 수행하는 코드이다. 소스 코드를 직접 계산하여 출력 값을 써 보자.

```c
#include <stdio.h>
int main(void) {
    int k, m, n;
    int a=173, b=255;
    k=a&b;  m=a | b;  n=a^b;
    printf("논리곱 173 & 255 = %d\n", k);
    printf("논리합 173 | 255 = %d\n", m);
    printf("XOR  173 ^ 255 = %d\n", n);
}
```

(5) 비트 좌우측 이동 연산자

비트 이동 연산자에서 <<과 >>은 비트를 이동을 하기 위한 것으로 그 형식은 다음과 같다. 이동 연산자에서 사용되는 2개의 수식은 정수 형태의 수식이어야 한다.

연산자	설명
a>>b	a의 비트를 오른쪽으로 b만큼 이동
a<<b	a의 비트를 왼쪽으로 b만큼 이동

▷ 변수의 부호에 상관없이 왼쪽으로 이동을 할 때에는 오른쪽 비트가 0으로 채워지고, 이동한 비트 개수만큼 왼쪽 비트들은 버려진다.
▷ 오른쪽으로 이동을 할 때에는 변수가 양수 일 때는 왼쪽 비트가 0으로 채워지고, 변수가 음수 일 때는 왼쪽 비트가 1로 채워진다. 그리고 채워진 개수만큼 오른쪽 비트들은 버려진다.

수식	a의 2진수 표현	결과
a=b	01001011	
a=b<<2	001011<u>00</u>	좌측으로 2비트 이동, 밑줄 친 2비트는 추가된 비트임

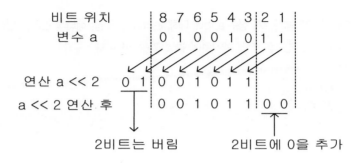

수식	a의 2진수 표현	비고
a	11010001	a의 초기값
a 〉〉 3	<u>111</u>11010	우측으로 3비트 이동 밑줄 친 3비트는 추가된 비트임

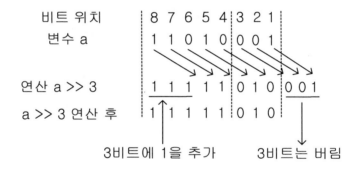

```
#include <stdio.h>          /* 비트 이동 연산자 */
int main(void)  {
     int a=0x0010;
     int b=0x0100;
     int c, d;
     c = a<<2;
     d = b>>2;
    printf(" 0x0010<<2 = 0x%x \n", c);
    printf(" 0x0100>>2 = 0x%x \n", d);
}
```

```
0x0010<<2 = 0x40
0x0100>>2 = 0x40
```

▷ 위와 같은 코드에서 C는 0x0040이고, d는 0x0040이다.

▷ 쉬프트 연산자는 비트별로 쉬프트 연산을 한다. 보통 〈〈의 경우 n번 쉬프트 하게 되면 결과값은 정수 2를 n번 곱한 값이 된다.

▷ 쉬프트 연산자 〉〉의 경우 n번 쉬프트하게 되면 결과값은 정수 2로 n번 나눈 값이 된다. 위의 경우 변수 a의 초기값은 10진수로 나타내면 16이고, 변수 c는 64(=16 × 22)가 되었다. 변수 b의 초기값은 10진수 256(=16 × 16)이고, 변수 d는 64(=256 / 22)가 되었다.

오른쪽 쉬프트의 경우 부호를 고려하지 않고 왼쪽 비트를 무조건 0으로 채우는 것을 논리 쉬프트라고 한다. 이 경우 부호가 바뀔 수도 있다. 부호를 고려하여 변수가 양수일 경우에는 0을 채우고, 변수가 음수일 경우에는 1을 채우는 것을 산술 쉬프트라고 한다.

다음 프로그램 예제에서는 비트 이동 연산자를 이용하여 값을 곱하거나 나눈 결과를 갖는 예제를 설명하였다.

```
#include <stdio.h>         //  산술 연산자
int main(void)  {
    int c=0x0010, d=0x0100;
    int e=10, f=20, g=-10, h=-20, i=0x80000000;

    printf(" 0x0010<<2 = 0x%x \n", c<<2);
    printf(" 0x0100>>2 = 0x%x \n", d>>2);
    printf(" 10<<2 = %d \n", e<<2);
    printf(" 20>>2 = %d \n", f>>2);
    printf(" -10(0x%x)<<2 = %d(0x%x) \n", g, g<<2, g<<2);
    printf(" -20(0x%x)>>2 = %d(0x%x) \n", h, h>>2, h>>2);
    printf("i = %d, i<<1 = %d \n", i, i<<1);
}
```

```
0x0010<<2 = 0x40
0x0100>>2 = 0x40
10<<2 = 40
20>>2 = 5
-10(0xfffffff6)<<2 = -40(0xffffffd8)
-20(0xffffffec)>>2 = -5(0xfffffffb)
i = -2147483648, i<<1 = 0
```

▷ 첫 번째 printf()에서 c는 2진수로 0000 0000 0001 0000 이고, 왼쪽으로 2비트 쉬프트
　하면 0000 0000 0100 0000 이다. 따라서 결과는 16진수 0x40이다.

▷ 두 번째 printf()에서 d는 2진수로 0000 0001 0000 0000 이고 오른쪽으로 2비트 쉬프
　트하면 0000 0000 0100 0000이다 따라서 결과는 16진수 0x40이다.

▷ 세 번째 printf()에서 e는 2진수로 0000 0000 0000 1010이다. 왼쪽으로 2비트 쉬프트
　하면 0000 0000 0010 1000이다. 이 결과는 10진수로 40이다.

▷ 네 번째 printf()에서 f는 2진수로 0000 0000 0001 0100이다. 오른쪽으로 2비트 쉬프
　트하면 0000 0000 0000 0101이다 이 결과는 10진수로 5이다.

▷ 나섯 번째 printf()에서 g는 2진수로 ffff 1111 1111 1111 0110이고 10진수로 −10이고 16
　진수로 ffff fff6이다. g를 왼쪽으로 2비트 쉬프트하면 2진수로 ffff 1111 1111 1101 1000
　이다. 이것은 16진수로 ffff ffd8이고 10진수로 −40이다.

▷ 여섯 번째 printf()에서 h는 2진수로 ffff 1111 1111 1110 1100이고 10진수로 −20이고
　16진수로 ffff ffec이다. h를 오른쪽으로 2비트 쉬프트하면 2진수로 ffff 1111 1111 1111
　1011이다. 이것은 16진수로 ffff fffb이고 10진수로 −5이다.

▷ 마지막 printf()에서 i는 2진수로 1000 0000 0000 0000 0000 0000 0000 0000이다.
　이 값은 10진수로 −2147483648이다. 이 값은 2^{32}이다. 왼쪽으로 1bit 쉬프트하면 모든
　비트가 0이므로 10진수로 0이다.

(6) 비트 마스크

어떤 변수나 수식에서 특정 위치의 비트값을 알기 원하는 경우, 원하는 위치의 비트를 선택
하거나 변경하기 위한 상수나 변수를 비트 마스크라 한다.

특정 위치의 비트 값을 알아보려면 그 위치의 비트만 "1"을 갖고 나머지 위치에는 모두 "0"
을 갖는 비트 마스크를 이용하여 AND 연산을 수행하면 결과를 얻을 수 있다. 예를 들어, 십진
수 12를 2바이트 크기의 2진수로 표현했을 때, 가장 우측에서 3번째 비트의 값이 무엇인지를
알아보자. 비트 마스크를 표현하는 방법으로는 2가지 방법이 있다.

첫째, 알기 원하는 비트 위치의 2진수 자리 값을 비트 마스크 값으로 할당하는 방법이다.
아래 예제에서 우측에서 3번째 위치의 비트 값을 알기 원하는 경우 2진수에서 자리 값이 2^2이
므로 십진수 4를 비트 마스크에 할당하여 AND 연산을 수행한다.

```
         십진수 12   0 0 0 0 0 0 0 0   0 0 0 0 1 1 0 0
         마스크 비트  0 0 0 0 0 0 0 0   0 0 0 0 0 1 0 0
                     ─────────────────────────────────
        AND 연산 결과 0 0 0 0 0 0 0 0   0 0 0 0 0 1 0 0
```

둘째, 정수 1을 비트 이동 연산자를 이용하여 알아보기 원하는 비트 위치로 이동하는 방법이다. 예를 들어, 정수 1을 2비트 왼쪽으로 이동하는 1<<2와 같이 기술하여 AND 연산을 수행한다.

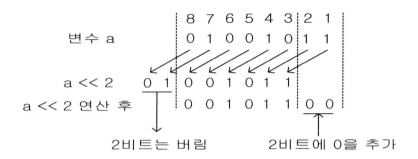

비트 마스크를 표현하기 위해 이동연산자와 조건연산자를 혼합하여 다음과 같은 식을 만들 수 있다. 예를 들어, 변수 j의 이진수 표현 중에서 최하위부터 k번째 자리의 비트 값을 알아내는 조건식은 다음과 같다. 즉, 변수 j의 k번째 자리의 이진수 값과 비트 이동 연산자에 k번째 자리로 이동된 정수 1을 비트 AND 연산을 수행하여 참이면 "1"을 갖고, 거짓이면 "0"을 갖는다.

```
( j & (1<<(k-1))) ? 1: 0        /* 이동연산자와 조건연산자 */
```

이동 연산자를 이용하여 특정 위치의 비트를 "1"로 변환하거나, 특정 위치의 비트를 "0"으로 변환하거나, 또는 특정 위치의 이진수 값을 보수로 변환하는 연산식을 만들 수 있다. 아래 테이블의 연산식은 변수 j의 이진 비트스트링에 대해 가장 오른쪽부터 k번째 위치의 비트에 대해 비트를 변환하는 작업을 수행한다.

연산식	목적
(j & (1 << (k-1)))? 1: 0	변수 j의 k번째 비트의 값을 알기 위해
(j	(1 << (k-1)))	변수 j의 k번째 비트의 값을 1로 할당하기 위해
(j & ~(1 << (k-1)))	변수 j의 k번째 비트의 값을 0으로 할당하기 위해
(j ^ (1 << (k-1)))	변수 j의 k번째 비트 값을 보수로 변환하기 위해

```c
#include<stdio.h>
int main(void) {
    int j, k, mask, result;
    printf("정수 j를 입력하시오.");
    scanf("%d", &j);
    printf("정수 k를 입력하시오.");
    scanf("%d", &k);                    /* k는 알고 싶은 비트 위치 */
    mask=1 << k-1;
    result=(j & mask) ? 1: 0;
    printf("정수 %d의 %d번째 비트는 %d이다  \n\n", j, k, result),
}
```

```
정수 j를 입력하시오.12
정수 k를 입력하시오.3
정수 12의 3번째 비트는 1이다.
```

아래의 예제는 한 문자를 입력받아 그 문자의 아스키코드 값을 이동연산자와 조건 연산자를
이용하여 출력하는 코드이다. for() 문장에서 변수 j=7~0까지 반복하는 이유는 문자형은
1byte이기 때문에 가장 왼쪽 비트부터 출력하기 위해서이다.

```c
#include<stdio.h>
int main(void) {
    int j;
    char c;
    printf("문자를 입력하시오.");
    scanf("%c", &c);
    printf("문자 %c의 아스키 코드는 다음과 같다. \n",c);
    for(j=7; j>=0; j--)
                printf("%d", (c & (1 << j))? 1: 0);
}
```

```
문자를 입력하시오.A
문자 A의 아스키 코드는 다음과 같다.
01000001
```

4.7   sizeof() 연산자

sizeof() 연산자는 일반 변수, 자료형, 구조체, 공용체, 연산식 결과 등을 인수로 받아 메모리 크기를 byte 단위로 산출한다. byte 단위로 산출된 값은 unsigned long int형으로 반환된다. 서식은 다음과 같다.

```
sizeof 단항식;
sizeof(자료형);
```

단항식에는 주로 변수가 사용된다. 단항식이 인수일 때는 괄호()를 사용하지 않지만, ()을 넣어서 sizeof이라고 쓰는 것이 너 무닌히다.

```
#include <stdio.h>

int main(void) {
    int a;
    printf("sizeof a=%d byte \n", sizeof a);              /* 변수 */
    printf("sizeof(a)=%d byte \n", sizeof(a));
    printf("sizeof(int)=%d byte \n", sizeof(int));        /* 자료형 */
    printf("sizeof(10/5)=%d byte \n", sizeof(10/5));      /* 연산식 결과 */
    printf("sizeof(10/5.0)=%d byte \n", sizeof(10/5.0));
}
```

```
sizeof a=4 byte
sizeof(a)=4 byte
sizeof(int)=4 byte
sizeof(10/5)=4 byte
sizeof(10/5.0)=8 byte
```

▷ 위의 변수와 자료형에 대한 sizeof() 문장은 같은 결과를 나타낸다. 연산식에 관한 sizeof()는 정수 나눗셈은 결과가 정수이므로 int형 크기인 4byte를 갖고, 정수 나눗셈 실수형의 경우에는 계산 결과가 실수형을 가지므로 double형인 8byte를 갖는다. sizeof() 연산자는 보통 구조체의 메모리 할당시에 자주 사용된다.

```
struct pers_info {
    char name[20]
....
}
struct pers_info *ptr;
ptr=(struct pers_info *)malloc(sizeof(struct pers_info));
```

▷ 위와 같은 경우 malloc()에 의해 구조체 크기의 메모리를 할당할 때 구조체이 총 비이드 수를 알지 못해도 따 맞는 그기의 메모리를 할당 할 수 있다. 또한 구조체의 내용이 바뀐다 하더라도 프로그램을 수정할 필요가 없다.

sizeof() 연산자는 기계 의존적인 부분을 줄여준다. 예를 들어, 정수형이 2byte인 시스템에서 ptr=(int *)malloc(2);이라고 메모리를 할당 하였을 경우 이 프로그램은 정수형이 4byte인 시스템에서 ptr=(int *)malloc(4);로 수정 되어야 한다. 수정하지 않는다면 에러를 유발한다. 그러나 아래의 문장 'ptr=(int *)malloc(sizeof(int));'은 정수형이 2byte 또는 4byte에서도 잘 동작한다.

```
ptr = (int *)malloc(sizeof(int));
```

4.8 / cast 연산자

자료의 형 변환에는 컴파일러가 자동으로 형 변환을 하는 방법과 프로그램 작성자에 의해 강제적으로 자료형을 변환하는 방법이 있다. 프로그램 작성자가 선언한 변수 또는 수식에 대하여 강제적으로 형 변환을 하고자 할 때 cast 연산자를 이용한다. cast 연산자는 형 변환 값을 반환한다. 서식은 다음과 같다.

```
(자료형) 수식 ;
```

아래 프로그램 예제에서 정수형으로 선언된 변수 j와 k의 나눗셈 결과는 실수형 m에 저장할 때 3.000000으로 저장되고, 실수형 n에 저장될 때는 3.333333으로 저장된다.

```
#include <stdio.h>
int main(void)  {
    int j=10, k=3;
    float m, n;
    m=j/k;
    n=(float)j/k;                        /* 형 변환 연산자 적용 */
    printf("10/3의 정수 결과값            m=%f \n", m);
    printf("10/3의 결과를 실수로 형변환 후 n=%f \n", n);
}
```

```
10/3의 정수 결과값           m=3.000000
10/3의 결과를 실수로 형변환 후 n=3.333333
```

자동형 변환은 수로 내입 언시 우측 수식의 결과값을 좌측의 자료형으로 변환하여 배정할 때 발생한다. 그리고 산술 연산에서 피연산자의 자료형이 다른 경우 자료형이 큰 쪽으로 변환된다. 예를 들어, 실수와 정수 나눗셈의 경우 메모리 크기가 큰 실수형으로 변환하여 나눗셈을 수행한다.

```
#include <stdio.h>
int main(void)  {
    int m, j=10, k=3;
    char n='A';
    float f;
    m=j+n;                    /* 자동 형 변환 */
    f=(float)j + (float)k;        /* 강제 형 변환 */
    printf("자동 형 변환 결과 값 m=%d \n", m);
    printf("강제 형 변환 결과 값 f=%f \n", f);
}
```

```
자동 형 변환 결과 값 m=75
강제 형 변환 결과 값 f=13.000000
```

4.9   연산자의 우선순위

연산자의 우선순위와 연산 방향은 여러 가지 연산자들이 혼용되어 사용될 때 연산의 우선순서를 결정하는 것을 말한다. 연산자들은 그들이 결합 될 때 방향을 갖게 되는데 이것을 연산의 방향이라고 한다. 일반적인 연산 순서는 다음과 같다.

첫째, 괄호안의 내용을 먼저 처리한다.
둘째, 단항 연산자를 이항 연산자보다 먼저 처리한다.
셋째, 콤마 연산자를 제외하고 대입 연산자 우선순위가 가장 낮다.
넷째, 우선순위가 동일한 경우 좌측에서 우측으로 처리한다.

우선순위	연산자	연산자 종류	결합규칙
1	() [] -> .(dot)	괄호, 포인터	→
2	!, ~, ++, --, +, -, *, &, sizeof(type)	단항 연산자	←
3	*, /, %	산술 연산자	→
4	+, -	산술연산자	→
5	<<, >>	shift 연산자	→
6	<, <<=, >, >>=	관계 연산자	→
7	==, !=	관계 연산자	→
8	&, ^,		관계연산자	→
9	&&, ||	논리연산자	→
10	?:	조건연산자	←
11	=, +=, -=, /=, %=, |=, ^=, &=, >>=, <<=	복합대입연산자	←
12	,	콤마연산자	→

연산 우선순서가 동일한 경우 왼쪽부터 처리할 것인지 오른쪽부터 처리할 것인지를 결정하는 것이 결합 규칙이다. 왼쪽우선 결합 규칙은 동일한 우선순위 연산자에 대해 왼쪽에서 오른쪽으로 처리하는 방식이고, 오른쪽우선 결합 규칙은 오른쪽의 연산자부터 먼저 수행하는 것을 말한다. 대부분의 이항 연산자들은 왼쪽우선 결합 규칙을 따르고. 문장의 왼쪽에서 오른쪽 순서로 실행한다. 오른쪽 우선 결합 규칙은 단항 연산자, 조건 연산자, 대입 연산자에서 적용된다.

EXERCISE

1   문자형 변수 a는 A로 초기화하고, 정수형 변수 b는 10으로 초기화 한 후, 정수형 변수 c에 문자형 변수 a와 정수형 변수 b를 더한 결과를 출력하시오

> c=75

2   실수형 변수 a와 정수형 변수 b가 있다. a는 3.141592로 초기화 한 후, 정수형 변수 b에 실수형 변수 a를 대입한 결과 값을 출력하시오

> b=3

3   아래 프로그램의 수행 결과를 설명하시오

```
#include <stdio.h>
int main(void) {
    int a=3, b=3;
    int c, d;
    c=--a;    d=b--;
    printf("c=%d \n", c);      printf("a=%d \n", a);
    printf("d=%d \n", d);      printf("b=%d \n", b);
}
```

> c=
>
> a=
>
> d=
>
> b=

4 아래 프로그램의 수행 결과를 설명하시오.

```c
#include <stdio.h>
int main(void) {
    int a, b, c, d;
    a=b=6;
    c=(a>b);
    printf("c=%d \n", c);
    d=(a==b);
    printf("d=%d \n", d);
}
```

    c=
    d=

5 표준입력 scanf()로 2개의 정수 a, b를 입력 받고, 조건연산자를 이용하여 작은 수를 출력하는 프로그램을 작성하시오.

    입력 정수 a=10
    입력 정수 b=16
    큰 수는 16이다.

6 다음과 같이 초기화가 이루어져 있을 때, 연산 결과를 쓰고, 프로그램으로 확인하시오.

int a=6, b=-3, c=2, d=-19;

① a/b

② a/b/c

③ a%b

④ a+1%-b*c

⑤ -d%c-a/b*5+5

⑥ a=b=c=d+-33

7   정수형 데이터를 실수형 변수에 대입 했을 때와 실수형 데이터를 정수형 변수에 대입 했을 때의 결과를 알기위한 프로그램을 작성하고 결과를 설명 하시오.

8   증감연산자와 피연산자의 위치에 따른 연산자 우선순위를 설명하기 위한 프로그램을 작성하고 결과를 설명하시오.

9   printf() 함수에서 여러 개의 변수가 서식에 입력되는 순서를 적고 이러한 순서 때문에 프로그램 작성시 유의해야 할 사항을 적으시오.

10 관계연산자의 결과가 가질 수 있는 값과 값의 의미를 설명 하시오.

11 = 연산자와 == 연산자의 차이를 설명 하시오.

12 조건 연산자 ? 를 사용하여 변수 a, b, c 에 있는 값 중에 최소값과 최대값을 각각 출력하는 프로그램을 작성하시오.

13 정수형 변수 a에 16진수 12ac가 있다. a의 값을 16진수 00ac를 만들기 위해 취해야할 연산과 피연산자의 값을 2가지 이상 제시 하시오.

14 정수형 변수 k에 할당된 십진수를 이진수로 표현할 때 i번째 값을 알아내기 위한 식을 작성 하시오.

15 3자리 정수를 입력 받아 k에 저장한 후, k를 백의 자리, 십의 자리, 일의 자리로 분리하여 출력하는 프로그램을 만드시오.

프로그램의 실행은 특별한 제어 명령이 없으면 위에서 아래로 순차적으로 실행된다. 실행순서를 조건에 따라 분기하여 실행하도록 하는 명령문으로 제어문, 반복문이 있다. 제어문의 종류는 if문, if~else문, switch문 등이 있다. 반복문에는 for, while, do~while 등이 있다.

5.1 / if문

if문은 특정 조건에 따라 실행문을 선택적으로 실행한다. 조건은 참(true)과 거짓(false) 둘 중 하나로만 결정되고, 그 결과 값에 따라 실행될 문장이 선택된다. 조건식의 결과가 0dlaus 거짓이고, 0이 아닌 값은 참이 된다. 즉, 결과 값이 0이면 거짓인 경우이고, 나머지 경우는 모두 참이다. 문자 또는 문자열의 거짓 값은 널(null)dlek. 다음은 if문 서식이다.

❚ if문

```
if(조건식1)
    실행문1;
실행문2;
```

위의 if문 서식에서 조건식1이 참인 경우만 실행문1이 실행된다. 실행문2는 if문과 동등한 레벨의 명령문으로서 if문 다음에 수행하는 실행문이다.

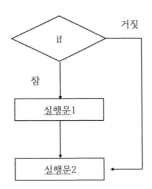

```
#include <stdio.h>          // 절대 값 계산
int main(void) {
    int number, abs_num;
    printf("숫자 값을 입력 :");
    scanf("%d", &number);
    abs_num = number;
    if(abs_num < 0)
        abs_num = -number;
    printf("입력한 숫자 %d의 절대 값=%d이다 \n", number, abs_num);
}
```

```
숫자 값을 입력 :-8
입력한 숫자 -8의 절대 값=8이다
```

실행문이 복수개이면 중괄호 { }로 실행문을 묶어 주어야한다. 아래 예제는 소선식이 참인 경우 실행문 3개를 수행하고, 조건문이 거짓이면 실행문 3개를 실행하지 않는 코드이다.

```
if (조건식) {                 // 실행문 {    } 있음
    실행문1;
    실행문2;
    실행문3;
}
```

```
if (조건식)                   // 실행문 {    } 없음
    실행문1;
    실행문2;
    실행문3;
```

위의 경우 만약 조건식이 참이면 실행문 3개가 모두 실행되고, 조건식이 거짓이면 실행문 3개가 모두 실행되지 않는다. 그러나 중괄호 { }가 생략되었을 경우 조건문이 참이면 실행문 3개가 모두 실행되지만, 조건문이 거짓일 경우 실행되지 않아야할 실행문2와 실행문3이 실행되는 논리적 오류를 동반한다. 중괄호 { }가 생략되면 실행문1만 if 문장의 조건에 따라 영향을 받고 실행문2와 실행문3은 if문의 조건에 상관없이 무조건 실행된다. 왜냐하면 실행문1의 마지막에 있는 세미콜론이 if문의 종료를 알리기 때문이다. 실행문2와 실행문3은 if문과 상관없는 별개의 문이 되는 것이기 때문이다.

▌ if ~ else 문

```
if(조건식1)
    실행문1;
else
    실행문2;
```

if~else문에서 조건식1이 참이면 실행문1이 수행되고, 거짓이면 실행문2가 수행된다. 여기에서 else 이하는 생략될 수 있다. else 이하가 생략되는 경우 조건식1이 참이면 실행문1이 수행되고, 거짓이면 아무것도 수행되지 않는다.

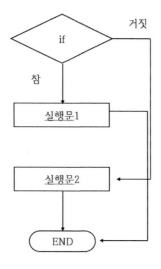

다음 프로그램은 2개의 정수 a, b를 입력 받아서 크기가 작거나 같은 수를 출력하는 코드이다.

```c
#include <stdio.h>
int main(void) {
    int a, b, min;
    scanf("%d", &a);
    scanf("%d", &b);
    if(a<b)
        min=a;
    else
        min=b;
    printf("a=%d와 b=%d중 작거나 같은 수는 %d이다. ", a, b, min);
}
```

8
10
a=8와 b=10중 작거나 같은 수는 8이다.

다음 프로그램은 입력 받은 정수가 짝수인지 홀수인지를 판단하는 것으로 if~else 구조를
이용하여 표현하였다.

```c
#include <stdio.h>
int main(void) {
    int a;
    scanf("%d", &a);
    if(a%2 == 0)
        printf("정수 %d는 짝수입니다", a);
    else
        printf("정수 %d는 홀수입니다", a);
}
```

10
정수 10는 짝수입니다

위 예제에서 입력한 정수의 짝수와 홀수를 판단하는 연산자로 나머지 연산자의 성질을 이용
하였다. 짝수는 2로 나눈 나머지가 항상 0이고, 홀수는 항상 1을 갖는다.

```
if (조건식) {
    실행문1;
    실행문2;
    실행문3;
}
else {
    실행문4;
    실행문5;
    실행문6;
}
```

위의 if문에서 조건식 다음의 중괄호 { }로 둘러져있는 3개의 실행문을 복합문이라 한다.
복합문은 블록이라고도 한다. 만약, 복합문을 표시하는 중괄호 { }가 생략되면 if문은 조건식
이 참이면 실행문1에서 끝나게 되고, else 문장은 선행되어야 할 if문을 찾지 못해 문법적 에러
를 일으킨다.

if문의 실행문은 C 언어의 모든 실행 가능한 문장이다. 때문에 실행문은 if문이 될 수 있다. 이 경우를 중복 if문이라 한다. 위의 if문에서 실행문1이 if문이 될 수도 있고 실행문4가 if문이 될 수도 있다. 물론 나머지 실행문도 if문이 될 수 있다. 실행문1이 if 문장이 되는 경우를 살펴보자.

```
if (a>10)
    if (a>100)
        실행문1;
else
    실행문2;
```

여기에서 else 실행문2는 어느 if와 대응하는지 생각해보자? 첫 번째 나오는 if(a>10)과 대응 하는가? 그렇지 않다. 두 번째 문장의 if(a>100) 문이 else에 대응한다. else는 else가 나오지 않은 가장 가까운 if 문과 대응하기 때문이다. 위의 경우에서 a가 10보다 크고 100보다 작은 경우에 실행문2가 실행된다. 위의 코드는 다음과 같이 작성되어야 프로그램을 읽는 사람이 논리적 오류에 빠지지 않는다.

```
if (a>10)
    if (a>100)
        실행문1;
    else
        실행문2;
```

위의 표현보다 더 명확한 작성은 다음과 같이 조건에 따라 적용될 범위를 { }로 표현하는 방법이다.

```
if (a>10)  {                    //중괄호 {  } 이용
    if (a>100)
        실행문1;
    else
        실행문2;
}
```

▌다중 if문

다중 if문에서 else문이 대응하는 if문이 명확하지 않을 때는 중괄호 { }를 사용하여 묶어 주는 방법이 가장 현명한 방법이다. else문 다음에 if문이 나오는 경우를 생각해 보자. 이 경우는 if~else~if 구조이다.

```
if (a>100)                 // 들여 쓰기가 안 된 경우
    실행문1;
else if (a>50)
    실행문2;
else if (a>10) 실행문3;
else 실행문4;
```

위의 경우 else문들은 과연 어떤 if문과 대응하는가? 역시 마찬가지로 else문이 대응되지 않은 가장 가까운 if문과 대응된다. 위의 경우 다음과 같이 바꿀 수 있다.

```
if (a>100)
    실행문1;
else if (a>50)
        실행문2;
    else if (a>10)
            실행문3;
        else
            실행문4;
```

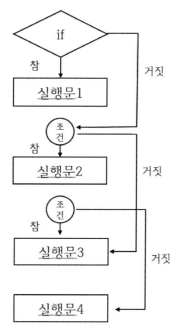

else문들은 대응하는 if와 줄을 맞추는 것이 프로그램을 익히는데 도움이 될 뿐만 아니라 프로그램의 논리적 흐름을 쉽게 이해 할 수 있으므로 예상치 못한 논리적 오류를 줄일 수 있다.

```c
#include <stdio.h>              // 학점 성적출력
int main(void)  {
    int number;
    char grade;
    printf("점수 값을 입력 :");
    scanf("%d", &number);
    if(number >= 90) grade = 'A';
    else if(number >= 80) grade = 'B';
        else if(number >= 70) grade = 'C';
            else if(number >= 60) grade = 'D';
                else grade = 'F';
    printf("입력한 점수 %d의 학점은 %c입니다.\n", number, grade);
}
```

```
점수 값을 입력 :90
입력한 점수 90의 학점은 A입니다.
```

다음 예제는 키보드에서 문자를 입력 받아 숫자, 소문자, 대문자, 그 외의 특수 문자들로 구분하는 코드이다.

```c
#include <stdio.h>              // 학점 성적출력
int main(void)  {
    char ch;
    scanf("%c", &ch);
    if((ch >= '0') && (ch <= '9'))
        printf("문자 %c는 숫자입니다", ch);
    else if((ch >= 'a') && (ch <= 'z'))
            printf("문자 %c는 소문자입니다", ch);
        else if((ch >= 'A') && (ch <= 'A'))
                printf("문자 %c는 대문자입니다", ch);
            else
                printf("문자 %c는 특수문자입니다", ch);
}
```

a
문자 a는 소문자입니다

위 프로그램에서는 scanf() 함수에서 문자를 받는 형식지정자를 %c를 사용하여 아스키코드 값을 통해 문자들을 분류하였다.

5.2 switch문

switch문은 다중 if문과 논리적인 실행은 비슷하다. if문은 조건식 판단 결과에 따라 실행 경로가 2가지 중의 한 가지인 경우 효율적이다. switch문은 표현식 판단 결과에 대해 실행 경로가 여러 가지인 경우 효율적이다. switch문은 다중 if문에 비해 읽기가 쉽고 논리적 오류에 빠질 위험이 적다. 형식은 다음과 같다.

```
switch(표현식) {
    case 비교값1:
            실행문1;
            break;
    case 비교값2:
            실행문2;
            break;
    case 비교값3:
            실행문3;
            break;
    ...
    default:
            실행문n;
}
```

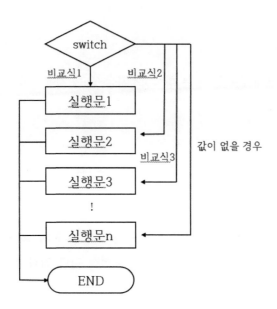

표현식의 결과는 정수형의 자료를 반환하고, 비교값은 표현식이 반환한 값들 중 한가지이다. switch문은 표현식에서 결정된 값을 가지고, case의 레이블을 위에서부터 비교하여 동일한 비교값을 찾아 일치하는 곳으로 제어가 이동하여 case 내부의 문장을 실행한다. 동일한 값이 없을 경우 default에 있는 실행문을 수행한다. 만약 default가 없으면 아무 일도 하지 않는다. switch문에서 default는 생략이 가능하다. switch문은 break 명령문이나 switch문의 끝을 나타내는 "}"를 만나야 종료된다.

switch문에서 표현식의 결과는 정수, 문자, 열거형 중의 하나여야 한다. case에서 사용하는 비교값은 유일해야 하고, default는 switch문의 어느 곳이나 삽입할 수 있다. case문에서는 auto형 변수를 선언할 수 없다. 변수가 필요하면 { }를 이용해 변수를 선언해야 한다. 다음은 switch문의 보편적인 예를 보였다.

```c
switch(ch) {
    auto int i;
    case 1:        // 실행문 없음
    case 2:
        x=10;
        break;
    case 3: {
        auto int j;
        x=20;
    }

    case 4: {
        y=20;
        break;
    }
     default:
        z=20;

}
```

auto 변수의 선언은 위에서 보는 것처럼 case문이 나오기 전에 선언하거나, case문 뒤에 나올 때는 중괄호 { }를 이용해야 한다. 위의 예제에서 변수 ch가 1이나 2일 경우 x=10;이 실행된다.

case 1:의 경우처럼 case문의 실행문이 빈 문장이어도 관계없다. 변수 ch가 1일 경우 case 1: 아래쪽에 break문이 존재하지 않으므로 case 2:의 실행문까지 수행된다. 변수 ch가 3일 경우 실행문 x=20;이 실행되고, y=20;이 실행된다. 변수 ch가 4일 경우 실행문 y=20;이 실행된다. 마지막으로 ch가 1, 2, 3, 4가 아닌 경우에는 default 문장에 의해 z=20;이 실행된다.

```
#include <stdio.h>
int main(void) {
    int key;
    printf("입력 숫자는 1 ~ 3까지입니다. \n");
    scanf("%d", &key);
    switch(key)  {
        case 1 :
            printf(" case 1 실행 문장입니다. \n");
            break;
        case 2 :
            printf(" case 2 실행 문장입니다. \n");
        case 3 :
            printf(" case 3 실행 문장입니다. \n");
            break;
        default :
            printf(" 입력 값의 범위가 아닙니다. \n");
    }
}
```

```
입력 숫자는 1 ~ 3까지입니다.
2
 case 2 실행 문장입니다.
 case 3 실행 문장입니다.
```

switch문도 if문과 마찬가지로 중첩하여 사용할 수 있다. 아래는 switch문이 중첩 사용된 것을 보였다. case문 상수들은 외부와 내부가 같은 값을 사용해도 된다.

```c
#include <stdio.h>
int main(void) {
    int st=2;
    int ch, x, y, z;
    printf("입력 숫자는 1 ~ 3까지입니다: ");
    scanf("%d", &ch);
    switch(ch)  {
        case 1:
            switch(st) {
                case 1: x=10;                      //동일한 비교값 사용
                case 2:
                        y=20;
                        printf("y=%d \n", y);
            }
        break;
        case 2:
            x=10;
            break;
        default:
            z=20;
    }
}
```

```
입력  숫자는 1 ~  3까지입니다: 1
y=20
```

다음 프로그램은 산술 연산 기호 중 한 개를 입력 받아 연산 기호에 맞는 연산을 수행하는 switch 문이다. 프로그램의 결과를 예측해보자. 만약, if문이 있는 경우와 없는 경우 어떤 차이점이 있는지 생각해보자. 프로그램의 switch(ch) 문에서 조건을 확인하는 변수 ch는 정수형이다. 그리고 getchar() 함수는 입력받은 값을 정수로 반환하기 때문에, 아스키코드에서 사칙연산 기호 *은 42이고, +는 43이고, −는 45이고, /은 47을 반환한다.

```c
#include <stdio.h>
int main(void)  {
    int j=0, a=20, b=10;
    int ch;
    printf("연산 기호 +, -, *, / 중 한 개 입력 \n\n");
    while(((ch=getchar()) != EOF))  {
        if(ch==10) continue;   // if() 문장이 없는 경우 수행 결과 예측
        switch(ch)  {
            case 43 : j=a + b; break;
```

```
              case 45 : j=a - b; break;
              case 42 : j=a * b; break;
              case 47 : j=a / b; break;
          }
        printf("결과는 %d %c %d = %d이다.", a, ch, b, j);
      }
  }
```

연산 기호 +, -, *, / 중 한 개 입력

```
*
결과는 20 * 10 = 200이다.^Z
```

위의 실행 결과화면에서 getchar()에서 '* 엔터키'을 넣으면 getchar() 함수가 동작한다. 엔터키의 아스키코드 값은 10이다. 버퍼에 입력된 자료 '* 엔터키'에서 먼저 '*'을 처리하므로 '20*10=200'을 출력한다. getchar() 함수는 버퍼에 있는 '엔터키'를 읽어서 EOF가 아니므로 if() 조건문을 비교하여 조건이 만족되므로 continue 문을 수행한다. 다시 while()문장으로 제어가 옮겨져 반복 수행하고 'ctrl+z'를 만나면 프로그램은 종료한다.

만약 위의 소스코드에서 if() 문장이 없는 경우 수행 결과를 예측해보자. 예를 들어, 입력된 자료가 '* 엔터키'인 경우 실행 결과는 아래와 같이 2개의 printf() 출력문을 만든다. 이유는 입력된 '*'에 의해 출력문이 한 개 만들어지고, getchar()는 다시 '엔터키', 즉 아스키코드 10를 받아들여 switch() 조건문을 비교하지만 만족하지 않으므로 다음 명령문인 printf()를 수행한다.

다음 프로그램은 특정한 달의 일 수를 알아보는 예제이다. switch문을 이용하여 달의 일 수를 구분하였으며 break문을 효과적으로 사용하였다.

```
#include <stdio.h>
int main(void) {
    int day, month;
    scanf("%d", &month);
    switch(month) {
        case 2 : day=28; break;
        case 4 :
        case 6 :
        case 9 :
        case 11 : day=30; break;
        default : day=31; break;
    }
    printf("%d월의 일수는 %d 입니다.", month, day);
}
```

```
10
10월의 일수는 31 입니다.
```

5.3 / goto문

goto는 조건 없이 지정한 레이블로 실행 제어를 옮긴다. 레이블은 'goto 식별자;'의 형태로 작성하고, 프로그램의 어디에든 올 수 있다. 단 goto문은 같은 함수 내에 존재하는 레이블로만 이동이 가능하고, 함수 사이에는 이동이 불가능하다. 다음은 goto를 이용한 간단한 예이다.

```
loop:
    i++;
    printf("i = %d \n", i);
    if(i<10)
        goto loop;
```

goto문의 사용은 프로그램의 해석과 유지 보수를 어렵게 만든다. 하지만 goto문이 꼭 나쁜 것만은 아니다. 위의 경우와 같이 기존의 반복문과 유사하게 사용하면 별 문제없다. 다중의 루프에서도 유용하다. 만약 10개의 다중 루프로 구성된 프로그램에서 맨 안쪽 루프에서 프로그램의 실행을 다중 루프 맨 바깥쪽으로 한 번에 이동하는 명령어는 goto가 유일하다. break문은 10개를 적어야 맨 바깥쪽 루프로 이동할 수 있다. 그러나 이 같은 프로그램은 거의 존재하지 않는다. 따라서 goto문은 가능한 사용하지 않는 것이 좋다.

```
#include <stdio.h>
int main(void)  {
    int j=1, sum=0;
    while(1)  {
        sum=sum + j;
        j++;
        if(j>10)
            goto loop_out;
    }
    loop_out:
        printf("goto문을 이용한 1-%d까지의 합은 %d이다.", j-1, sum);
}
```

goto문을 이용한 1-10까지의 합은 55이다.

다음은 구구단의 7단을 출력하는 프로그램을 goto를 활용하여 작성한 예제이다.

```c
#include <stdio.h>
int main(void) {
    int j=1, k=7;
    loop :
        printf("%d * %d = %d \n", k, j, j*k);
        j++;
        if(j == 10)
            goto loop_out;
        else
            goto loop;
    loop_out :
        printf("goto문을 이용한 구구단입니다.");
}
```

```
7 * 1 = 7
7 * 2 = 14
7 * 3 = 21
7 * 4 = 28
7 * 5 = 35
7 * 6 = 42
7 * 7 = 49
7 * 8 = 56
7 * 9 = 63
goto문을 이용한 구구단입니다.
```

EXERCISE

1   조건문을 종류별로 설명하시오.

2   다음은 if문으로 작성된 홀수와 짝수를 판별하는 코드이다. 이 코드를 switch문으로 변환하여 작성하시오.

```c
#include <stdio.h>
int main(void){
        int i;
        scanf("%d", &i);
        if(i%2 && i != 0) {
            printf("이 수는 홀수입니다.\n");
        }
        else if(i != 0) {
            printf("이 수는 짝수입니다.\n");
        }
        else {
            printf("0을 입력하셨습니다!\n");
        }
        return 0;
}
```

3   다음은 2의 배수를 계산할 수 있게 만든 코드이다. 다음 코드에서 문제가 발생할 수 있는 부분을 찾고 이를 수정하시오.

```c
#include <stdio.h>
int main(void)  {
    int tmp;
    int j=2, sum=0;
    scanf("%d", &tmp);
    while(1)  {
        sum=sum + j;
        j+=2;
        if(j>tmp)
            goto loop_out;
```

```
        }
    loop_out:
        printf("1-%d까지의 합은 %d이다.", j, sum);
    }
```

4 표준입력으로 한 문자를 저장한 후, switch 문을 이용하여 자음과 모음을 구분하여 출력하는 프로그램을
   작성하시오.

5 2개 정수 a, b를 입력 받아 a가 b로 나누어 떨어 지는지 판별하는 프로그램을 작성하시오.

6 3개 정수 a, b, c를 입력 받고, if ~ else 문을 이용하여 최소값 과 최대값을 출력하시오.

반복 처리는 동일한 처리 과정을 정해진 횟수만큼 또는 특정한 조건을 만족할 때까지 처리하는 것을 의미한다. 반복문에는 for문, while문, do~while문 등이 있다.

6.1 / for문

for문은 지정한 문장들을 반복적으로 수행하는 명령문이다. for문의 서식은 다음과 같다.

```
for(초기화; 조건식; 증감식)
    실행문;
```

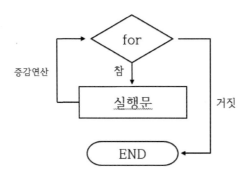

일반적으로 초기화에서는 조건식에서 사용될 루프 제어 변수를 초기화 한다. 증감식은 조건식에서 사용될 루프 제어 변수의 값을 변경한다. 조건식에서는 루프 제어 변수의 조건을 따져 루프의 반복 수행 여부를 결정한다.

for()문의 실행 순서는 초기화—〉{조건식—〉실행문—〉증감식}이다. 처음 변수 초기화를 하고, 조건식이 참이면 실행문을 수행하고, 증감식을 실행한 후 조건식을 확인하여 결과 값이 참(true)이면 실행문을 또 수행한다. 이와 같은 방식으로 조건식이 참을 만족하면 {조건식—실행문—증감식}을 반복한다. 실행문이 복수인 경우에는 중괄호 { }로 묶는다. 다음은 for 루프의 전형적인 사용 예이다.

```
#include <stdio.h>          // for() 문을 이용한 합 구하기
int main(void)  {
    int j, total_j=0;
    for(j=1; j <= 50; j++)
        total_j = total_j + j;
    printf("1부터 50까지 합한 값은 %d입니다. \n", total_j);
}
```

1부터 50까지 합한 값은 1275입니다.

위의 for(j=1; j<=50; j++) 문은 변수 j에 1을 대입하고, 변수 j가 51보다 작은지 판단하여 참이므로 실행문을 실행한다. 다음 단계로 j를 1 증가시키고, j가 51보다 작은지 판단하여 참이므로 실행문을 실행한다. 이와 같은 방법으로 j가 51보다 작은 동안 실행문을 50회 반복한다. 위의 경우는 정규적인 사용법이다. for문에서 초기화 문장과 조건식 문장 그리고 증감식 문장은 아무 관계도 없다. 다음과 같은 경우 문법적 에러는 아니지만 의미 없는 문장일 수 있다.

```
for(k=0; j<10; t++)
```

위의 for(k=0; j<10; t++)문에서 변수 j가 조건식을 판단하기 이전 값이 10보다 적었다면 루프 안에서 j값이 10보다 적지 않도록 변해야 루프는 무한루프에 빠지지 않는다. 증감식이 제어 변수에 영향을 주지 못하기 때문이다. 여기서 주의해야 할 점은 다른 여타 프로그래밍 언어와는 다르게 루프 안에서 제어변수의 값을 바꿀 수 있다는 점이다. C 언어에서 빈 문장도 가능하기 때문에 다음과 같은 문장도 가능하다.

```
for( ; j<10; j++) 실행문;
```

위의 for(; j<10; j++) 문은 for 문장 이전에 변수 j값이 초기화 되었을 가능성이 크다. 또한 다음과 같은 문장도 가능하다.

```
for( ; ; ) 실행문;
```

위의 for(; ;)문은 무한루프이다. 이 경우 무한루프를 탈출하는 방법은 2가지가 있다.

첫째, 실행문 중에 break;문을 만나 루프를 빠져 나와야 한다. 둘째, 무한 루프를 벗어나는 방법은 Ctrl+C를 눌러야 한다. 아래와 같이 실행문이 빈 문장일 수도 있다.

```
for(j=0; j<999999; j++) ;          // 실행문 없음
```

위의 for(j=0; j<999999; j++) 문의 경우 대략 백만 번을 카운트하는 만큼의 시간 지연을 위해 쓴다.

```
for( ;*str==' ';str++) ;          // 실행문 없음
```

위의 for(;*str==' ';str++)문의 경우 스트링의 공백들을 스킵한다. C 언어에서는 , 연산자를 이용하여 초기화, 조건식, 증감식에 여러 문장을 기술할 수 있다.

생각해보기 다음 예제를 생각해 보고 printf()문을 몇 번 수행하겠는지 예측해 보자.

```
#include <stdio.h>
int main(void) {
    int j, k;
    for(j=0,k=4; j<10,k<10; j++,k++) {
        printf(" 반복회수는 몇 번일까?\n");
    }
}
```

```
반복회수는 몇 번일까?
반복회수는 몇 번일까?
반복회수는 몇 번일까?
반복회수는 몇 번일까?
반복회수는 몇 번일까?
반복회수는 몇 번일까?
```

위의 경우에 초기화 문장에서 j, k값을 초기화하였고, 증감식에서 j, k 값을 증가시켰다. 조건식에서 콤마 연산자로 연결된 조건식 중 어느 한 조건만 거짓이 되어도 루프를 빠져 나온다. 따라서 for문의 조건식 j<10, k<10 에서 두 조건식이 모두 참이면 루프는 계속된다. 결과는 다음과 같이 for() 문의 조건식 k<10에 의해 수행 횟수는 6번이 된다.

수학에서는 부등호를 이용한 수식을 많이 사용한다. 만약 프로그램의 일부로서 아래와 같은 명령문이 있다면, 그 결과로 printf() 문장을 몇 번 수행하겠는가? 실행 결과를 예측해보고 그

이유를 생각해보자.

```
for(x=-10, j=-10; x<=10; x++, j++) {
    if(0<x<=5)                          /* 부등호 수식 */
        printf("x=%d 조건을 만족한다. \n", x);
}
```

위의 부등호 수식 if(0<x<=5)에서 사용한 연산자는 이항 연산자이고 우선순위가 동일하다. 따라서 수식의 수행순서를 괄호로 나타내면 ((0<x)<=5)이다. 즉, (0<x)를 먼저 수행하고, 그 결과를 k라 하면, 다음과 같은 수식 (k<=5)으로 나타낼 수 있다. 관계연산자와 논리연산자의 수행 결과는 진리값 0 또는 1을 반환하므로, 수식 (0<x)의 결과는 0 또는 1이 된다. 따라서 k=0인 경우 (0<=5)이고, k=1인 경우 (1<=5)이므로, 수식 (0<x<=5)은 항상 조건을 만족하므로 참을 갖게 되어 printf()문을 for()의 조건식 x<=10에 의해 21번 수행하게 된다.

위 명령문의 프로그래머 의도는 x의 값이 {1,2,3,4,5}인 동안 printf()문을 수행하고 싶었다. 이러한 결과를 갖기 위해서는 프로그램은 다음과 같이 수정되어야 할 것이다.

```
for(x=-10, j=-10; x<=10; x++, j++) {
    if((0<x) && (x<=5))                 /* 부등호 수식 */
        printf("x=%d 조건을 만족한다. \n", x);
}
```

다음 예제는 for()문을 이용하여 사각형을 그리는 예제이다.

```
#include <stdio.h>

int main(void) {
    int k;
    printf("@@@@@@@@@@\n");
    for(k=1; k<6; k++)
        printf("@        @\n");
    printf("@@@@@@@@@@\n");
}
```

```
@@@@@@@@@@@
@         @
@         @
@         @
@         @
@         @
@@@@@@@@@@@
```

반복문은 중첩하여 사용할 수 있다. 이와 같이 중첩하여 사용하는 반복문을 중첩 반복문이라 한다. 중첩 반복문 형태에서 주의해야 할 점은 각각의 반복문을 제어하는 변수가 달라야 한다는 점이다. 만약, 동일한 변수로 중첩 반복문을 제어하면 논리적인 오류가 발생할 수 있다.

 다음 예제는 중첩 for()문을 이용하여 문자를 출력하기 위한 코드이다. 실행 결과를 예측해 보자.

```c
#include <stdio.h>
int main(void) {
    int i, j;
    for(j=0; j<=4; j++) {
        for(i=65; i<=65+j; i++)
            printf("%c", i);
        printf("\n");
    }
}
```

6.2 / while문

while 문장은 프로그램 내부의 반복 루프를 처리하기 위한 명령문으로, while 문장의 조건이 참인 동안 특정 문장을 반복하는 구조이다.

```
while(조건식)
    실행문;
```

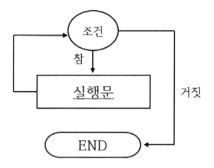

while 문장은 조건식이 참이면 실행문을 실행하고, 거짓이 되는 순간 실행을 종료한다.
실행문이 복수일 때는 중괄호 { }로 묶는다.

```
while(j<10) {
    j++;
    printf(" j = %d \n", j);
}
```

다음 문장은 j<10을 만족하면 변수 j를 출력하라는 명령이다. while()문은 초기화와 증감식
이 생략된 for()문과 논리적으로는 똑같다. 다음의 두 개의 소스코드를 보자.

```
#include <stdio.h>              /* 소스 1, for() 문장 이용 */

int main(void)  {
  int j;
  for(j=0; j<10; j++)
      printf(" j = %3d \n", j);
}
```

```
j =     0
j =     1
j =     2
j =     3
j =     4
j =     5
j =     6
j =     7
j =     8
j =     9
```

```
#include <stdio.h>          /* 소스 2, while() 문장 이용 */
int main(void)  {
  int j=0;
  while(j<10) {
      printf(" j = %3d \n", j);
      j++;
  }
}
```

위의 소스코드 1과 2는 동일한 결과를 가져온다. while문도 for문과 마찬가지로 무한 루프를 만들 수 있고, 실행문이 빈 문장일 수 있다.

```
while(1) 실행문;              /* 무한 루프 */
```

위의 문장은 while()문의 조건이 참(true)이므로 무한 루프이다. 이 경우 실행문 중에 break; 문장을 만나 루프를 빠져 나와야 한다.

```
#include <stdio.h>          // while()과 for()를 이용한 숫자 출력
int main(void)  {
    int k=4;
    while(k) {
            printf(" %d는 참(true)입니다. \n", k);
            k--;
    }
    printf(" %d는 거짓(false)입니다. \n", k);
}
```

 아래 코드는 getchar()를 이용한 문자를 출력한다. 입력으로 69spa가 입력되었을 때 프로그램 진행 과정을 생각해보자.

```
#include <stdio.h>          // getchar()를 이용한 문자 출력
int main(void)  {
  char c;
  printf("자료 입력: ");
  while((c=getchar()) != 'a')
      printf("입력된 자료는 %c입니다. \n", c);
}
```

```
자료 입력: 69spa
입력된 자료는 6입니다.
입력된 자료는 9입니다.
입력된 자료는 s입니다.
입력된 자료는 p입니다.

-----------------------------------
Process exited after 5.14 seconds with return value 0
계속하려면 아무 키나 누르십시오 . . .
```

위의 소스코드는 입력받은 문자가 'a'가 아니면 printf()문장을 통해 변수 c의 문자를 출력한다. 입력된 자료가 '69spa'인 경우 getchar()함수는 입력된 자료가 있는 버퍼에서 한 문자씩 가져와 변수 c에 할당하고, 마지막 문자인 'a'를 만나면 프로그램이 종료된다.

```
자료 입력: lee
입력된 자료는 l입니다.
입력된 자료는 e입니다.
입력된 자료는 e입니다.
입력된 자료는
입니다.
a
```

위의 실행결과 화면에서 입력된 자료 'lee(enter key)'에서 자료 'lee'에 대해서는 printf()를 수행한다. 자료 입력의 끝 문자인 엔터키를 만나면 변수 c에는 엔터키가 저장되고, while() 조건이 참이므로 printf()문장에서 "입력된 자료는"을 출력한 후 서식 문자열 '%c'에서 엔터키 값인 줄 바꿈을 수행하고 나머지 문자열 "입니다"를 출력한다. 아직도 while() 조건이 참이므로 문자열을 받아들일 수 있는 준비 상태에 있다.

```c
#include <stdio.h>          // while()과 for()를 이용한 숫자 출력
int main(void)  {
    int j=0;
    while(j<10) {
            int k;
        for(k=0; k<=j; k++)
            printf(" %d", k);
            printf("\n");
        j++;
    }
}
```

```
0
0 1
0 1 2
0 1 2 3
0 1 2 3 4
0 1 2 3 4 5
0 1 2 3 4 5 6
0 1 2 3 4 5 6 7
0 1 2 3 4 5 6 7 8
0 1 2 3 4 5 6 7 8 9
```

2개 정수의 최대 공약수를 구하는 문제에 대한 유클리드 알고리즘이나. 알고리즘은 다음과 같다.

단계 1: 2개 정수 a, b 입력
단계 2: 큰 수를 a, 작은 수를 b로 초기화
단계 3: b가 0이면 최대공약수는 a와 같다.
단계 4: c = a % b
단계 5: a = b
단계 6: b = c
단계 7: 단계 3으로 이동

위의 알고리즘을 while() 문을 이용하여 프로그램으로 표현해보자.

```c
#include <stdio.h>
int main(void)  {
    int a, b, c;
    printf("큰 수는 변수 a에 작은 수는 변수 b에 입력하시오“ );
    scanf( “%d", &a);
    scanf( “%d", &b);
    while(b != 0) {
        c = x%y;
        a = b;
        b = c;
    }
    printf("최대공약수는 %d입니다.“ , a);
}
```

큰 수는 변수 a에 작은 수는 변수 b에 입력하시오10
5
최대공약수는 5입니다.

다음 예제는 입력 받은 정수 중 0과 양의 정수를 누적한 결과를 출력하는 프로그램이다. 만약, 입력받은 정수가 음수이면 if()문의 조건식이 참이므로 break에 의해 반복문 while()을 벗어난다.

```c
#include <stdio.h>
int main(void)  {
    int n, sum=0;
    while(1) {
        printf("정수를 입력하세요");
        scanf("%d", &n);
        if(n<0)
            break;                  /* break에 의해 while 탈출 */
        sum=sum+n;
    }
    printf("누적 합 : %d", sum);
}
```

```
정수를 입력하세요10
정수를 입력하세요20
정수를 입력하세요-1
누적 합 : 30
```

반복문에서 break문 사용시 주의할 점이 있다. break문은 자신을 포함하고 있는 가장 가까운 반복문 하나만 빠져 나간다. 다음 예제를 통해 확인해 보자.

```c
#include <stdio.h>
int main(void)  {
    int n, sum=0;
    while(1) {
        printf("정수를 입력하세요.");
        scanf("%d", &n);
        for( ; n<0; ) {
            printf("음수가 입력되어 for() 탈출합니다.\n");
            break;                  /* break에 의해 for 탈출 */
        }
        sum=sum+n;
    }
    printf("누적 합 : %d", sum);
}
```

```
정수를 입력하세요.10
정수를 입력하세요.20
정수를 입력하세요.-1
음수가 입력되어 for() 탈출합니다.
정수를 입력하세요.10
정수를 입력하세요.20
정수를 입력하세요._
```

위의 예제는 for()문의 조건식 (n<0)이 참이면 break에 의해 for()를 벗어나고, sum=sum+n을 수행한다. 결국 while(1)의 종료 조건이 없으므로 'ctrl+c'에 의해 강제 종료한다.

생각해보기 나눔 프로그램에서 수행하는 내용에 대해 설명하시오.

```c
#include <stdio.h>
int main(void) {
    int k. m, total=0;
    scanf("%d", &k);
    while(k>0) {
        total=0;
        for(m=0; m<=k; m++)
            total=total+k;
        printf("1~%d까지 합은 %d", k, total);
        scanf("%d", &k);
    }
}
```

다음 프로그램은 영문자를 한 개 입력 받아서 소문자이면 1, 그렇지 않으면 0을 출력하는 코드이다. 입력 문자가 −이면 종료하도록 한다.

```c
#include <stdio.h>
int main(void) {
    int k;
    char ch;
    scanf(" %c", &ch);
    while(ch != '-') {
        k=((ch >= 'a') && (ch <='z'));        // 출력 결과가 1이면 소문자,
        printf("입력된 문자 %c는 %d이다.\n", ch, k);// 그렇지 않으면 0 이다.
        scanf(" %c", &ch);
    }
}
```

위의 scanf에서 %c앞에 한 칸을 띄운 이유는 C 언어 컴파일러에서 띄어쓰기도 문자로 인식하기 때문에 이 인식을 하지 않도록 해준 것이다.

6.3   do~while문

do~while문 역시 루프를 수행하는 문장이다. for문이나 while문과 비슷하지만 루프를 제어하는 조건식이 루프의 마지막에 나오는 점이 다르다. 이것은 실행문이 최소한 한번은 실행된다는 뜻이다. 형식은 다음과 같다.

```
do {
    실행문;
} while(조건식);
```

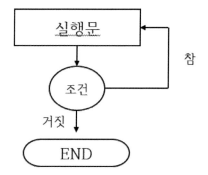

do~while문의 종료를 의미하는 세미콜론이 반드시 while(조건식) 다음에 있어야한다. 실행문이 복수개의 경우 중괄호 { }로 묶어야 한다. while문을 이용한 코드와 do~while문을 이용한 코드를 통해 차이점을 살펴보자.

```c
#include <stdio.h>        // while()을 이용한 숫자 출력
int main(void)  {
    int j=1;
    while(j>10) {
        printf(" j = %d \n", j);
        j++;
    }
}
```

위의 코드는 변수 j의 초기값이 1이므로 while 문에서 조건 (j>10)이 거짓이므로 while()문
의 실행문을 수행하지 않는다. 따라서 이 코드의 수행 결과는 아무것도 출력하지 않는다.

```c
#include <stdio.h>        // do while()을 이용한 숫자 출력
int main(void)  {
    int j=1;
    do {
        printf(" j = %d \n", j);
        j++;
    } while(j>10);
}
```

 j = 1

위의 코드는 변수 j의 초기값이 1이므로 do~while의 실행문인 printf() 문장과 j++를 수행
한 후에 조건 (j>10)을 검사한다. while 조건 (j>10)이 거짓이므로 반복수행 실행문은 수행하지
않는다.

```c
#include <stdio.h>    // do~while 이용한 합 구하기

int main(void)  {
    int j=0, sum=0;
    do {
        sum=sum + j;
        ++j;
    } while(j<=10);
    printf("1~10까지의 합은 %d이다", sum);
}
```

1~10까지의 합은 55이다

실행문을 빈 문장으로 하거나, 조건식을 1로 하여 무한 루프를 만드는 것은 while문과 똑같다.

```
#include <stdio.h>   // do while()을 이용하여 역순으로 숫자 출력
int main(void)  {
    int number, reverse_n;
    printf("정수를 입력하시오  ");
    scanf("%d", &number);
    printf("입력한 정수 %d를 역순으로 출력하면  ", number);
    do {
        reverse_n = number %10;
        number = number / 10;
        printf("%d", reverse_n);
            } while(number !=0);
}
```

```
정수를 입력하시오  346
입력한 정수 346를 역순으로 출력하면  643
```

생각해보기 다음 프로그램의 수행 결과를 예측해보자.

```
#include <stdio.h>
int main(void)  {
    int j=0, sum=0;
    do {
        j++;
        sum=sum+(j*j);
    } while(sum <= 100);
    printf("%d    %d", j, sum);
}
```

6.4   break문

break문의 사용 용도는 2가지이다. 첫째, 반복문을 빠져나가게 하는 명령문이다. 둘째는 case문의 실행 문장 속에 사용하여 switch문을 종료하게 한다. break문은 for, while, do~while문의 루프 안에서 사용되어야 하며, 그 외에는 컴파일 문법 오류를 발생한다. for, while, do~while 등의 루프 안에서 break를 만나면 프로그램의 실행은 루프 다음 문장으로 넘어 간다. break문은 while(1)과 같은 무한 루프를 탈출하기 위해 사용한다. 다음은 break문의 예제를 보였다.

```c
#include <stdio.h>
int main(void)  {
    int j, k;
    for(j=0; j<4; j++) {
        for(k=0; k<8; k++) {
            if(k==5)
                break;        /* break는 break를 둘러싼 for() 탈출 */
            printf("%4d", k);
        }
            printf("\n");
    }
}
```

```
0   1   2   3   4
0   1   2   3   4
0   1   2   3   4
0   1   2   3   4
```

위의 프로그램은 변수 j=0~3까지 4번 수행되는 동안 변수 k=0~4까지만 반복되므로 01234를 4번 인쇄한다. 이와 같이 중첩된 루프에서 break는 break를 둘러싼 블록의 for() 문을 탈출한다.

생각해보기 다음 프로그램의 실행 결과를 예측해 보자.

```c
#include <stdio.h>
int main(void)  {
    int k;
    for(k=1; k<100; k++) {
        printf("현재 정수 k=%d이다.\n", k);
        if(k==5)
            break;        /* break는 break를 둘러싼 for() 탈출 */
    }
}
```

다음 예제는 한 소스코드에서 while()문과 for()문에서 break문을 사용한 예제이다.

```
#include <stdio.h>
#define MAX 1000
int main(void)  {
    int i, j, sum=0;
    printf("세자리 이하 정수 i를 입력하시오. i=");
    scanf("%d", &j);
    while(1) {                              // while(1): 무한 루프
        for(i=0; i<MAX; i++) {
            if(i==j)                // 조건식을 만족하면 break에 의해
                break;          // for문 탈출
            else
                sum=sum+1;
        }
                printf("수행한 for문장 횟수는 %d입니다. \n", sum);
        break;                          // break에 의해 while 문장 탈출
        printf("수행한 for문장 횟수+100는 %d입니다. \n", sum+100);
    }
}
```

```
세자리 이하 정수 i를 입력하시오. i=123
수행한 for문장 횟수는 123입니다.
```

생각해보기 다음 프로그램에서 scanf()에 4, 6, 0, 2, 8, −1을 순서대로 입력했을 때 수행 결과를 예측해
보자.

```
#include <stdio.h>
int main(void) {
    int k. total=0;
    while(1) {
        scanf("%d", &k);
        if(k<0) break;        /* 입력 값이 음수이면 종료함 */
        total=total+k;
    }
    printf("합계 %d", total);
}
```

6.5 / continue문

반복문 for, while, do~while에서 continue 문장을 만나면 continue 이하의 문장은 건너뛰고, 조건식 또는 반복문부터 계속 수행한다. 그렇다고 해서 실행이 루프를 탈출한 것은 아니다. continue문은 for, while, do~while문의 루프 안에서 사용되어야 하며, 그 외에는 컴파일 문법 에러를 발생한다.

while 문이나 do~while문의 경우 continue를 만나면 루프에서 조건식을 확인하는 부분으로 실행을 옮겨 조건식을 체크하고, 조건식이 거짓이면 루프를 벗어나고 조건식이 참이면 계속해서 루프를 수행한다. for문의 경우 continue를 만나면 for() 문의 증감식으로 제어가 이동하여 증감식을 수행하고, 조건을 체크하여 참이면 계속 수행하고 거짓이면 루프를 끝내게 된다.

다음은 continue를 사용한 예이다. 다음 프로그램에서 if문의 조건식 (j==4)이 참이면 continue를 수행하게 되어 제어가 for()문의 증감식 (j++)로 이동한다. 결국 출력값에서 4는 출력되지 않았다.

```c
#include <stdio.h>
int main(void)  {
    int j;
    for(j=1; j<8; j++) {
        if(j==4) continue;
        printf("%2d", j);
    }
    printf("\n");
}
```

     1 2 3 5 6 7

아래 예제에서는 위의 결과와 동일한 결과를 갖도록 while() 문장과 continue 문장을 이용하여 아래와 같이 프로그램을 완성하였다. 또한 실행 결과 화면을 아래에 출력하였다. 실행 결과에서 1 2 3만 출력되고 나머지 숫자들 5 6 7은 출력되지 않았다. 이 프로그램의 문제는 무엇인가?

```
#include <stdio.h>        /* continue 잘못 사용으로 무한루프 발생 */

int main(void)  {
    int j=1;
    while(j<8) {
        if(j==4)  continue;  /* continue의 제어가 while(j<8)로 이동 */
                printf(" %d", j);
        j++;
    }
    printf("\n");
}
```

1 2 3_

위의 프로그램은 j=4인 경우 continue 조건에 의해 printf() 문장과 j++를 수행하지 않으므로 변수 j가 증가될 수 있는 기회를 상실하여 프로그램에서 j=4 값만 계속 가지므로 무한루프에 빠진 결과를 갖는다. 프로그램을 종료하기 위해서는 'Ctrl+Z'를 누른다. 문제를 해결하기 위해서는 j++ 문장을 if()문 이전으로 이동해야 한다.

생각해보기 다음 예제 프로그램의 결과를 예측해보자.

```
#include <stdio.h>
int main(void)  {
    int j=1;
    while(j<10) {
        if((j%2) == 1) {
            j++;
            continue;
        }
                printf(" %d", j);
        j++;
    }
}
```

EXERCISE

1   1부터 100까지의 합을 구하는 프로그램을 작성하시오.

2   1부터 50까지의 숫자 중 3의 배수만 출력하는 프로그램을 작성하시오.

3   임의의 정수를 입력받아 90보다 같거나 크면   A를, 80보다 크거나 같다면 B를, 70보다 크거나 같다면
    C를, 60보다 크거나 같다면 D를 그렇지 않다면 F를 출력하는 프로그램을 if문과 switch문을 이용해서 각
    각 작성하시오.

4   1부터 50까지 4의 배수를 제외한 수의 합을 구하는 프로그램을 작성하시오

5   while문과 do while문을 이용하여 100이하의 3의 배수를 출력하는 프로그램을 작성하시오.

6   어떤 3자리 정수 abc가 입력되었을 때, 각각의 자릿수 a, b, c를 추출하여 역순으로 출력하는 프로그램을
    작성하시오. (힌트) 정수 abc%10의 결과는 c이고, 정수 abc/10의 결과는 ab이다.

7   while() 문장을 이용하여 입력받은 숫자를 역순으로 출력하는 프로그램을 작성하시오.

8   학생 k명의 성적을 while문을 이용하여 입력 받고, 각 학생의 성적과 평균을 출력하도록 하시오. while문
    은 성적이 음수 값이면 종료한다.

9   입력 받은 정수 k에 대해 k!을 계산하는 프로그램을 작성하시오. 단, 펙토리얼은 0보다크거나 같은 정수에
    대해 정의된다.

10 정수 k를 입력받아서 중첩 for()문을 이용하여 아래와 같이 출력 되는 프로그램을 작성하시오. 예, k=5인
   경우 아래와 같이 출력한다.
   *
   **
   ***
   ****
   *****

11 중첩 for()문을 이용하여 아래와 같이 출력 되는 프로그램을 작성하시오. 예, k=5인 경우 아래와 같이 출력
   한다.
   1
   1 2
   1 2 3
   1 2 3 4
   1 2 3 4 5

12 아래와 같이 구구단을 출력하시오.

   2 × 1 = 2   3 × 1 = 3   4 × 1 = 4
   2 × 2 = 4   3 × 2 = 6   4 × 2 = 8
      ·   ·   ·
      ·   ·   ·

   5 × 1 = 5   6 × 1 = 6   7 × 1 = 7
   5 × 2 = 10   6 × 2 = 12   7 × 2 = 14
      ·   ·   ·
      ·   ·   ·

배열은 동일한 자료형을 가진 요소들을 하나의 변수 이름으로 논리적으로 연속된 기억공간에 저장하는 것이다. 동일한 자료 형태를 하나의 이름으로 관리하기 위해 할당하는 기어장소의 이름을 배열명이라 한다.

배열의 원소를 구분하기 위해 원소의 위치를 나타내는 단위로 인덱스(또는 첨자)를 이용한다. 배열에서 사용하는 인덱스의 시작은 0부터 시작한다. 배열의 크기가 1차원이고, 원소의 개수가 n개인 경우 배열 인덱스는 0~(n−1)까지 할당된다.

2차원 배열의 크기가 j*k 형태이면 j는 행을 나타내고, k는 열을 나타낸다. 배열 형태가 3*4이면 행에 대한 인덱스는 0행, 1행, 2행이고, 열에 대한 인덱스는 0열, 1열, 2열, 3열로 할당한다. 배열에서 원소의 접근과 처리는 배열 원소의 위치를 나타내는 인덱스를 통해 이루어진다. 그렇지만 C언어는 배열 원소의 끝을 점검하지 않으므로 인덱스값으로 n−1 이상의 인덱스를 이용해도 문법적인 에러는 없다.

배열명은 그 배열의 첫 번째 원소의 물리적인 시작주소와 동일하다. 이러한 성질을 이용하여 배열명은 주소에 대한 값으로 포인터 상수가 된다.

A[7]	A[0]	A[1]	A[2]	A[3]	A[4]	A[5]	A[6]

7.1 1차원 배열

배열 원소의 위치를 나타내는 인덱스를 한 개 갖는 배열을 1차원 배열이라 한다. 1차원 배열을 초기화하는 방법은 다음과 같다. 초기화를 선언하는 경우 배열 크기와 초기화 원소 개수가 같아야한다. 선언된 배열의 크기보다 원소의 개수가 많은 경우 컴파일 에러가 발생할 수 있다.

```
① int num[3];                    /* 배열 크기 선언 */
   num[0]=10, num[1]=20, num[2]=30;
② int num[3]={10, 20, 30};
③ int num[]={10, 20, 30};        /* 원소 개수 생략 */
④ int num[3];                    /* 배열 크기만 선언 */
```

배열에서 배열 선언 후 초기화를 하는 경우 배열의 크기를 생략할 수 있지만, 초기화를 하지 않는 경우에는 배열의 크기를 반드시 선언해 주어야한다.

다음 예제는 배열 num[]의 합과 평균을 구하는 프로그램이다. 배열 num[]의 원소 개수를 계산하기 위해 sizeof 연산자를 이용하였다.

```
#include <stdio.h>
int main(void) {
    int k=0, m=0, sum=0;
    int num[]={15, 7, 83, 34, 55, 20, 94, 8, 57, 26};
    k=sizeof(num)/sizeof(int);    /* 배열 원소 개수 k를 계산 */
    for(m=0; m<k; m++)
        sum=sum+num[k];
    printf("배열 원소 합 : %d, 평균 : %d 임.", sum, sum/k);
}
```

배열 원소 합 : 630, 평균 : 63 임.

다음은 배열 원소를 초기화하는 방법 중 표준입력 scanf()를 이용하여 입력하는 방법이다.

```
#include <stdio.h>
int main(void) {
    int m;
    int num[10];
    for(m=0; m<10; m++) {
        scanf("%d", &num[m]);
        printf("배열 원소 num[%d]=%d\n", m, num[m]);
    }
}
```

```
1
배열 원소 num[0]=1
2
배열 원소 num[1]=2
3
배열 원소 num[2]=3
4
배열 원소 num[3]=4
5
배열 원소 num[4]=5
6
배열 원소 num[5]=6
7
배열 원소 num[6]=7
8
배열 원소 num[7]=8
9
배열 원소 num[8]=9
10
배열 원소 num[9]=10
```

다음은 배열의 원소 중 빈도수가 가장 많은 배열 원소와 빈도수를 출력하는 프로그램이다. 명령문에서 'n=sizeof(num)/sizeof(int)'는 배열 원소의 개수를 계산하기 위한 것이다.

```c
#include <stdio.h>
int main(void) {
    int k=0, m=0, n=0, no=0, max=0, cnt=1;
    int num[]={8, 4, 3, 9, 7, 4, 6, 3, 1, 3, 4, 7, 4, 5, 4, 2};
    n=sizeof(num)/sizeof(int);
    for(k=0; k<n; k++) {
        no=1;
        for(m=k+1; m<n; m++) {
            if(num[m]==num[k])
                no=no +1;
        }
        if(no>cnt) {
            cnt=no;
            max=num[k];
        }
    }
    printf("최대 빈도 원소 : %d, 횟수 : %d 임.", max, cnt);
}
```

```
최대 빈도 원소 : 4, 횟수 : 5 임.
```

배열 초기화에서 배열의 원소 지정 개수가 실제 입력된 자료 값의 개수보다 많은 경우, 초기 값이 할당되지 않은 원소에는 정수 값 0이 저장된다. 그렇지만 배열 선언에서 초기화를 하지 않은 배열 원소에는 알 수 없는 값이 저장된다. 이처럼 알 수 없는 값을 쓰레기 값이라 한다.

```c
#include <stdio.h>
int num[10]={1, 2, 3, 4, 5};            /* 배열 초기값 일부 할당 */
int main(void)  {
    int j, Pnum[5];                 /* 배열 초기 값 없음 */
    char str[20];
    printf("배열 str에 저장할 문자열 입력: ");
    gets(str);
    printf("\n배열 str의 출력:  %s \n\n",str);
    printf("초기 값이 일부 할당된 num 배열에 저장된 값 보기 \n");
    for(j=0; j<10; j++)
        printf("num[%d] = %d %s", j, num[j], (j==4) ? "\n": "");
    printf("초기 값이 할당되지 않은 Pnum 배열에 저장된 값 보기 \n");
    for(j=0; j<3; j++)
        printf("초기 값이 할당되지 않은 Pnum[%d] = %d ", j, Pnum[j] \n);
    printf("\n\n");
}
```

배열 str에 저장할 문자열 입력: I Like C Program

배열 str의 출력: I Like C Program

초기 값이 일부 할당된 num 배열에 저장된 값 보기
num[0] = 1 num[1] = 2 num[2] = 3 num[3] = 4 num[4] = 5
num[5] = 0 num[6] = 0 num[7] = 0 num[8] = 0 num[9] = 0 초기 값이 할당되지 않은 Pnum 배열에 저장된 값 보기
초기 값이 할당되지 않은 Pnum[0] = 0
초기 값이 할당되지 않은 Pnum[1] = 0
초기 값이 할당되지 않은 Pnum[2] = 63

단, 외부 배열 또는 정적 배열로 선언된 배열은 초기화를 하지 않아도 모두 정수 0으로 초기화한다. 만약 배열 num[20]의 전체 원소를 0으로 초기화하고자하면 다음과 같이 사용한다.

```c
int num[20]={0};
```

배열의 원소 지정 개수가 실제로 초기화로 입력된 원소의 개수보다 적을 경우 컴파일 오류가 발생할 수 있다. 아래의 예제는 배열의 이름 num과 배열의 첫 번째 요소 num[0]이 동일한 주소임을 보여준다. 따라서 배열의 이름은 배열 요소들 중 가장 첫 번째 원소가 저장된 곳의

주소를 나타낸다. 또한, 배열의 자료형인 정수형 크기만큼 배열 요소의 시작주소가 증가함을
알 수 있다.

```
#include <stdio.h>
int main(void)  {
    int j, num[5];
    for(j=0; j<5; ++j)  {
        num[j]=j;
        printf("num[%d] 주소는 %d, num[%d]=%d \n", j, &num[j], j, num[j]);
    }
    printf("배열 num의 시작주소는 %d \n", num);
    printf("배열 num[0]의 시작주소는 %d \n\n", &num[0]);
}
```

```
num[0]  주소는  6487552, num[0]=0
num[1]  주소는  6487556, num[1]=1
num[2]  주소는  6487560, num[2]=2
num[3]  주소는  6487564, num[3]=3
num[4]  주소는  6487568, num[4]=4
배열  num의  시작주소는  6487552
배열  num[0]의  시작주소는  6487552
```

아래 예제는 1차원 배열에 5개의 원소를 할당하고 배열 원소 합을 구하는 프로그램이다.
main() 함수에서 배열의 합을 구하는 부분과 함수 sum()을 이용하여 합을 구하는 부분으로
나누어져 있다.

```
#include <stdio.h>
int sum(int [], int);
int main(void)  {
    int j=0, tot=0;
    int jumsu[]={10, 20, 30, 40, 50};
    printf("배열 원소 값은 다음과 같이 \n");
    for(j=0; j<5; ++j) {
                printf("%4d ", jumsu[j]);
        tot=tot+jumsu[j];
    }
    printf("이고, 배열 합은 %d이다. \n\n", tot);
    printf("함수를 이용한 배열 합 결과는 %d이다. \n\n", sum(jumsu, 5));
}
```

```
int sum(int a[], int n)  {
        int j=0, tot=0;
        for(j=0; j<n; ++j)
            tot=tot+a[j];
        return tot;
}
```

배열 원소 값은 다음과 같이
 10   20   30   40   50 이고, 배열 합은 150이다.
함수를 이용한 배열 합 결과는 150이다.

다음 예제는 배열을 이용하여 10진수를 2진수로 변환하는 프로그램이다. 배열 bin_digit[]
의 원소 개수는 입력된 10진수에 따라서 조절해야 한다.


```
#include <stdio.h>
int main(void) {
   int k=0, binary=0, digit=0, cnt=0;
   int bin_digit[50];
   scanf("%d", &digit);
   printf("입력된 10진수는 %d 이고", digit);
   while(digit >0) {
       binary = digit%2;
       bin_digit[k] = binary;
       digit = digit/2;
       k = k+1;                  /* k는 이진수 개수로 사용 */
   }
   cnt=k-1;
   for(k=cnt; k>=0; k--)
       printf("%d",bin_digit[k]);
}
```

5
입력된 10진수는 5 이고101

다음 프로그램의 의미와 실행 결과를 예측해보자.

```c
#include <stdio.h>
void main(void) {
    char str1[9]="Computer";
    char str2[3]={ 'A', 'I', '\0' };
    char str3[ ]="The world is his who enjoys it";
    printf("%s %s %s \n", str1, str2, str3);
}
```

7.2 / 2차원 배열

2차원 배열은 2개의 인덱스(행과 열)를 사용하는 배열이지만, 물리적 저장장치인 메모리에 저장될 때는 1차원 배열의 연속적인 모습으로 저장된다. 2차원 배열의 대표적인 예는 행렬이고, 다음과 같이 행과 열에 대한 인덱스를 선언하고 사용한다. 2차원 배열을 초기화하는 방법은 다음과 같다.

```c
① int num[2][3];
   num[0][0]=10, num[0][1]=20, num[0][2]=30;
   num[1][0]=15, num[1][1]=25, num[1][2]=35;
② int num[][3]={ {10, 20, 30}, {15, 25, 35} };     /* 행 개수 생략 */
③ int num[][3]={10, 20, 30, 15, 25, 35};            /* 행 개수 생략 */
④ int num[2][3]={10, 20, 30, 15, 25, 35};
```

2차원 배열에서 초기화를 하지 않고 배열 선언만 하는 경우에는 행과 열의 크기를 모두 지정해야한다. 만약 배열 선언 시 초기화를 하는 경우에는 행 인덱스는 생략할 수 있지만, 열 인덱스는 생략할 수 없다. 2차원 배열의 원소 저장 순서는 행우선 순서를 유지한다. 즉, 첫 번째 행의 모든 열을 먼저 저장하고, 다음으로 두 번째 행의 원소를 저장하는 순서이다.

위의 num[2][3] 배열은 정수형 2차원 배열을 선언한 것이다. 첫 번째 요소는 num[0][0]이고 마지막 요소는 num[1][2]이다. 배열이 차지하는 전체 byte수는 2(행의 크기)*3(열의 크기)* 4(sizeof(unsigned int)) = 24byte이다. 배열의 원소 num[0][0]이 10000번지에 저장되면 num[0][1]은 10004번지 num[0][2]는 10008번지에 저장된다. 그리고 num[1][0]은 10012번지에 저장된다. 2차원 배열의 논리적 및 물리적 저장구조 형태는 다음과 같다.

u[0][0]	u[0][1]	u[0][2]
u[1][0]	u[1][1]	u[1][2]

(a) u[2][3]의 논리적 구조 모습

u[0][0]   u[0][1]   u[0][2]   u[1][0]   u[1][1]   u[1][2]

(b) u[2][3]의 물리적 구조 모습

```c
#include <stdio.h>        // scanf()를 이용한 배열 자료 입력
int main(void)  {
    int j, k;
    int num[2][3];                  /* 배열 크기 2*3 */
    printf("배열 자료 입력: ");
    for(j=0; j<2; j++) {            /* 변수 j는 행 */
        for(k=0; k<3; ++k)         /* 변수 k는 열 */
            scanf("%d", &num[j][k]);
    }
    printf("배열 자료 출력:\n");
    for(j=0; j<2; j++) {
        for(k=0; k<3; ++k)
            printf("%4d %s", num[j][k], (k==2) ? "\n": " ");
        }
}
```

```
배열 자료 입력: 10 20 30 40 50 60 70 80
배열 자료 출력:
  10    20    30
  40    50    60
```

다음 예제는 2차원 배열 num[2][3]에 초기화를 수행한 후 배열 요소를 출력하였다.

```c
#include <stdio.h>
int main(void) {
    int num[3][2]={10, 20, 30, 15, 25, 35};  /* 배열 크기 3*2 */
    printf("num[0][0]=%d\n", num[0][0]);      /* 배열 원소 */
    printf("num[1][0]=%d\n", num[1][0]);
    printf("num[2][0]=%d\n", num[2][0]);

    printf("num[0]=%d\n", num[0]);            /* 배열 주소 */
    printf("num[1]=%d\n", num[1]);
    printf("num[2]=%d\n", num[2]);
}
```

```
num[0][0]=10
num[1][0]=30
num[2][0]=25
num[0]=6487552
num[1]=6487560
num[2]=6487568
```

위의 프로그램에서 처음 3개의 printf()는 10, 30, 25를 순서대로 출력할 것이다. 나머지 3개의 printf()는 주소 값을 출력한다. num과 num[0]은 같은 주소 값을 가지고 있다. 왜냐하면 num은 배열 이름이고, num[0]은 첫 번째 행 전체를 대표하고 있기 때문이다.

배열의 각 행의 첫 번째 원소 num[0], num[1], num[2]의 주소 값은 각각 8byte씩 차이가 나고 있다. 한 행에 2개의 원소가 있고, 자료형이 int 이므로 2*4byte=8byte씩 한 행에 메모리가 할당되기 때문이다. 위의 배열 num[3][2]={10, 20, 30, 15, 25, 35};이 있을 때, 아래의 printf() 결과는 동일 값을 갖는다.

```c
    printf("num=%d", num);
    printf("num[0]=%d", num[0]);
    printf("&num[0][0]=%d", &num[0][0]);
```

배열 이름 num은 배열의 첫 번째 원소를 가리키는 주소라는 개념에 의해 num[0][0]이 저장된 곳의 주소를 의미한다. num[0]은 배열의 첫 번째 행을 대표하는 주소를 가지므로 num[0][0]과 num[0][1]을 대표하는 num[0]을 갖게 된다. 주소 연산자를 이용한 &num[0][0]은 num[0][0]이 할당된 메모리 주소를 갖는다. 따라서 위의 3개 printf() 결과는 배열의 첫 번째 원소 주소를 표현하는 동일한 값이다.

어떤 배열 str에 30행 20열의 크기를 갖는 배열을 선언하고, 저장 자료형은 문자형으로 저장하기 원하면 다음과 같이 선언한다.

```
char str[30][20];
```

배열 str[]의 첫 번째 요소는 str[0][0]이고 마지막 주소는 str[29][19]이다. char 형의 변수가 2차원 배열로 선언되면 문자열 배열이다. 문자열의 길이가 20개인 것을 30개 받아들일 수 있다.

문자열 입출력과 관련하여 한 줄에 입력되는 모든 문자열을 입력 및 출력하는 함수가 gets()와 puts()이다. 문자열 입출력 함수를 사용하기 위해서는 헤더파일에 #include 〈stdio.h〉이 필요하다. str[] 배열에 gets(str[2]); 또는 gets(&str[2][0]);과 같이 문자열을 입력 받을 수 있으며, 두 문장은 동일한 문장이다. 다음은 2차원 배열의 사용 예제이나.

```
#include <stdio.h>      // 문자 배열에서 배열크기 오류 결과
int main(void)  {
    char str[2][10];
    printf("문자 배열 str의 첫 번째 행 입력(10개):");
    gets(str[0]);
    printf("문자 배열 str의 두 번째 행 입력(10개):");
    gets(str[1]);
    printf("\n str의 첫 번째 행을 출력: %s \n", str[0]);
    printf("\n str의 두 번째 행을 출력: %s \n\n", str[1]);
}
```

```
문자 배열 str의 첫 번째 행 입력(10개):9876543210
문자 배열 str의 두 번째 행 입력(10개):abcdefghij

 str의 첫 번째 행을 출력: 9876543210abcdefghij

 str의 두 번째 행을 출력: abcdefghij
```

위의 프로그램에서 문자 배열 str에서 gets(str[])를 이용하여 첫 번째 행과 두 번째 행에 10개의 문자를 입력하였다. printf() 문장을 이용하여 str[]의 10개 문자를 출력하고자 했지만 결과는 원하지 않는 내용이 출력되었다. 그 이유는 무엇인가?

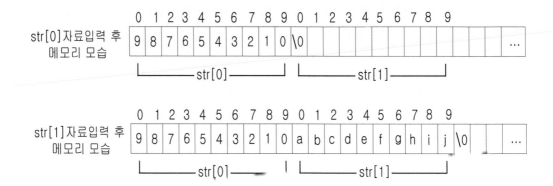

문자열의 마지막에는 널 문자가 저장되어야 하는데 입력된 문자열의 개수가 할당된 자리수를 초과하여 널 문자가 필요한 위치에 저장되지 않았다. 결국 문자열의 마지막을 알리는 정보가 널 문자인데 널 문자가 잘못된 위치에 있어 예상치 못한 결과를 출력하였다. 따라서 문자열의 개수를 선언 할 때는 널 문자를 포함한 개수를 선언해야한다.

문자열 입력과 관련하여 scanf("%s", str);과 gets(str);은 입력되는 조건이 다르다. scanf("%s", str);에서 '%s'의 변환명세로 입력받는 문자열은 공백이 나오기 전까지를 입력하지만 gets(str);은 공백이 있어도 입력한다.

생각해보기 다음 프로그램의 각 printf()의 첫 번째 출력 인자는 %x로 두 번째 출력 인자 sizeof()는 %d로 출력하였다. 실행 후 결과를 예측해 보자.

```c
#include <stdio.h>
int main(void) {
    int num[2][3];              /* 배열 크기 2*3, 초기화 하지 않았음 */
    printf("%x  %d\n", num, sizeof(num));                  /* ① */
    printf("%x  %d\n", &num, sizeof(&num));                /* ② */
    printf("%x  %d\n", num[0], sizeof(num[0]));            /* ③ */
    printf("%x  %d\n", &num[0], sizeof(&num[0]));          /* ④ */
    printf("%x  %d\n", num[1], sizeof(num[1]));            /* ⑤ */
    printf("%x  %d\n", &num[1], sizeof(&num[1]));          /* ⑥ */
    printf("%x  %d\n", num[0][0], sizeof(num[0][0]));      /* ⑦ */
    printf("%x  %d\n", &num[0][0], sizeof(&num[0][0]));    /* ⑧ */
}
```

① num은 배열 이름이므로 배열 원소 중 가장 첫 번째가 저장된 곳의 주소를 출력한다. sizeof(num)은 배열 num이 가리키는 대상체의 크기이므로 배열 전체 크기는 6*4byte=24byte이다.

② &num은 배열 이름의 주소이므로 배열 원소 중 가장 첫 번째가 저장된 곳의 주소를 출력한다. 또한, &num은 특정한 대상을 가리키는 것이 아니고 단지 배열의 첫 번째 원소의 주소 값이므로 sizeof(&num)은 4가 출력 된다.

③ num[0]은 배열의 첫 번째 행을 대표하는 주소이다. num[0]의 주소 값은 당연히 num과 동일하다. 그렇지만 num은 배열 전체를 대표하므로 num과 num[0]은 대상체에 있어서는 동일하지 않다. sizeof(num[0])은 배열의 행을 대표하므로 메모리는 3*4byte = 12byte이다.

④ &num[0]은 배열의 num[0][0]의 주소를 나타낸다. 또한, &num[0]은 특정한 대상을 가리키는 것이 아니고 단지 배열의 첫 번째 원소의 주소 값이므로 sizeof(&num[0])은 4가 출력 된다.

⑤ num[1]은 배열의 두 번째 행을 대표하는 주소이다. sizeof(num[1])은 배열의 두 번째 행을 대표하므로 메모리는 3*4byte=12byte이다.

⑥ &num[1]은 배열의 num[1][0]의 주소를 나타낸다. 또한, &num[1]은 특정한 대상을 가리키는 것이 아니고 단지 배열의 첫 번째 원소의 주소 값이므로 sizeof(&num[1])은 4가 출력 된다.

⑦ num[0][0]은 정수값을 저장할 수 있지만, 현재 프로그램에서는 초기화를 하지 않았으므로 쓰레기 값이 출력될 것이다. sizeof(num[0][0])은 정수를 저장하므로 4byte이다.

⑧ &num[0][0]은 배열 원소 num[0][0]이 저장된 메모리의 주소값을 의미한다. 또한, &num[0][0]은 특정한 대상을 가리키는 것이 아니고 단지 배열 num[0][0]의 주소 값이므로 sizeof(&num[0][0])은 4가 출력 된다.

결과적으로 배열의 원소를 나타내는 num[0][0], num[1][0] 들은 정수 자료가 저장된 공간의 위치를 나타낸다. 그렇지만 num, num[0], num[1] 들은 메모리 주소를 나타내고, 대상체가 결정되어 있다. 예를 들어, num은 배열 전체, num[0]은 배열의 첫 번째 행 전체, num[1]은 배열의 두 번째 행 전체를 의미한다.

다음은 2차원 행렬 A와 B를 덧셈하여 sum 행렬에 저장한 프로그램 예시이다.

```
#include <stdio.h>              /* 행렬 A + B = sum */
int main(void)  {
    int j, k;
    int A[2][3]={{1, 2, 3}, {4, 5, 6}};
    int B[2][3]={{10, 20, 30}, {40, 50, 60}};
    int sum[2][3]={0};
    printf("행렬 덧셈 A[j][k] + B[j][k] 결과 \n");
    for(j=0, j<2, j++)  {
        for(k=0; k<3; k++)  {
            sum[j][k]=A[j][k] + B[j][k];        /* 행렬 위치 */
            printf("sum[%d][%d]=%2d   ", j, k, sum[j][k]);
                }
                printf("\n");
        }
}
```

```
행렬 덧셈 A[j][k] + B[j][k] 결과
sum[0][0]=11    sum[0][1]=22    sum[0][2]=33
sum[1][0]=44    sum[1][1]=55    sum[1][2]=66
```

다음은 학생 2명에 대한 3과목의 중간고사 결과를 처리하는 예제 프로그램이다.

```
#include <stdio.h>
int main(void)  {
    int j, k, sum;
    int jumsu[2][5];
    for(j=0; j<2; j++) {
        for(k=0; k<3; k++)
            scanf("%d", &jumsu[j][k]);
    }
    for(j=0; j<2; j++) {
        sum=0;
        for(k=0; k<3; k++)
            sum=sum+jumsu[j][k];
        jumsu[j][k]=sum;
        jumsu[j][++k]=sum/3;
```

```
    }
    printf("컴퓨터 수학 과학 합계 평균\n ");
    for(j=0; j<2; j++) {
        for(k=0; k<5; k++)
            printf("%3d", jumsu[j][k]);
        printf("\n");
    }
}
```

```
10
20
30
10
20
30
컴퓨터 수학 과학 합계 평균
 10 20 30 60 20
 10 20 30 60 20
```

7.3   배열과 문자열

프로그래밍에서 연속된 일련의 문자들을 문자열이라 한다. 문자열은 표현하고자하는 문자열을 인용부호 " "를 이용하여 표현하고, 이처럼 표현된 상수를 문자열 상수라 한다. 문자열 상수는 프로그램이 사용하는 메모리 영역에서 텍스트(또는 코드) 영역에 저장된다. 텍스트(또는 코드) 영역은 일기는 가능하지만 자료를 변경할 수 없다.

C 언어에서 문자에 대한 자료형으로 char형은 있지만, 1개 이상의 문자를 다루는 문자열에 대한 자료형은 없다. 따라서 문자열을 다루기 위해서는 문자형 배열을 이용하거나 포인터를 이용할 수 있다.

문자열을 배열에 저장하는 방법은 다음과 같이 나타낼 수 있다. 문자열의 끝을 나타내는 널 문자가 문자열 마지막에 있어야 하므로 문자형 배열의 크기는 실제로 나타낼 문자열의 길이보다 1개 큰 값을 지정해야 한다. 널 문자는 내용이 없는 빈 문자를 뜻하는 것으로 '\0'으로 표시한다. 아래의 예제는 문자 배열을 이용하여 문자열을 표현한 방법이다.

```
char str[8] = "program";
```

위의 예제에서 str 배열은 char형으로 8개 요소를 갖는 문자열이다. 첫 번째 요소는 str[0] 이고 마지막 주소는 str[7]이다. 문자열의 마지막 위치에는 문자열의 마지막을 의미하는 널 문자가 들어가 있으므로, 문자 배열의 크기를 선언할 때 표현하고자하는 문자의 개수보다 1개 큰 수로 선언해야한다. 문자 배열의 초기화로 저장된 "program"은 배열의 각 공간에 문자 단위로 분리되어 저장된다.

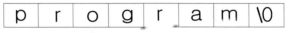

str[0] str[1] str[2] str[3] str[4] str[5] str[6] str[7]

〔그림 7.1〕 **문자 배열 str[8]의 자료 저장 모습**

8개의 요소 크기를 갖는 str[8] 변수를 문자열로 사용하기 위해서는 7개의 문자와 마지막 널 문자로 구성되어야 한다. 문자 배열의 경우 초기화 값이 할당되지 않으면 모든 요소는 널로 초기화된다. 문자 배열을 초기화하는 방법은 다음과 같다.

```
① char str[8];
   str[0]='p', str[1]='r', str[2]='o', str[3]='g', str[4]='r', str[5]='a',
           str[6]='m', str[7]='\0';
② char str[]={'p', 'r', 'o', 'g', 'r', 'a', 'm', '\0'};
③ char str[8]={'p', 'r', 'o', 'g', 'r', 'a', 'm', '\0'};
④ char str[]="program";
⑤ char str[8]="program";
⑥ strcpy(str, "program");
```

문자열을 처리하는 함수 중 strcpy()를 이용하면 문자열을 편하게 복사할 수 있다. 위의 예제 ⑥에서 strcpy(str, "program")는 문자열 "program"를 str에 복사하는 기능을 갖는다. strcpy() 함수를 이용하기 위해서는 〈string.h〉라는 헤더 파일이 전처리 지시자로 미리 선언되어 있어야 한다.

```
#include <stdio.h>          /* 문자 배열의 입출력 */
int main(void) {
    int j;
    char str[9];
    char Pstr[8]={'p', 'r', 'o', 'g', 'r', 'a', 'm', '\0'};
    printf("배열 str에 저장할 문자열을 입력: ");
```

```
    scanf("%s", str);
    printf("\n 배열 str에 저장된 문자열: %s", str);     /* 문자열 출력 */
    printf("\n 배열 str에 저장된 문자열을 요소별 출력: ");
    for(j=0; j<8; j++)
        printf("%c", str[j]);
    printf("\n 배열 Pstr에 저장된 문자열: %s\n\n", Pstr);
}
```

배열 str에 저장할 문자열을 입력: Language

배열 str에 저장된 문자열: Language
배열 str에 저장된 문자열을 요소별 출력: Language
배열 Pstr에 저장된 문자열: program

위의 프로그램의 printf("%s", str);과 같은 문장에서 str의 마지막에 널 문자가 없다면 printf() 문장은 str의 경계를 넘어 널 문자 '₩0'를 만날 때까지 출력을 하게 된다.

배열을 이용한 문자열의 입출력은 숫자를 대상으로 하는 입출력과 사용 방식이 다르다.

문자열을 출력하는 방법은 문자열이 저장된 배열의 이름을 이용한다. 위의 예제에서 printf() 문장에서 배열의 이름 str과 pstr을 이용하여 출력한 경우이다. 문자열은 문자형 배열에 저장할 수 있으며 문자열을 문자형 배열에 입력할 경우 숫자와는 달리 주소 연산자 &를 생략한다. 문자열을 저장하는 방식으로는 문자형 배열 또는 문자형 포인터를 사용할 수 있다.

문자열은 인덱스를 구분하지 않고 %s를 이용하여 문자열을 모두 출력할 수 있다. 그러나 문자열을 문자 단위로 출력하고자 하는 경우 해당 문자에 대한 인덱스를 사용해야한다. 또한, 숫자 배열의 입력에는 주소 연산자 &를 사용하지만, 문자열 입력에는 주소 연산자 &가 사용되지 않는다.

```
#include <stdio.h>        /* 문자 배열의 입출력 */
int main(void)  {
    int k;
    char str[20];
    printf("배열 str에 저장할 문자열을 입력: ");
    gets(str);
    printf("\n 배열 str에 저장된 문자열: %s \n\n", str);
    printf("배열 str의 요소별 출력: ");
    for(k=0; k<8; k++)
        printf("%c", str[k]);
}
```

배열 str에 저장할 문자열을 입력: Happy day

배열 str에 저장된 문자열: Happy day

배열 str의 요소별 출력: Happy da

위의 str 배열에 gets(str)을 이용하여 문자열을 입력하였다. scanf()와 gets()의 차이점은 입력 문자에 공백의 허용 여부에 있다. 즉, scanf()에서는 공백 앞 문자까지만 입력되지만, gets()는 공백을 허용한다.

문자열은 배열로 처리해야 하므로 문자열에 필요한 많은 삽업은 배열 요소를 일일이 참조하는 방법을 사용한다. 예를 들어, 배열에 저장된 문자열의 길이를 계산하고자 한다면 배열 요소를 참조하여 널 문자가 나올 때까지 문자의 개수를 계산해야 한다.

```c
#include <stdio.h>        /* 문자 배열의 개수 계산 */
int main(void) {
    int k=0, cnt=0;
    char str[100]="dream program";
    while(str[k] != '\0') {
        cnt++;
        k++;
    }
    printf("\n 배열 str에 저장된 문자열 : %s \n\n", str);
    printf("배열 str의 문자열 길이 : %d 개다.", cnt);
}
```

배열 str에 저장된 문자열 : dream program

배열 str의 문자열 길이 : 13 개다.

 다음 프로그램의 수행 결과를 생각해 보자.

```c
#include <stdio.h>         /* 문자열의 특성 */
int main(void) {
    char *str="dream program";  // 문자열상수를 포인터변수에 할당
    while(*str != '\0') {
        printf("%s \n", str);
        str++;
    }
}
```

printf()에서 %s 변환기호는 전달인수로 주어진 메모리 주소로 가서 널('₩0') 문자가 나올 때까지 모든 문자를 차례로 출력한다. 포인터 변수 str은 데이터(data) 영역에 저장되면서 문자열 상수 "dream program"이 저장된 메모리 주소가 str에 저장된다.

생각해보기 다음 프로그램의 실행 과정을 예측해보자.

```c
#include <stdio.h>
int main(void)  {
    int k=0;
    char str[50]="dream program";
    while(str[k] != '\0')                    // while(str[k] != 0)
        k=k+1;
    printf("문자열 %s의 문자 개수는 %d이다. \n", str, k);
}
```

생각해보기 다음 프로그램의 의미와 처리 과정을 생각해보자.

```c
#include <stdio.h>
int main(void)  {
    char *str = "dream program";
    printf("문자열 %s이다. \n\n", str);
    str = "computer dream program";
    printf("문자열 %s이다. \n\n", str);
    return 0;
}
```

"dream program"는 문자열 상수로 코드(code) 영역에 저장 되어 값을 읽기만 가능하고 수정은 불가능 하다. 포인터 변수 str은 데이터(data) 영역에 저장 되어 있으며 문자열 상수 "dream program"의 메모리 시작 주소를 갖고 변경이 가능하다. 포인터 변수 str의 메모리 주소가 문자열 상수 "computer dream program"의 시작 주소로 변경 되었다.

7.4 / 배열과 함수

함수 호출에 사용된 변수를 인수라 하고, 함수 원형이나 함수 정의에 사용된 변수를 파라미터라 한다. 호출 함수의 인수가 파라미터에 전달될 때 인수의 값만 전달되는 방법을 값에 의한 호출이라 한다. 함수의 인자로 배열도 사용될 수 있으며, 함수의 결과 값으로도 사용될 수 있다.

함수의 인수로 배열을 사용하는 경우 배열의 이름만 사용한다. 함수의 파라미터로 사용하는 배열을 사용하는 경우 배열을 표시하되 1차원 배열의 크기는 생략한다.

```
#include <stdio.h>          /* 함수 인수로 1차원 배열 이용 */
void print_out(char P[]);
int main(void)  {
    int k;
    char str[200];
    printf("배열 str에 저장할 문자열을 입력: ");
    gets(str);
    printf("입력된 배열 str : %s \n\n", str);
    print_out(str);
}

void print_out(char P[]) {
    printf("\n 배열 P에 저장된 문자열: %s \n\n", P);
}
```

```
배열 str에 저장할 문자열을 입력: Happy day
입력된 배열 str : Happy day

 배열 P에 저장된 문자열: Happy day
```

배열 str 자체가 메모리 주소를 의미하므로 gets()의 인수로 gets(str)을 사용할 수 있다. gets() 함수를 통해 입력된 문자열은 배열 str[]에 저장된다. 함수 print_out()을 호출하면 배열 str[]의 주소가 배열 P[]에 값에 의한 호출로 전달된다.

```
#include <stdio.h>          /* 함수 인자로 2차원 배열 */
void add_100(int a[][2], int n);
int main(void)  {
    int j, k, total=0;
    int num[][2]={{10, 20}, {30, 40}, {50, 60}};
    printf("2차원 배열 num의 원소 : \n");
    for(j=0; j<3; j++) {
        for(k=0; k<2; k++)
            printf("%4d", num[j][k]);
        printf("\n");
    }
    add_100(num, 2);
    printf("\n\n함수 호출 후 배열 원소 : \n");
    for(j=0; j<3; j++) {
            for(k=0; k<2; k++)
                    printf("%5d", num[j][k]);
            printf("\n\n");
            }
}

void add_100(int a[][2], int n)  {   /* 배열 원소에 100 더하기 */
    int j, k;
    for(j=0; j<(n+1); j++) {
        for(k=0; k<n; k++)
            printf("%4d", (a[j][k]+100));
        printf("\n");
    }
}
```

```
2차원 배열 num의 원소 :
  10  20
  30  40
  50  60
 110 120
 130 140
 150 160

함수 호출 후 배열 원소 :
   10    20

   30    40

   50    60
```

다음 예제에서는 함수의 결과로 배열을 반환하는 방법을 설명한다. 자세한 내용은 함수에서 다루기로 하고 프로그램의 수행 과정 중 함수의 인수 변화에 대해서만 알아보자.

함수의 실행결과 값으로 배열을 반환하려면 포인터 변수를 이용한다. 아래의 예제는 1차원 배열의 모든 원소에 10을 더한 결과를 함수 결과값으로 반환하는 부분이다.

```c
#include <stdio.h>                    /* 문자열을 배열 입출력으로 */
#include <stdlib.h>                   /* 동적 메모리 할당 */
int *matrix_sum(int num[], int n);    /* 함수 원형 신언 */
int main(void) {
    int *ptr, j;
    int pre_num[4]={0, 1, 2, 3};
    printf("배열 pre_num에 저장된 값 출력: \n");
    for(j=0; j<4; j++)
        printf("pre_num[%d]=%2d", j, pre_num[j]);
    ptr=matrix_sum(pre_num, 4);          /* 인수 pre_num 배열 */
    printf("\n\n함수의 각 원소에 100을 더한 결과: \n");
    for(j=0; j<4; j++)
        printf("ptr[%d]=%2d", j, ptr[j]);
}

int *matrix_sum(int num[], int n) {       /* 파라미터 num 배열 */
    int * ptr_1=(int *)malloc(n);
    for(int j=0; j<n; j++)
        ptr_1[j]=num[j]+100;
    return ptr_1;
}
```

배열 pre_num에 저장된 값 출력:
pre_num[0]= 0pre_num[1]= 1pre_num[2]= 2pre_num[3]= 3

함수의 각 원소에 100을 더한 결과:
ptr[0]=100ptr[1]=101ptr[2]=102ptr[3]=103

 배열은 매개 변수를 통해 원본을 참조하기 때문에 사용에 주의해야 한다. 만약 함수 안에서 매개 변수를 통해 배열 저장 데이터를 수정한다면 이 경우 원본 배열의 데이터를 변경하는 결과를 가져온다. 아래 예제의 수행 결과를 예측해 보자.

```
#include <stdio.h>         //원본 배열의 데이터 변경
#define SIZE 7
void print_out(int a[], int size);
void modi_arr(int a[], int size);
int main(void)  {
    int list[SIZE]={1,2,3,4,5,6,7};
    print_out(list, SIZE);
    modi_arr(list, SIZE);
    print_out(list, SIZE);
    return 0;
}

void modi_arr(int a[], int size) {
    int k;
    for(k=0; k<size; k++)
        ++a[k];
}

void print_out(int a[], int size) {
    int k;
    for(k=0; k<size; k++)
        printf("%3d ", a[k]);
    printf("\n");
}
```

원본 배열의 데이터 변경을 방지하기 위한 방법으로 const 지정자를 활용하면 된다. 위 예제에서 print_out() 함수는 출력을 위한 함수이므로 배열 원소를 수정할 경우가 없다고 가정할수 있다. 따라서 아래와 같은 표현이 가능하다.

```
void print_out(const int a[], int size)  //함수 안에서 a[] 원소 변경할 수 없음
```

EXERCISE

1   정수 10개를 저장할 수 있는 1차원 배열을 선언하고 초기값을 임의로 지정한다. 배열에 저장된 정수 10개
    중에서 최대값과 최소값을 출력하는 프로그램을 작성하시오.

2   10개의 정수를 입력 받아 입력한 순서대로 배열에 저장하고, 저장된 배열의 모든 원소를 오름차순으로 출
    력하는 프로그램을 작성하시오.

3   행렬 크기가 3*4인 2차원 행렬 A의 행과 열에 대한 합을 구하시오.

4   행렬 A, B는 크기가 2*3이다. 행렬 C=A+B를 수행하는 프로그램을 작성하시오.

5   행렬 크기가 2*3인 A와 행렬 크기가 3*2인 B에 대하여 곱셈을 수행하는 프로그램을 작성하시오.

6   1차원 배열에 난수 10개를 저장 한 후 최대값과 최소값을 출력하는 프로그램을 작성하시오.

7   두 개의 문자열을 입력받아 두 문자열을 붙이는 함수를 만들고 main()함수에서 출력하는 프로그램을 작성
    하시오.

8   1차원 배열에 1~9까지 임의로 20개의 자료를 할당하고, 할당된 자료 중 빈도수가 가장 작은 자료와 빈도
    수를 출력하는 프로그램을 작성하시오.

9   아래 테이블의 성적표(개인별, 과목별)를 처리하는 프로그램을 작성하시오.

학생 번호	국어	컴퓨터	수학	합계	평균
1	80	90	80		
2	90	95	95		
3	100	95	90		
평균					

8.1 함수 개념

▌함수란?

함수는 어떤 특정한 작업을 처리하는 모듈 단위의 프로그램이다. 프로그램에서 반복적으로 실행하는 부분을 모듈로 만들어 재사용할 수 있는 장점을 갖는다. 함수는 함수 사이에 인자를 이용하여 자료를 전달할 수 있고, 함수 수행 결과를 return()문을 이용하여 반환 받을 수 있다. 또한, 함수 수행 중 자신을 다시 호출 할 수 있다. 이와 같이 자신의 함수를 다시 호출하는 것을 재귀 호출이라 한다. 함수는 전체 프로그램을 여러 개의 단위 프로그램으로 모듈화하고, 모듈 상호간에 독립성을 유지하도록 하여 프로그램을 구조화하는데 활용한다.

동일한 작업을 수행하는 프로그램에서 함수를 이용하여 프로그래밍 하는 방법과 단일 프로그램에 함수의 기능을 직접 구현하는 방법 중 함수를 이용하여 프로그래밍 하는 방법이 더 많은 실행시간을 요구한다. 왜냐하면 함수를 호출하는데 시간이 걸리기 때문이다. 이런 이유로 C 언어는 특별한 경우에 함수를 대신하여 매크로를 정의할 수 있지만 대부분 함수로 작성한다. 왜냐하면 매크로 정의를 이용하는 경우 하나의 프로젝트를 수행함에 있어서 그 함수가 100번 쓰인다고 가정할 때, 함수를 만들지 않는다면 100번 똑같은 코드를 프로그램 안에 삽입해야 한다. C 언어에서 함수는 세 가지 파일로 존재한다.

첫째, 호출할 프로그램 내부에 삽입되어 있는 경우이다. 이 경우는 범용성이 없어 다른 프로그램에서 이용하는 경우가 없을 때이다.

둘째, 함수들만 모아놓은 파일로 저장되는 경우이다. 이 경우는 범용성은 있지만 프로그램이 실행될 때 파일 안에 정의된 모든 함수가 메모리에 적재되므로 메모리 낭비가 심하다.

셋째, 라이브러리로 저장된 경우이다. 이것은 범용성을 가지고 있으며, 프로그램 실행시에 필요한 함수만 메모리에 적재되기 때문에 효율적이다.

C 언어에서 함수는 사용자 정의 함수와 시스템 정의 함수로 구분할 수 있다. 사용자정의 함수는 사용자가 필요에 의해 직접 만들어서 사용하는 함수이다. 시스템 정의 함수는 시스템에서 함수를 라이브러리로 구축하여 일반 사용자에게 제공되는 함수이다. C 언어에서 자주 사용되는 함수는 시스템 정의 함수로 라이브러리 함수로 만들어져 있다. 라이브러리 함수는 마지막 장에 소개되어 있다.

함수는 결과값을 반환하는 함수와 반환하지 않는 함수로 나눌 수 있다.

▎함수의 구성 형식

함수의 서식은 다음과 같다.

```
함수형 함수이름(인수) {
    실행문;
}
```

일반적인 함수의 사용 예를 보였다.

```
#include <stdio.h>
int sum(int x, int y);                    /* 함수 원형 */
int main(void) {
    int x=10, y=20;
    printf("%d+%d = %d \n", x, y, sum(x,y));  // 함수 호출과 인수 x, y
}

int sum(int x, int y) {                   /* 함수 정의와 가인수 x, y */
    return x+y;
}
```

10+20 = 30

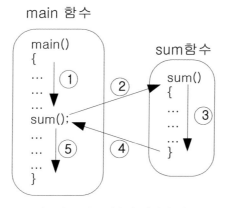

〔그림 8.1〕 **함수의 실행 순서**

함수를 포함한 프로그램의 유형은 아래와 같이 2가지 형태로 나눈다.

첫째, 함수 원형, 함수 호출, 함수 정의 순서로 형태를 갖춘 구조이다. 이 구조에서는 main()에서 함수를 호출하기 이전에 함수 원형이 선언되어 함수 구조를 C 컴파일러에게 알려 준다. 즉, C 컴파일러는 선언된 함수의 반환값 형태, 매개 변수의 개수, 매개 변수의 형태에 관한 정보를 얻을 수 있다. 단, 함수 정의처럼 함수의 실체를 정의하지는 않는다. 함수 원형 선언 문장에는 세미콜론이 나온다.

`int max_num(int num[10], int j);`	함수 원형(또는 함수 프로토타입) 선언문

`int main(void)  {`
`    ...`
`    max_num(int num[10], int j);`
`}`
	함수 호출

`int max_num(int num[10], int j) {` `}`	함수 정의(또는 함수 구현)

둘째, 함수 정의와 함수 호출 순서로 형태를 갖춘 구조이다. 함수 원형이 없고 main()에서 함수를 호출하기 이전에 함수 정의가 나타나고, 함수 호출이 발생하는 구조이다. 이 경우에는 함수 정의가 함수 원형 선언의 효과를 가지므로 C 컴파일러에게 형태 정보가 전달되므로 함수 의 원형을 기술하지 않아도 된다. 함수 정의 자체가 하나의 함수이므로 문장 끝을 의미하는 세미콜론은 없다.

`int max_num(int num[10], int j)  {` `}`	함수 정의(또는 함수 구현)

`void main()  {`
`    ...`
`    max_num(int num[10], int j);`
`}`
	함수 호출

위의 2가지 방식에서 함수 원형이 없는 형태는 여러 개의 함수와 주프로그램이 함께 있으므로 간단한 프로그램에서 사용할 수 있는 구조이다. 함수 원형은 컴파일러에게 함수 구조를 알려줄 뿐만 아니라 프로그램의 이해를 높일 수 있다. 함수 원형은 헤더 부분에 나오지만 전처리 지시자가 아니고 문장이므로 반드시 세미콜론을 사용하여야 한다. 만약, 함수 원형이 선언되지 않은 상태에서 main() 함수 이후에 함수 정의가 선언되면 문법적인 에러가 발생한다.

`void main()  {`
 `    ...`
 `    max_num(int num[10], int j);`
 `}`
	함수 호출	// 에러 발생

`int max_num(int num[10], int j)  {` `}`	함수 정의(또는 함수 구현)	

프로그램의 헤더 부분에서 선언되는 함수 원형에서 특별히 라이브러리 함수로 개발된 함수들은 사용 목적에 따라 다음과 같이 여러 개의 헤더 파일을 제공한다.

헤더 파일	작업 내용
stdio.h	표준 입출력 관련 작업
string.h	문자열 처리 작업
ctype.h	문자 처리 작업
math.h	수학 관련 작업
time.h	시간 관련 작업
stdlib.h	유틸리티 관련 함수 처리 작업

8.2   함수의 구성 요소

함수를 구성하는 기본 요소는 함수의 값을 전달하는 자료형, 함수 원형과 함수를 대표하는 함수 이름, 함수 정의와 파라미터의 형 선언, 함수 호출과 인수, 내부 변수, return() 등이 있다.

(1) 함수의 자료형

함수 수행 후 반환하는 자료형을 지정하는 것이 함수 자료형이다. 함수 이름 앞에 그 함수가 반환할 값의 형을 선언한다. 만약, 자료형 선언이 없는 경우 int형으로 간주하고, 특별히 함수가 반환할 값이 없으면 void를 사용한다. 반환 값이 void로 지정된 함수에서 값을 반환하면 문법적인 오류가 발생한다. 만약, 값을 반환하려면 return문을 사용한다.

(2) 함수 이름

한 프로그램에서는 동일한 함수 이름이 2개 이상 있을 수 없으며, 함수 이름을 만드는 규칙은 변수를 생성하는 규칙과 동일하다. 위의 예제에서는 int sum(int x, int y)을 선언하면서, 이 프로그램에서는 sum() 함수를 사용할 것임을 컴파일러에게 알려준다. 함수 선언이 없으면 sum() 함수의 존재 여부를 모르기 때문에 컴파일 과정 중 에러가 발생한다.

(3) 함수 정의와 파라미터형 선언

함수 정의는 이미 선언된 함수를 정의하고, 함수에서 사용하는 인수의 형 선언을 하는 부분이다. 인수는 일반적인 변수의 선언과 동일한 방법으로 자료형과 이름을 이용한다. 이 인수는 함수가 호출 되었을 때, 호출하는 프로그램에서 넘기는 값을 말한다. 인수는 ,으로 구분되며 생략 가능하나.

이 인수들은 함수가 호출되면 메모리에 생성되었다가 함수가 종료되면 메모리에서 제거된다. 프로그램에서 호출하는 함수에서 사용되는 인수는 인수라 하고, 함수 정의 부분에 있는 인수를 파라미터(또는 형식 매개변수)라고 한다. 예를 들어, 프로그램에서 호출 함수 sum(x,y)에서 사용하는 인수 x, y와 함수 정의 sum(int x, int y)에서 사용하는 파라미터 x, y는 전혀 다른 변수이다. 함수가 호출되는 경우 인자의 값이 형식 인자의 인수에 각각 복사된다. 이와 같이 함수 호출시 값을 전달하는 방식을 값에 의한 호출이라 한다.

파라미터와 인수는 변수의 자료형이 같아야 한다. 물론 같지 않아도 문법적인 에러는 발생하지 않는다. 예를 들어 인수가 float형이고 파라미터가 int형이라면 함수를 호출할 때 넘긴 값이 함수에서 제대로 받아들이는지 알 수 없다. 8바이트인 float형을 4바이트인 int형에 담으면 메모리의 데이터에서 앞이든 뒤든 잘릴 것이기 때문이다. 또 함수에 인수가 없을 때에도 인수 자리에 void를 써주면 인수가 없다는 것을 분명히 해준다. 어떤 함수가 2개 이상의 인수를 갖는 경우를 다중 인수라 한다.

(4) 함수의 지역 변수

사용자 정의 함수에서 연산 결과를 저장하기 위해 사용하는 변수를 지역 변수라 한다. 함수의 지역 변수는 그 함수 내에서만 사용 가능하고, 다른 함수에서는 사용할 수 없다. 지역변수는 변수가 선언된 블록이 시작할 때 시스템 스택(stack)이라고 불리는 메모리 공간에 만들어지고 동시에 초기화 된다. 지역변수에 할당된 메모리 공간은 블록 끝에서 반환되고, 이때 지역 변수도 메모리 공간에서 사라지게 된다. 지역변수에 초기 값을 할당하지 않으면 아무 의미 없는 값이 들어간다.

(5) return()문

함수 수행 후 어떤 값을 반환하고자하는 경우 return()문을 이용하여 반환하고, 함수가 종료되기 위해서는 함수의 마지막을 나타내는 "}"를 만나거나 return문을 만나면 된다. return문은 함수의 어느 부분에 나와도 되며, 여러 개 존재해도 관계없다. 그렇지만 프로그램에서 return()문에 의해 전달되는 값은 처음에 만난 return()문의 값 한개만 전달된다.

　return 문장을 사용하는 형태는 다음과 같은 유형이 있다. 그렇지만 void형 함수에서는 return문을 쓸 수 없다.

　① return ;
　② return 정수 및 변수;
　③ return (수식);

　void로 선언된 함수가 아닌 모든 함수는 어떤 값을 반환한다. 만약 void로 선언되지 않은 어떤 함수에서 return문이 없다면 에러를 발생한다. void로 선언되지 않은 모든 함수는 호출하는 프로그램에서 변수처럼 사용할 수 있지만, 값을 대입할 수는 없다. 함수에서 반환되는 값을 쓰기 위해서는 함수를 호출한 그 문장 자체를 변수처럼 사용해야 한다. 반환된 값을 사용하지 않을 경우에는 자동으로 소멸된다.

```c
#include <stdio.h>
int max_num(int num[10], int j);
int main(void)  {
    int a, b, c[10];
    printf("정수 10개를 입력하시오. : ");
    for(a=0; a<10; a++)
        scanf("%d", &c[a]);
    b=max_num(c, 10);                          /* 함수 호출 */
    printf("입력 정수 중 가장 큰 수는 %d이다", b);
}


int max_num(int num[10], int j)  {
    int k, max;
    max=num[0];
    for(k=1; k<10; k++) {
        if(max < num[k])
            max=num[k];
            }
    return (max);
}
```

```
정수 10개를 입력하시오. : 4 5 6 24 56 23 45 2 6 23
입력 정수 중 가장 큰 수는 56이다
```

(6) 기억클래스

기억클래스는 함수가 선언된 단위 프로그램 안에서 사용될 것인지, 프로그램 전체에 사용될 것인지를 결정한다. 단위 프로그램은 컴파일 단위를 말한다.

extern으로 선언된 함수는 링크 시 연결된 모든 단위 프로그램들에서 사용가능하다. static으로 선언된 함수는 단위 프로그램 안에서만 사용 가능하다. 이것은 역으로 extern으로 선언된 함수는 링크 시 연결될 다른 단위 프로그램에서 같은 이름의 함수를 작성할 수 없다는 것이다.

static으로 선언된 함수는 단위 프로그램 안에서만 사용되므로 링크될 다른 단위프로그램에서 같은 이름의 함수 작성 여부를 알 필요가 없다. 보통의 경우 기억 클래스는 생략 가능하고, 생략하면 기본적으로 extern 선언이 된다.

아래의 예제는 위에서 설명한 함수의 다양한 사용에 대한 예제 프로그램이다.

```c
#include <stdio.h>          // 여러 가지 함수의 사용 예
extern int sum(int x, int y);
int minus(int x, int y);
void mul(int x, int y);
int main(void)  {
    int a=10, b=20, c;
    printf("%d+%d = %d \n", a, b, sum(a,b)); // 함수호출, a와 b는 인수
    c=minus(a,b);
    mul(a,b);
}
int sum(int x, int y)  {              /* 함수 정의, x와 y는 파라미터 */
    return x+y;
}

int minus(int x, int y)  {
    return x-y;
}

void mul(int x, int y)  {
    printf("%d * %d = %d \n", x, y, x*y);
}
```

```
10+20 = 30
10 * 20 = 200
```

8.3 / 함수간의 자료 전달 방법

함수의 인수는 함수 호출에서 사용하는 인수와 함수 정의에서 선언된 파라미터가 있으며, 함수간의 자료 전달은 인수를 통해 이루어진다. 함수간의 인수를 전달하는 방법에는 전달되는 내용물에 따라 인자로 값을 전달하는 "값에 의한 전달"과 인자로 주소를 전달하는 "주소에 의한 전달"로 나눈다. 두 가지 모두 어떤 임의의 값을 넘겨주는 것은 동일하지만 값의 종류가 서로 다르다. 단지 주소에 의한 전달은 인자와 파라미터가 메모리의 주소이고, 파라미터는 포인터 연산자이다. 이 방법은 호출된 함수에서 넘겨받은 주소를 이용해서 호출한 함수의 변수나 메모리 영역을 직접 접근 할 수 있다.

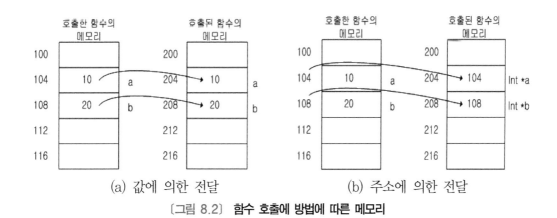

(a) 값에 의한 전달   (b) 주소에 의한 전달

〔그림 8.2〕 **함수 호출에 방법에 따른 메모리**

C 언어의 함수에서 기본적인 자료 전달 방법은 값에 의한 호출이다. 값에 의한 호출에서는 값의 복사가 주어지므로 데이터를 받는 쪽에서 원래의 변수에 영향을 미칠 수 없다.

표준 라이브러리의 정수형과 부동소수점형의 값을 주고받을 경우에는 대부분의 함수가 값에 의한 호출 방법을 사용한다.

8.3.1 값에 의한 호출

값에 의한 호출은 호출 함수의 인수 값을 함수 정의에 선언된 파라미터로 변수의 값을 전달하는 방법이다. 이 경우 호출 함수의 인수와 함수 정의의 파라미터는 컴퓨터 메모리에서 서로 다른 장소에 존재한다. main() 함수에서 어떤 함수를 호출하면 파라미터는 함수 실행과 동시에 메모리에 생성되고 인수의 값을 복사 받는다. 파라미터는 호출된 함수가 실행되는 동안에는 메모리 공간을 유지하지만 함수가 종료되면 메모리는 자동적으로 제거되어 파라미터 값은 사라진다.

따라서 값에 의한 호출 방식에서는 호출 함수의 인수와 호출되는 함수의 파라미터 사이에 메모리 관점에서는 관계성이 없어지고 함수의 독립성이 유지된다. 따라서 함수를 실행하여 파라미터의 값을 바꾸어도 호출 함수에 있는 인수에는 영향을 미치지 못한다.

 다음 예제의 실행 결과로 출력되는 값을 예측해 보자.

```c
#include <stdio.h>
void temp(int);
int main(void) {
    int k=45;
    temp(k);
    printf("main 함수의 변수 k=%d \n", k);
}
void temp(int k) {
    k=789;
    printf("temp 함수의 변수 k=%d \n", k);
}
```

 위의 실행 과정에서 main()에 있는 변수 k와 temp()에 있는 변수 k는 메모리 주소 위치가 전혀 다른 변수이다. 즉, main()에서 temp()를 호출할 때, 변수 k의 값 45를 넘겨주었다. temp() 함수에서 사용된 지역 변수 k는 temp() 종료와 함께 메모리 공간에서 없어진다. main()에 있는 변수 k와 temp()에 있는 변수 k의 주소를 출력할 수 있도록 프로그램을 수정해 보자.

다음 예제에서 sum(a,b)이 호출된 경우 main() 함수의 변수 a, b 값은 sum() 함수의 a, b로 각각 복사되지만 main()과 sum() 함수에 있는 변수 a, b는 서로 다른 메모리 주소를 가짐을 알 수 있다.

```
#include <stdio.h>          // 값에 의한 호출
void sum(int a, int b);
int main(void)  {
    int a=10, b=20;
    printf("main() 에서 주소 a=%p,   b=%p \n", &a, &b);
    printf("함수 호출전 값 a=%3d, b=%3d \n\n", a, b);
    sum(a,b);
    printf("함수 호출후 값 a=%3d, b=%3d \n", a, b);
}
void sum(int a, int b)   {
    printf("sum()에서 주소 a=%p,   b=%p \n", &a, &b);
    a=a+100;
    b=b+200;
}
```

```
main() 에서 주소 a=000000000062FE1C,    b=000000000062FE18
함수 호출전 값 a= 10, b= 20

sum()에서 주소 a=000000000062FDF0,    b=000000000062FDF8
함수 호출후 값 a= 10, b= 20
```

위의 예에서 sum() 함수 내부의 지역 변수 a, b는 인수 a, b에 전혀 영향을 미치지 못하기 때문에 main() 함수의 변수 값은 변하지 않는다.

```
#include <stdio.h>          // 값에 의한 호출
int max_data(int, int);
int main(void)  {
    int a=10, b=20;
    printf("최댓값은 %d \n", max_data(a,b));
    return 0;
}
int max_data(int a, int b)   {
    if(a>=b)
        return a;
    else
        return b;
```

```
최댓값은 20
```

다음 예제에서는 값에 의한 전달 방식으로 인수를 전달 후에 main()과 swap_data() 함수에서 인수의 값 변화를 살펴보았다. swap_data() 함수에서 변수 a, b의 값이 서로 변경 되었지만 main()에서는 변경되지 않았음을 알 수 있다.

```c
#include <stdio.h>          // 값에 의한 호출
void swap_data(int, int);
int main(void)  {
    int a, b;
    printf("변수 a, b를 입력하시오 :");
    scanf("%d %d", &a, &b);
    printf("swap_data 함수 수행 전 a=%d, b=%d\n", a, b);
    swap_data(a,b);
    printf("swap_data 함수 수행 후 a=%d, b=%d\n", a, b);
    return 0;
}

void swap_data(int a, int b)   {
    int temp;
    printf("swap_data 함수 내부 교환 전 a=%d, b=%d\n", a, b);
    temp=a; a=b; b=temp;
    printf("swap_data 함수 내부 교환 후 a=%d, b=%d\n", a, b);
}
```

```
변수 a, b를 입력하시오 :10 20
swap_data 함수 수행 전 a=10, b=20
swap_data 함수 내부 교환 전 a=10, b=20
swap_data 함수 내부 교환 후 a=20, b=10
swap_data 함수 수행 후 a=10, b=20
```

다음은 2개 과목에 대한 점수를 입력 받아 합을 구하는 함수에 값을 전달하고, 평균을 구하는 함수를 이용한 예제이다.

```c
#include <stdio.h>
int sum(int computer, int math) {
    int total;
    total=computer+math;
    return total;
}
```

```
double average(int total) {
    double average;
    average=total/2.0;
    return average;
}

int main(void) {
    int computer, math, total;
    double aver;
    scanf("%d %d", &computer, &math);
    total=sum(computer, math);
    aver=average(total);
    printf("합계 : %d, 평균 : %f", total, aver);
}
```

```
25 57
합계 : 82, 평균 : 41.000000
```

생각해보기 다음 프로그램의 동작 과정과 출력 결과를 예측해보자.

```
#include <stdio.h>
void print_binary(int x);
int main(void) {
    int a;
    scanf("%d", &a);
    print_binary(a);
    return 0;
}

void print_binary(int x)  {
    if(x>0) {
        print_binary(x/2);
        printf("%d", x%2);
    }
}
```

다음 프로그램의 동작 과정을 표현해 보자. 이 프로그램의 의미는 무엇인가?

```c
#include <stdio.h>
int gcd_integer(int x, int y);
int main(void)  {
    int a, b;
    scanf("%d %d", &a, &b);
    printf("정수 a=%d와 b=%d의 최대공약수는 %d이다", a, b, gcd(a,b));
    return 0;
}

int gcd(int x, int y)  {
    if(y==0)
        return x;
    else
        return gcd(y, x%y);
}
```

8.3.2   주소에 의한 호출

주소에 의한 호출은 주소를 함수의 인자로 사용하여 호출하는 방식이다. 호출한 함수에서 인수의 변수 주소를 호출된 함수의 파라미터로 변수의 주소를 넘기는 방식이다. 이 방식은 호출 함수와 호출된 함수 사이에 주소를 공유하기 때문에 저장된 값도 공유를 한다. 따라서 파라미터가 변경되면 인수도 변경된다. 파라미터는 별도의 메모리에 변수를 할당하는 것이 아니라 인수의 주소를 지시하는 포인터 변수를 할당한다. 이 방법은 주로 문자열이나 배열, 구조체를 함수로 전달할 때 쓰인다. 함수의 인수로 변수의 주소를 이용할 때, 함수의 인수는 주소를 넘기고 호출된 함수의 파라미터는 포인터 또는 배열로 받는다.

 다음 예제는 함수의 인수로 주소를 전달하는 프로그램이다. 프로그램에 의해 출력되는 변수의 값을 예측해 보자.

```c
#include <stdio.h>
void temp(int *);
int main(void) {
    int k=0;
    temp(&k);
```

```
        printf("변수 k=%d", k);
    }
    void temp(int *k) {          // 파라미터 *는 주소를 의미
        *k=789;                  // *는 k의 내용물 의미
    }
```

위의 프로그램에서 함수 원형 'void temp(int *);'에서 인수로 포인터를 받아야 하므로 'int'가 아니라 'int *'로 지정 하였다. 주소 값을 받기 위해 '*'를 사용한다. main()에서 temp() 함수를 호출하기 위해 인수로 '&k'를 사용하였다. 이렇게 함으로써 변수 k의 주소가 temp() 함수로 전달 된다. 결과적으로 main()과 temp()에서 사용하는 변수 k는 동일한 메모리 공간이다.

생각해보기 다음 예제 프로그램의 수행 결과를 분석하면서 함수 호출에서 전달되는 값이 무엇을 의미하는 지 생각해 보자.

```
#include <stdio.h>
void sum(int *a, int *b);        /* 함수 형 정의와 포인터 변수 */
int main(void) {
    int a=10, b=20;
    printf("main()함수에서 주소 a=%p, b=%p \n", &a, &b);
    printf("main()함수 변수 a=%d, b=%d \n\n", a, b);
    sum(&a,&b);
    printf("sum()함수 호출후 main()에서 변수 a=%d, b=%d \n\n", a, b);
}

void sum(int *a, int *b) {
    (*a)++;
    *b = *b + 100;
    printf("sum()함수에서 주소 a=%p, b=%p \n\n", a, b);
}
```

위의 예제에서 sum(&a,&b)의 호출에서 a, b의 값을 넘기지 않고 변수 a, b의 주소를 함수에 넘긴다. sum 함수는 a, b의 주소를 받아 정수형 포인터변수 a, b에 저장한다. 명령문 '(*a)++;'는 문장은 변수 a가 지시하는 주소에 저장된 자료의 값을 1 증가 시킨다. 인수 a의 값이 1 증가 된다.

```
#include <stdio.h>
void swap(int *x, int *y);
int main(void)  {
    int a=100, b=200;
    printf("swap함수 수행전 main에서 a=%d, b=%d \n\n", a, b);
    swap(&a,&b);
    printf("swap함수 수행후 main에서 a=%d, b=%d \n", a, b);
}

void swap(int *x, int *y)  {
    int temp;
    printf("swap함수로 값 전달 후 x=%d, y=%d \n\n", *x, *y);
    temp= *x;
    *x=*y;
    *y=temp;
    printf("swap함수 수행 후 x=%d, y=%d \n\n", *x, *y);
}
```

swap함수 수행전 main에서 a=100, b=200

swap함수로 값 전달 후 x=100, y=200

swap함수 수행 후 x=200, y=100

swap함수 수행후 main에서 a=200, b=100

위 예제에서 swap()함수는 a와 b를 주소에 의한 호출 방식을 이용하여 값을 바꾸는 함수이다. swap()함수의 파라미터 안에 a와 b의 주소를 불러와 a와 b의 값을 간접적으로 변경하는 것이다. swap()함수를 수행하기 전에는 초기에 정해진 값인 a=100, b=200이 나오지만 전달후 swap()함수 안에서 x와 y의 값이 변경됨에 따라 x와 y의 값인 a와 b 역시 값이 변경되어 a=200, b=100이 출력되는 것이다.

▌ 배열의 주소 전달

함수의 인수에 배열을 전달하면 배열의 첫 번째 요소의 주소가 전달된다. 배열의 첫 번째 요소의 주소는 인덱스가 생략된 배열이름이다. int a[10];이라고 선언되었다면 a가 배열 첫 번째 요소의 주소이다. 결과적으로 배열은 값에 의한 호출이 불가능하다.

```
#include <stdio.h>
void display(int *t_str);
int main(void)  {
    int r_str[10]={1,2,3,4,5,6,7,8,9,10};
    display(r_str);
}

void display(int *t_str)  {
    int j;
            printf("   display()함수에서 main()함수 배열 출력 \n");
    for(j=0; j<10; j++)
        printf("%4d", t_str[j]);
            printf("\n");
}
```

```
display()함수에서 main()함수 배열 출력
 1   2   3   4   5   6   7   8   9   10
```

위의 예에서 void display(int *t_str);와 동일한 기능을 수행하는 문장은 다음과 같다.

① void display(int *t_str);
② void display(int t_str[]);
③ void display(int t_str[10]);

위의 세 가지 방법은 모두 배열의 포인터를 넘긴다. 이 방법에서 주의할 사항은 함수는 배열의 개수를 알지 못한다는 것이다. 함수는 단지 배열의 주소를 받았을 뿐이다. 그러므로 배열의 개수를 함수의 인수로 전달하여 배열의 개수를 알 수 있게 한다.

2차원 이상 배열의 경우는 약간 다르다. 함수에서 단지 주소만을 받을 경우 몇 차원으로 구성되어 있는지, 배열의 요소가 몇 개로 구성되어 있는지 알 수 없기 때문에 함수에서 파라미터를 선언할 때, 그 구성을 다음 예제처럼 명시해야 한다.

```
#include <stdio.h>
void display(int t_str[][5]);
int main(void)  {
    int r_str[2][5]={{1,2,3,4,5}, {11,12,13,14,15}};
    display(r_str);
}
```

```
void display(int t_str[][5]) {
    int j, k;
    for(j=0; j<2; j++) {
        for(k=0; k<5; k++)
            printf("%5d", t_str[j][k]);
        printf("\n");
    }
}
```

```
  1    2    3    4    5
 11   12   13   14   15
```

만약 main()에서 r_star[2][10][15][20]이라고 선언되었다면, display()함수의 인자로 t_str[][10][15][20] 이라고 선언할 있다. 이유는 배열의 첨자에서 처음 요소의 개수는 기술하지 않아도 되기 때문이다.

함수로 문자열을 전달하면 단지 문자열 첫 번째 요소의 주소만 전달된다. 왜냐하면 문자열은 값에 의한 호출이 불가능하기 때문이다. 문자열의 첫 번째 요소의 주소는 인덱스가 생략된 배열이름이다. char r_str[10];이라고 선언되었다면 r_str이 문자배열의 첫 번째 요소의 주소이다. 정수형의 배열을 넘기는 것과 char형의 배열을 넘기는 것은 차이가 없다.

```
#include <stdio.h>
#include <string.h>
void display(char *t_str);
int main(void) {
    char r_str[10];
    strcpy(r_str, "my name is");
    printf("main() 함수에서 ");
    printf("r_str=%p, r_str=%s \n\n", r_str, r_str);
    display(r_str);
}

void display(char *t_str) {
    printf("display 함수에서 ");
    printf("t_str=%p, t_str=%s \n", t_str, t_str);
}
```

main() 함수에서 r_str=000000000062FE10, r_str=my name is

display 함수에서 t_str=000000000062FE10, t_str=my name is

생각해보기 다음 프로그램의 실행 결과를 예측해 보자.

```c
#include <stdio.h>
#include <string.h>
void display(char *t_str);
int main(void)  {
    char r_str[20]="my name is";
    char *ptr;
    ptr=r_str;
    printf("main() 함수에서 r_str=%s \n\n", r_str);
    printf("main() 함수에서 ptr=%s \n\n", ptr);
    display(r_str);
    printf("display 실행 후 main() 함수에서 r_str=%s \n\n", ptr);
}

void display(char *t_str)  {
    while(*t_str) {
        *t_str = *t_str + 1;   //저장된 문자 다음 알파벳 문자로 변경
        t_str++;
    }
}
```

display() 함수를 호출할 때, 포인터 인수를 필요로 하므로 주소 값을 전달해야 한다. 배열 r_str은 주소 값을 갖고 있으므로, display(char * t_str)처럼 문자열에 대한 주소 값을 전달받기 위해 '*' 연산자를 사용한다.

main()에서 출력 문은 'my name is'이겠지만, display()에서 출력문은 'nz!obnf!jt'로 출력된다. 이유는 display()에서 '*t_str = t_str + 1;'에 의해 저장된 문자의 다음 알파벳 문자로 변경하기 때문이다.

▌함수 인수로 int형 배열

다음과 같은 프로그램의 실행 결과를 예측해 보자.

```c
#include <stdio.h>
void temp(int *ptr, int n);
int main(void) {
    int num[] = {4, 7, 9, 8};
    int n, *ptr;
    ptr=num;
    n=sizeof(num)/sizeof(int);
    temp(num, n);
    printf("배열 num %d,  %d,  %d\n", *num, *(num+1), *(num+2));
    printf("배열 num %d,  %d,  %d\n", num[0], num[1], num[2]);

    temp(ptr,n);
    printf("포인터 ptr %d,  %d,  %d\n", *ptr, *(ptr+1), *(ptr+2));
}

void temp(int *ptr, int n) {
    int k;
    for(k=0; k<n; k++) {
        *ptr = *ptr + 100;
        ptr++;
    }
}
```

```
배열 num 104,  107,  109
배열 num 104,  107,  109
포인터 ptr 204,  207,  209
```

아래 테이블은 위 프로그램이 수행될 때 main()의 배열과 메모리 주소, 그리고 temp() 함수가 호출될 때 전달된 값을 표현하였다.

main()			temp() 호출	
메모리 변수 이름	자료	메모리 주소	자료	메모리 변수 이름
num[0]	4	0x1047bf80	0x1047bf80	ptr
num[1]	7	0x1047bf84		
num[2]	9	0x1047bf88		
num[3]	8	0x1047bf8c		
			temp() 호출	
			자료	메모리 변수 이름
ptr	0x1047bf80		0x1047bf80	ptr

8.4 함수 인자로서 배열

호출함수의 인자가 호출된 함수의 파라미터에 전달될 때, 변수 자체가 전달되는 것이 아니라 변수에 저장된 값만 전달되므로 함수의 정의 부분에서 파라미터 값이 변하더라도 인자는 영향을 받지 않는다. 아래의 예제에서는 함수의 인자로 배열 이름을 넘겨주어 주소에 의한 호출방식을 적용한 경우이다.

```
#include <stdio.h>        // 함수 호출과 배열
void add_100(int a[], int n);
int main(void)  {
    int j, total=0, num[5]={10, 20, 30, 40, 50};
    printf("배열 num의 원소 : \n");
    for(j=0; j<5; j++)
        printf("%5d", num[j]);
    add_100(num, 5);

    printf("\n\n함수 호출 후 배열 원소 : \n");
    for(j=0; j<5; j++)
```

```
        printf("%5d", num[j]);
    printf("\n\n");
}


void add_100(int a[], int n)  {
    for(int j=0; j<5; j++)
        a[j]=a[j]+100;           /* 배열 원소 + 100 */
}
```

```
배열 num의 원소 :
  10   20   30   40   50

함수 호출 후 배열 원소 :
 110  120  130  140  150
```

함수를 이용하여 배열 원소의 합을 구하는 프로그램을 작성해보자. main() 함수에서는 배열
명을 실인자로 갖는 함수를 정의하고 호출한다.

```
#include <stdio.h>    // 함수를 이용한 배열 합
int sum(int a[], int n);
int main(void)  {
    int j, total=0, num[5]={10,20,30,40,50};
    printf("배열 num에 저장된 정수의 합: ");
    for(j=0; j<5; j++)
        total=total + num[j];
    printf("%d", total);
    printf("\n함수 sum에서 구한 배열의 합: %d \n", sum(num, 5));
}


int sum(int a[], int n)  {
    int j, total=0;
    for(j=0; j<5; j++)
        total = total + a[j];
    return total;
}
```

```
배열 num에 저장된 정수의 합: 150
함수 sum에서 구한 배열의 합: 150
```

위 프로그램에서는 함수 sum()에서 사용하는 지역변수 j, total을 선언하지 않으면 에러가
발생한다. 지역변수들은 지역변수가 선언된 함수나 블록이 실행되는 때에 스택 영역이라는 메

모리에 할당되고, 초기 값을 설정하지 않으면 임의의 값이 저장된다. 지역변수의 생명시간은 블록이나 함수가 종료되는 순간 메모리에서 자동적으로 제거된다.

8.5　함수의 결과로 배열을 반환하는 방법

함수의 실행결과 값으로 배열을 반환하려면 포인터 변수를 이용한다. 아래의 예제는 1차원 배열의 모든 원소에 10을 더한 결과를 함수 결과 값으로 반환하는 부분이다.

```c
#include <stdio.h>                    /* 문자열을 배열 입출력으로 */
#include <stdlib.h>                   /* 동적 메모리 할당 */
int *matrix_sum(int num[], int n);     /* 함수 원형 선언 */

int main(void) {
    int *ptr, j;
    int pre_num[4]={0, 1, 2, 3};
    printf("배열 pre_num에 저장된 값 출력: \n");
    for(j=0; j<4; j++)
        printf("pre_num[%d]=%2d   ", j, pre_num[j]);
    ptr=matrix_sum(pre_num, 4);        // 실인자로 pre_num 배열 이용
    printf("\n\n함수의 각 원소에 100을 더한 결과: \n");
    for(j=0; j<4; j++)
        printf("ptr[%d]=%2d   ", j, ptr[j]);
}

int *matrix_sum(int num[], int n) {
    int * ptr_1=(int *)malloc(n);
    for(int j=0; j<n; j++)
        ptr_1[j]=num[j]+100;
    return ptr_1;
}
```

배열 pre_num에 저장된 값 출력:
pre_num[0]= 0   pre_num[1]= 1   pre_num[2]= 2   pre_num[3]= 3

함수의 각 원소에 100을 더한 결과:
ptr[0]=100   ptr[1]=101   ptr[2]=102   ptr[3]=103

main() 함수에서 matrix_sum(pre_num, 4) 함수를 호출하면 배열 pre_num의 주소가 호출된 함수 matrix_sum(int num[], int n)의 배열 num[]으로 전달된다. 호출된 matrix_sum(int num[], int n) 함수는 배열 num[]의 각 원소에 100을 더한 결과를 포인터 ptr_1으로 반환한다. 반환된 ptr_1의 결과는 포인터 변수 ptr에 저장된다.

위의 예에서 matrix_sum() 함수에서 결과값으로 반환하는 배열은 컴파일 과정에서 그 값이 결정되지 않고, 프로그램 실행 도중에 함수 호출에 의해서 만들어지는 것이므로 배열 원소 n개 크기를 갖는 배열을 동적으로 할당하기 위해 malloc()을 사용한다. 함수 malloc()은 헤더파일 〈stdlib.h〉에 정의되어 있으므로 malloc() 함수를 사용하기 위해 전처리 #include 〈stdlib.h〉를 이용해야한다.

8.6 / 재귀 호출 함수

C 언어에서 함수는 수행 과정 중에 자기 자신을 호출 할 수 있으며, 이러한 기법을 재귀 호출이라 한다. 재귀 호출 기법을 사용하여 함수를 구현하는 것을 재귀 함수라고 한다. 재귀 함수를 이용할 때, 몇 가지 장단점과 주의해야 할 점이 있다.

함수는 호출할 때 지역변수와 인수가 메모리에 할당된다. 재귀 호출의 경우 함수가 호출될 때마다 실행 코드는 메모리에 다시 적재되지 않는다. 하지만 지역변수와 인수는 호출시마다 다시 스택에 생성된다. 이것은 메모리의 낭비를 가져올 수 있다. 스택에 생성된 변수와 인수는 호출이 종료되면 소멸된다.

재귀 함수는 루프를 이용한 반복적인 수행보다 실행코드가 적어지거나, 메모리 사용량이 적어지거나, 실행 시간이 적어지지 않는다. 오히려 함수 호출 시간이 추가로 필요하고 메모리가 더 필요하므로 비용이 더 든다. 그렇지만 좀 더 간단한 알고리즘을 만들 수 있고, 알고리즘 자체가 순환적일 때는 재귀 함수를 쓴다.

재귀 함수를 만들 때 가장 유의해야 할 점은 if문 등을 이용하여 어느 시점에서 함수가 재귀 호출을 멈출 것인가를 명시해야한다. 재귀호출을 멈추는 조건이 포함되지 않은 재귀함수는 무한히 재귀호출을 수행하게 되어 시스템은 다운될 것이다.

다음은 재귀함수 기법을 이용하여 10진수를 2진수로 변환하는 프로그램이다.

```
#include <stdio.h>
void bin_digit(int);
int main(void) {
    int digit=0;
    scanf("%d", &digit);
    printf("입력된 10진수는 %d 이고 ", digit);
    bin_digit(digit);
}


void bin_digit(int k) {
    if(k>1)
        bin_digit(k/2);
    printf("%d", n%2);
}
```

4
입력된 10진수는 4 이고100

생각해보기 다음 예제 프로그램의 수행 과정을 생각해 보고, 위 프로그램과의 차이점을 설명해 보자.

```
#include <stdio.h>
int bin_digit(int);
int main(void) {
    int digit=0;
    scanf("%d", &digit);
    printf("입력된 10진수는 %d 이고 ", digit);
    bin_digit(digit);
}


int bin_digit(int k) {
    if(k<1)
        return k;
    else {
        bin_digit(k/2);
        printf("%d", k%2);
    }
}
```

8.6.1   팩토리얼 계산

다음은 양의 정수 n 팩토리얼을 계산하는 재귀호출 알고리즘이다.

```
int factorial(int n) {          /* 재귀호출을 이용한 알고리즘 */
    if(n==1)                     /* 알고리즘 종료 조건 */
          return 1;
    return (n * factorial(n-1));      /* 재귀호출*/
}
```

위의 팩토리얼 계산 프로그램은 n=1이 될 때 재귀 호출을 멈추게 되어 있다. 예를 들어, 4!을 순환 알고리즘을 이용하여 계산하는 과정 중 함수 호출과 값을 반환하는 과정을 스택 구조를 이용하여 표현하면 다음과 같다.

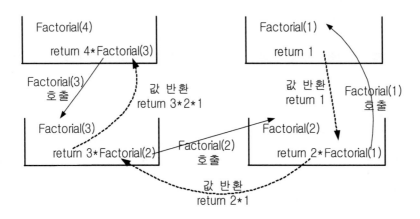

〔그림 8.3〕 **팩토리얼을 계산하는 순환 알고리즘 수행 과정**

```
#include <stdio.h>          /* 재귀호출을 이용한 팩토리얼 계산 */
long factorl(int x);
int main(void) {
    int a, b;
    scanf("%d", &a);
    for(b=1; b<=a; b++) {
        printf("%d! = %ld \n", b, factorl(b));      /* 재귀 호출 */
            }
}
```

```
long factorl(int x)  {
    if(x<=1)
        return 1;
    else
        return x*factorl(x-1);


}
```

```
6
1! = 1
2! = 2
3! = 6
4! = 24
5! = 120
6! = 720
```

순환 기법을 이용한 알고리즘은 어떤 문제에 있어서 반복적 방법보다 알고리즘 기술이 훨씬 명확하고, 간결하게 표현할 수 있는 장점이 있다. 그러나 순환 알고리즘은 함수를 호출하면서 수행하므로 현재 수행중인 함수를 중단한다. 새로운 함수 호출을 할 때 호출된 함수가 종료된 후에 수행할 정보를 저장해야하기 때문에 반복적인 방법보다 수행 속도 측면에 있어서 비효율 적이라 할 수 있다. 이러한 순환 알고리즘은 스택 구조를 이용하여 함수 호출과 함수 수행을 쉽게 할 수 있다. 아래 알고리즘은 위의 순환 알고리즘을 반복적인 방법으로 구성한 것이다.

```
#include <stdio.h>        // 반복적 방법을 이용한 팩토리얼 계산
int main(void)   {
    int a, b;
            long factorl=1;
    scanf("%d", &a);
    for(b=1; b<=a; b++)  {
        factorl=factorl*b ;
        printf("%d! = %ld \n", b, factorl);
    }
}
```

```
5
1! = 1
2! = 2
3! = 6
4! = 24
5! = 120
```

8.6.2   피보나치수열 함수

아래와 같이 나열된 수열을 피보나치수열이라 한다.

0, 1, 1, 2, 3, 5, 8, 13, 21, 44, …

피보나치수열은 다음과 같이 재귀적으로 정의된다. 피보나치수열은 음수에 대해 정의하지
않는다.

> (정의) 피보나치수열
> $$f_0=0$$
> $$f_1=1$$
> $$f_n=f_{n-1}+f_{n-2} \ (n \geq 2)$$

예를 들어, 피보나치수열의 처음 몇 개 항의 값을 위의 정의에 의해 계산해 보자.
f2 = f1+f0 = 1+0 = 1
f3 = f2+f1 = 1+1 = 2
f4 = f3+f2 = 2+1 = 3
…
재귀적인 방법을 이용하여 피보나치수열에서 n번째 항의 값을 결정하는 알고리즘이다(n≥2).

```
Fib(int n)  {                   /* 재귀적 방법 */
   if(n<2)                       /* 알고리즘 종료 조건 */
       return n
   else
       return Fib(n-1) + Fib(n-2)    /* 재귀적 호출 */
}
```

예를 들어, 재귀적인 방법으로 구현한 알고리즘에 의해 Fib(5)를 구하는 과정을 트리를 이용
하여 표현하면 다음과 같다.

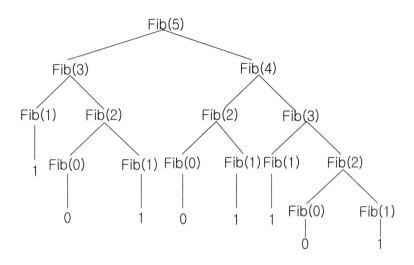

〔그림 8.4〕 **재귀적 알고리즘에 의해 Fib(5)를 구하는 재귀트리**

재귀적인 방법으로 구현한 알고리즘에 0≤n≤5까지 Fib(n)을 얻기 위해 계산하는 항의 개수를 이용하여 알고리즘의 시간 복잡도를 생각해보자. 테이블에는 Fib() 함수를 재귀호출 하는 횟수를 나타내고 있다. 위의 알고리즘에 의하면 n의 값이 1보다 작거나 같은 값일 때 n의 값을 반환하고, 재귀호출 함수 결과를 더해야 한다. 예를 들어, n=2인 경우 위의 재귀트리를 보면 Fib(0)과 Fib(1)을 각각 계산한 후, 2개 항의 값을 더해야하므로 계산하는 항의 개수가 3이다.

n	계산하는 항의 수 (함수 호출 수)	더하기 연산 횟수
0	1	0
1	1	0
2	3	1
3	5	2
4	9	4
5	15	7

결과적으로 0≤n≤5까지 n이 2 증가할 때, 재귀트리의 항의 개수는 한 배 이상 증가하고 있다. 예를 들어, n=3일 때 계산하는 항의 수는 5이고, n=5일 때 계산하는 항의 수는 15로서 n이 2 증가할 때 계산할 항의 개수는 배 이상 증가하고 있다. 이러한 성질은 모든 n에 대해 만족함을 알 수 있다. 왜냐하면 피보나치수열이 재귀적으로 정의되기 때문이다.

수식 T(n)를 입력 크기 n에 대한 재귀 트리의 계산할 항의 개수라 할 때, T(n)를 다음과

같이 나타낼 수 있다. 입력 n이 2 증가할 때마다 항의 개수가 배 이상 증가한다면, 다음과 같이
입력 n에 대해서 2의 거듭제곱으로 나타낼 수 있겠는가?

$$
\begin{aligned}
T(n) &> 2 \times T(n-2) \\
&> 2 \times 2 \times T(n-4) \\
&> 2 \times 2 \times 2 \times T(n-6) \\
&> 2 \times 2 \times 2 \times 2 \times T(n-8) \\
&> 2 \times 2 \times 2 \times 2 \times 2 \times T(n-10) \\
&\cdots \\
&> 2 \times 2 \times 2 \times \cdots \times 2 \times 2 \times T(0)
\end{aligned}
$$

위의 수식에서 곱하는 2의 개수는 n/2개이므로, 입력 크기 n에 대한 재귀트리의 계산할 항
의 개수 T(n) >2n/2, n≥2임을 알 수 있다. 만약, n=1인 경우 T(n) >2n/2는 성립하지 않는다.
왜냐하면 $T(1) < 2^{1/2}$이기 때문이다.

위의 재귀호출을 이용한 알고리즘은 순환함수를 이용하여 간단히 문제를 해결하였다. 재귀
호출을 이용한 이 알고리즘의 문제점은 무엇일까? 재귀트리에서 보면 동일한 Fib(x) 값을 반복
해서 계산하므로 수행시간이 기하급수적으로 증가하고 있다. 예를 들어, Fib(5)를 계산하는 과
정에서 동일한 Fib(2)를 3번이나 호출하여 계산했다. 만약, 이미 계산된 값을 저장하고 있다가
동일한 연산을 반복하는 경우 메모리로부터 가져다가 사용할 수 있는 방법을 적용한다면 수행
시간을 줄일 수 있을 것이다.

반복적 방법을 이용하여 n번째 피보나치 항을 구하는 알고리즘을 생각해 보자(n≥0). 반복
적 방법에서는 재귀적 방법의 단점을 해결하고자 배열을 이용하여 이미 계산된 결과를 저장하
고, 필요하면 그 결과를 가져다가 사용하는 방법을 이용한다.

```
Fib_Iterative(int n)   {            /* 반복적 방법 */
   int j
   int Fib[n+1]                /* n+1개 배열 원소 */
   Fib[0]=0
   if(n>0) {
       Fib[1]=1
       for(j=2; j≤n; j++)
           Fib[j]=Fib[j-1] + Fib[j-2]
   }
   return Fib[n]
}
```

반복적 방법을 이용한 위의 알고리즘 수행 과정을 살펴보자. Fib(n)을 구하기 위해 처음부터 n+1개 항을 각각 한번씩 계산하여 배열에 저장하면 된다.

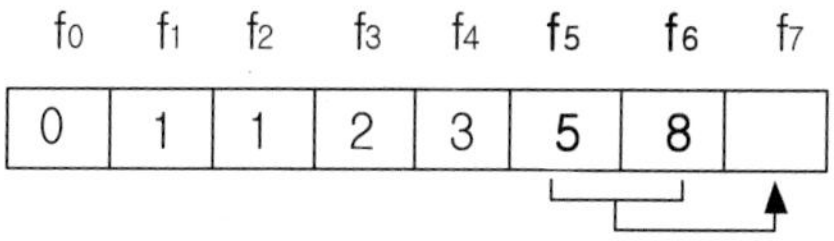

〔그림 8.5〕 피보나치 수열에서 항의 값 구하기

〔표 8.1〕 알고리즘에 따른 시간 소비량

n	$n+1$	$2^{n/2}$	반복적 방법	재귀적 호출 방법
40	41	1,048,576	41ns	1,048 micro sec
60	61	1.1×10^{9}	61ns	1 sec
80	81	1.1×10^{12}	81ns	18 mins
100	101	1.1×10^{15}	101ns	13 days
120	121	1.1×10^{18}	121ns	36 years
200	201	1.3×10^{30}	201ns	4×10^{13} years

위의 테이블에 있는 시간은 초당 109번 연산을 수행할 수 있는 컴퓨터를 이용하여 이론적으로 계산한 시간 소비량이다. 결과적으로 어떤 문제에 대한 동일한 결과를 얻는 알고리즘은 여러 가지가 있을 수 있지만 알고리즘의 수행 시간 관점에서 효율적인 알고리즘을 만드는 일은 매우 중요하다는 사실을 알 수 있다.

```c
#include <stdio.h>          /* 반복법을 이용한 피보나치 수열 */
long fibonacci(int);
int main(void)  {
    int a, b;
    scanf("%d",&a);
    for(b=0; b<=a; b++)
        printf("%d, ", fibonacci(b));
}


long fibonacci(int x)  {
    int j;
    int f0=0, f1=1, fn;
```

```
    if(x<=1)
        return x;
    else {
        for(j=2; j <=x; ++j)  {
            fn=f0 + f1;
            f0=f1;
            f1=fn;
        }
        return fn;
    }
}
```

```
13
0, 1, 1, 2, 3, 5, 8, 13, 21, 34, 55, 89, 144, 233,
```

8.6.3 하노이탑 함수

아래 그림과 같이 3개의 말뚝이 있고, 그 중의 한 말뚝에 크기가 서로 다른 원판이 3개 놓여 있다. 이 원판들을 다른 한 말뚝으로 모두 이동하고자 한다. 원판을 최종적으로 이동 후에도 이동하기 전 말뚝에 있는 형태로 원판이 있어야 한다. 아래의 조건을 만족하면서 최소의 횟수를 통하여 이동하는 방법을 생각해보자.

(조건 1) 가장 위에 있는 원판만 이동할 수 있다.
(조건 2) 원판의 이동은 한 번에 하나씩만 이동할 수 있다.
(조건 3) 크기가 작은 원판은 크기가 큰 원판 아래에 있을 수 없다.

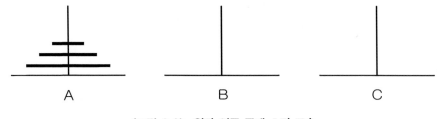

〔그림 8.6〕 **원판 이동 문제 초기 모습**

예를 들어, 말뚝 A에 있는 3개의 원판을 말뚝 C로 모두 옮기고자 한다. 이때 원판의 크기가 가장 작은 원판을 1, 중간 원판을 2, 가장 큰 원판을 3이라 하자. 첫째, 원판 1을 말뚝 C로 이동하고, 원판 2를 말뚝 B로 이동한 후 말뚝 C에 있는 원판을 말뚝 B로 이동한다. 그리고 말뚝 A에 있는 원판 3을 말뚝 C로 이동하고, 말뚝 B의 원판 1을 말뚝 A로 이동한 후 원판 B를 말뚝 C로 이동하고, 마지막으로 원판 1을 말뚝 C로 이동한다. 아래 그림처럼 말뚝 B에 크기가 작은 원판 1과 2를 옮겨 놓을 수 있다.

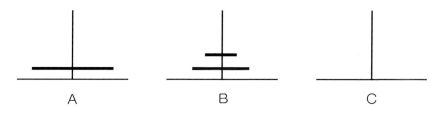

〔그림 8.7〕 **원판을 2개 이동한 후 모습**

그렇다면 K개의 원판이 말뚝 A에 있을 때, 이 원판을 위의 2가지 조건을 만족하면서 말뚝 C로 옮기는 과정을 생각해 보자. 원판의 이름은 크기가 가장 작은 원판을 1부터 하여 그기 중 가 순서 2, 3, ..., K-1, K로 원판의 이름이 있다고 가정한다.

첫째, 가장 큰 원판 K를 제외한 나머지 1~(K-1)개 원판을 막대기 A에서 말뚝 B로 이동한다.

둘째, 가장 큰 원판 K를 막대기 A에서 말뚝 C로 한번에 이동한다.

셋째, 막대기 B에 있는 1~(K-1)개 원판을 말뚝 A를 이용하여 말뚝 C로 이동한다.

하노이탑 문제는 원판을 이동하는 과정이 반복되는 구조를 갖고 있지만, 순환 알고리즘을 이용하여 간결하게 나타낼 수 있다. 아래의 Hanoi_Tower()는 K개의 원판을 갖는 하노이탑 문제를 순환적으로 기술한 알고리즘이다. 매개변수 n은 전체 원판의 개수이고, S는 옮기기 전 말뚝이고, T는 원판 이동 과정에서 이용하는 보조 말뚝이고, D는 원판을 옮기려는 목적지 말뚝을 의미한다.

```
Hanoi_Tower(char S, char D, char T, int n) {
    if(n>0) {                          /* 종료 조건 */
        Hanoi_Tower(S, T, D, n-1)
        printf("Move top disk from %c to %c", S, D)
        Hanoi_Tower(T, D, S, n-1)
        }
}
```

하노이탑의 원판 이동횟수 Tn에 대해 생각해 보자. 여기서 Tn 값은 원판이 n개 일 때 원판의 전체 이동횟수를 의미한다.

(경우1) 원판이 한 개 있는 경우, 말뚝 S에서 한번에 목적지 말뚝 D로 원판을 이동할 수 있다. 따라서 전체 이동 횟수 T1=1회이다.

(경우2) 원판이 두 개 있는 경우, 말뚝 S의 원판 1을 보조 말뚝 T로 이동한 후, 말뚝 S의 원판 2를 목적지 말뚝 D로 이동한다. 그리고 보조 말뚝 T에 있는 원판 1을 목적지 말뚝 D로 이동한다. 따라서 전체 이동 횟수 T2=3회이다.

(경우3) 원판이 3개 있는 경우, 말뚝 S의 원판 1과 2를 보조 말뚝 T에 3회 이동하여 옮길 수 있다. 말뚝 S의 원판 3을 목적지 말뚝 D로 이동한 후 보조 말뚝 T에 있는 원판 1과 2를 목적지 말뚝 D로 이동하는데 3번 이동횟수가 필요하다. 따라서 전체 이동 횟수 T3=7회이다.

(경우4) 원판이 4개 있는 경우, 말뚝 S의 원판 1~3을 보조 말뚝 T로 이동하는데 (경우3)만큼의 이동횟수가 소요되어 7번이면 원판을 이동할 수 있고, 말뚝 A에 있는 원판 4를 목적지 말뚝 D로 이동한다. 그리고 보조 말뚝 T에 있는 원판 1~3까지를 말뚝 A를 이용하여 목적지 말뚝 D로 이동하는데 필요한 횟수는 (경우3)과 동일한 방법과 횟수로 이동할 수 있으므로 7회이다. 따라서 전체 이동횟수 T4=15회이다.

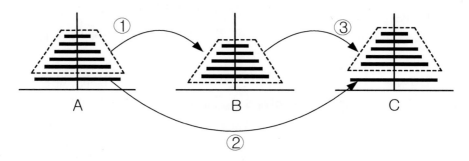

〔그림 8.8〕 하노이탑의 원판 이동 개요

위의 하노이탑 원판의 전체 이동횟수 Tn을 원판 이동횟수 Tn-1을 이용하여 분석하면 다음과 같이 나타낼 수 있다.

$$T1 = 1$$
$$T2 = 3 = T1 + 2^1$$
$$T3 = 7 = T2 + 2^2$$
$$T4 = 15 = T3 + 2^3$$
$$T5 = 31 = T4 + 2^4$$
$$\cdots$$

　따라서 K개 원판을 갖는 하노이탑에서 원판 이동횟수 문제는 원판 K-1개를 이동하는 문제를 통해 일반화 할 수 있음을 알 수 있다. 즉, 위의 하노이탑 원판의 전체 이동횟수 Tn을 원판 이동횟수 Tn-1을 이용하여 분석하면 다음과 같이 나타낼 수 있다. 이러한 결과는 하노이탑 원판 이동횟수 Tn=2n-1로 나타낼 수 있다.

```
#include <stdio.h>                    /* 재귀호출 하노이탑 */

void hanoitower(char, char, char, int);

int number;

int main(void)  {
    int no;                               /* no는 원판의 개수 */
            printf("원판 개수를 입력: ");
    scanf("%d",&no);
    hanoitower('A', 'B', 'C', no);             /* 재귀 호출 */
}

void hanoitower(char start, char temp, char dest, int no)  {
    if(no<=1)  {
        number=number+1;
        printf("이동 횟수 %d: 말뚝 %c에서 말뚝 %c로 원반 %d를 이동 \n",
                    number, start, dest, 1);
    }
    else {
        hanoitower(start, dest, temp, no-1);
        number=number+1;
        printf("이동 횟수 %d: 말뚝 %c에서 말뚝 %c로 원반 %d를 이동 \n",
                    number, start, dest, no);
        hanoitower(temp, start, dest, no-1);
    }
}
```

```
원판 개수를 입력: 3
이동 횟수 1: 말뚝 A에서 말뚝 C로 원반 1를 이동
이동 횟수 2: 말뚝 A에서 말뚝 B로 원반 2를 이동
이동 횟수 3: 말뚝 C에서 말뚝 B로 원반 1를 이동
이동 횟수 4: 말뚝 A에서 말뚝 C로 원반 3를 이동
이동 횟수 5: 말뚝 B에서 말뚝 A로 원반 1를 이동
이동 횟수 6: 말뚝 B에서 말뚝 C로 원반 2를 이동
이동 횟수 7: 말뚝 A에서 말뚝 C로 원반 1를 이동
```

입력된 정수 k의 각 자릿수(예, 1의 자리, 10의 자리, 100의 자리 등)를 출력하는 재귀호출
함수를 만들어 보자. 예를 들어, k=3214인 경우 4를 출력하고 321을 가지고 같은 함수를 호출
한다. 3214를 10으로 나누면(나머지 연산자 %) 몫은 321이 되고 나머지는 4이다.

8.7 / 프로그램 외부에서 main() 함수로 값 전달하기

명령어 라인에서 프로그램을 실행할 때 특정 값을 main() 함수에 전달할 수 있다. 이러한
기능은 매우 유용하다. 만약 어떤 파일을 복사하는 프로그램을 작성하여 copy.exe라는 실행
파일을 만들었다고 하자. 프로그램 안에서 scanf() 함수를 이용해서 소스 파일과 목적파일을
입력받아 프로그램을 복사할 수 있다. 다른 방법으로 명령 라인에서 copy.exe a.txt b.txt와
같이 소스 파일과 목적 파일을 적어 main() 함수로 전달할 수 있다. 다음의 예제를 보자.

```c
#include <stdio.h>
void copy(char *s, char *t);
int main(int argc, char *argv[]) {
    if(argc != 1) printf("복사할 파일을 입력하세요!");
    if(argc != 2) printf("생성될 파일을 입력하세요!");
    copy(argv[1],argv[2]);
}

void copy(char *s, char *t) {
    s 파일을 t 파일로 복사하는 명령행들
}
```

main() 함수는 argc와 argv라는 두개의 인수만을 쓸 수 있다. argc는 int형이고 argv는
char *의 배열이다. argc는 명령어 라인에서 입력된 인수의 개수다. 위의 경우는 3이다.
argv[0]은 실행 프로그램 자신의 이름이 입력된다. argv[1].....argv[n]은 실행 프로그램 뒤에
공백으로 구분된 인수들이 순서대로 저장된다. 위의 경우 argv[1]은 a.txt argv[2]는 b.txt
이다. 위의 예제는 미완성 프로그램이다. 이 장에서는 단지 프로그램의 외부에서 프로그램으로
인수가 전달되는지 확인할 필요가 있다. 따라서 copy()함수를 다음과 같이 수정하여 결과를
살펴보면 된다.

```
void copy(char *s, char *t)  {
  printf("복사할 파일 이름은 %s이고 복사될 파일이름은 %s이다 \n", s, t);
}
```

EXERCISE

1   두 개의 정수를 입력받아 사칙연산의 결과를 출력하는 프로그램을 작성하시오. 단 더하기, 빼기, 곱하기 그리고 나누기를 실행하는 함수를 각각 만들고, 함수들은 모두 값에 의한 호출(call by value)을 사용한다.

2   문자열을 입력받아 문자열의 길이를 출력하는 함수를 이용하여 프로그램을 작성하시오.

3   피보나치수열을 반복적인 방법과 재귀적인 방법으로 계산하는 프로그램을 작성하시오.

4   main()함수에서 두 개의 정수를 입력받아 합을 출력하는 sum() 함수를 만드는 프로그램을 작성하시오.

5   수학의 덧셈을 학습할 수 있는 문제를 자동으로 생성하는 프로그램을 작성하시오.
    단, 덧셈의 피연산자는 2자리 이하 정수로 제한하고, rand() 함수를 활용하시오.

6   정수 1~k까지의 합(=1+2+3+...+k)을 계산하는 프로그램을 순환기법을 이용하여 작성하시오.

7   지수 값을 계산하는 함수 power(int x, int y)를 순환기법을 이용하여 작성하시오. 예를 들어 power(2,4)를 수행하면 2*2*2*2를 수행하여 결과를 출력한다.

8   구구단에서 k를 입력 받아 k단을 출력하는 순환호출 함수를 작성하시오. 예를 들어 k=5이면 5단을 출력한다.

9.1 / 포인터란?

컴퓨터는 메모리의 위치를 나타내는 주소를 이용하여 변수의 저장위치를 구분한다. 포인터 변수는 메모리의 저장위치를 나타내는 주소를 저장하는 변수이다. 따라서 포인터 변수에는 특정 문자, 상수 값, 문자열이 저장되지 않고 메모리 주소가 저장된다. 포인터 변수와 일반 변수를 구분하기 위해 포인터 변수는 변수명 앞에 '*'를 쓴다.

```
int a=10, b=20;
int *temp;                    /* 포인터 변수 선언 */
temp=25;                      /* 에러 발생 */
temp='A';                     /* 에러 발생 */
temp=&a;              // 변수 a의 주소를 포인터 변수 temp에 저장
```

포인터 변수 temp에는 int형을 갖는 주소 값을 할당해야 한다. 따라서 위의 코드처럼 정수 25 또는 문자 A는 할당할 수 없으므로 에러가 발생한다.

C언어에서는 변수의 주소를 계산하는 연산자 &가 있다. 주소연산자 &는 변수의 이름을 받아서 메모리에 할당된 변수의 물리적 주소를 반환한다.

▌ 포인터의 장점

포인터를 유용하게 사용할 수 있는 것은 포인터가 지시하는 메모리의 값을 직접 읽어오거나 변경할 수 있기 때문이다. 포인터가 취할 수 있는 메모리의 주소는 프로그램에 정의되어 있는 변수들이 저장되어 있는 공간이다. 메모리 주소 값은 1바이트씩 증가하면서 연속적인 번호가 할당되어 있다. 일반적으로 시스템은 16진수를 이용하여 주소 값을 표현하지만 프로그래머는 10진수를 이용할 수 있다. 주소 값을 16진수로 출력하려면 변환명세 %p를 사용하고, 부호 없는 10진수로 출력하려면 %u, 부호 있는 10진수를 출력하려면 %d를 이용한다.

예를 들어, 아래와 같이 정수형 변수 a, b 그리고 정수형 포인터 변수 c가 선언되었다고 하자. 포인터 변수 c는 선언만 하고 아직 초기화하지 않았으므로 현재 값은 의미 없는 값이다. 명령문 c=&a;를 수행하면 포인터 변수 c에 정수형 변수 a의 메모리 주소가 저장된다.

```
int a=10, b=20;
int *c;                      /* 포인터 변수 선언 */
c=&a;                        /* 포인터 변수 c에 변수 a 주소를 할당 */
printf("%p", *c);            /* 출력 결과 10 */
```

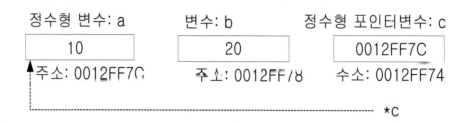

위의 예제에서는 정수형 변수 a가 메모리 주소 0012FF7C 번지에 자료 10을 저장하고, 변수 b가 메모리 주소 0012FF78 번지에 자료 20을 저장하고, 정수형 포인터 변수 c가 메모리 주소 0012FF74 번지에 자료 0012FF7C를 갖고 있다. 명령문 'c=&a'에 의해 포인터 변수 c에 변수 a의 주소를 저장한다. printf("%p",*c)에서 *c는 c에 저장된 메모리 위치의 값을 의미하는 것으로 시작주소부터 4byte를 읽어서 출력한다. 여기서 4byte가 되는 이유는 변수 c가 변수 a의 주소를 저장하는 정수형으로 선언되었기 때문이다. 포인터 변수 c는 정수형 변수를 다루기 위해 정수형 포인터 변수로 선언하였다.

변수 a의 주소를 가지고 있는 포인터 변수 c를 이용하여 변수 a의 값을 변경할 수 있다. C 언어에서는 포인터를 사용함으로써 메모리의 동적 할당이 가능하고, 배열과 문자열을 다루는 프로그램 등에서 더 많은 효율을 가져올 수 있다.

생각해보기 다음 프로그램의 의미를 생각해보자.

```
#include <stdio.h>
int main() {
    int a=125;
    char ch=65;
    float f=3.14;
    printf("변수 a 메모리 주소: (16진수)%p, (10진수)%u \n", &a, &a);
    printf("변수 ch 메모리 주소: (16진수)%p, (10진수)%u \n", &ch, &ch);
    printf("변수 f 메모리 주소: (16진수)%p, (10진수)%u \n", &f, &f);
    return 0;
}
```

9.2 / 포인터 변수와 주소 연산자

9.2.1   포인터 변수 선언과 주소 연산자

포인터 변수는 메모리의 주소를 값으로 가지는 변수이고, 일반 변수와 동일한 방식으로 사용한다. 변수를 사용하기 전에 포인터 변수임을 선언하여 컴파일러에게 변수 정보를 구성할 수 있도록 한다. C 언어에서는 포인터 변수와 일반 변수를 구분하기 위해 포인터 변수 앞에 간접 연산자 '*'를 사용한다. 일반 변수와 포인터 변수간의 대입 연산은 불가능하다. C 언어에서 사용하는 포인터 연산자는 주소 연산자 '&'와 간접 연산자 '*'가 있다.

```
자료형 * 변수명;          /* 포인터 변수 선언 */
int * ptr:
```

포인터를 선언할 때는 포인터 변수 앞에 '*'를 붙이고, 자료형은 포인터 변수가 저장하고 있는 값이 가리키는 변수의 형과 일치시킨다. 자료형은 C 언어의 기본 자료형이고, 식별자는 포인터 변수명이다. 포인터를 이용하여 변수를 간접적으로 참조할 수 있다.

```
int a=10;
int *ptr;
ptr = &a;
printf("포인터 변수 ptr의 내용물은 %d이다", *ptr);
```

포인터 변수 *ptr는 ptr의 자료형이 정수형임을 의미하는 것이 아니라 포인터 변수 ptr가 지시하는 주소 즉, 변수 a에 저장된 자료형이 정수형임을 의미한다. 만약, 변수 a의 주소를 포인터 변수 ptr에 저장하기 위해서는 ptr = &a;와 같은 대입문이 필요하다. &는 지정된 변수의 주소를 반환하는 주소 연산자이다. printf()의 *ptr에서 '*'는 포인터 변수 ptr이 가진 메모리의 내용을 추출하도록 하는 간접 참조(indirect referencing) 연산자이다. 즉, *ptr는 포인터 변수 ptr가 가리키는 주소에 저장되어 있는 값을 의미함으로, 포인터 변수 ptr를 통하여 변수 a의 값을 참조할 수 있다. printf()에서 *ptr의 내용을 메모리에서 읽어 올 때 몇 바이트를 읽어올 것인지를 결정하기 위해서는 포인터 변수의 자료형이 필요하다. *ptr에서 ptr이 int형이면 4바이트를 읽어오고, double형이면 8바이트를 읽어온다. 이러한 이유로 포인터 변수의 자료형이 필요하다.

```
#include<stdio.h>
int main(void) {
    int a=10;
    int *ptr=&a;                    /* 포인터 변수 초기화 */
    printf("변수 a 주소=%p, ptr 값=%p \n\n", &a, ptr);
    printf("변수 a 값=%d, *ptr 값=%d \n\n", a, *ptr);
    printf("변수 ptr 주소=%p \n\n", &ptr);
}
```

변수 a 주소=000000000062FF1C, ptr 값=000000000062FE1C

변수 a 값=10, *ptr 값=10

변수 ptr 주소=000000000062FE10

9.2.2   포인터 변수에 형 지정 이유

포인터 변수는 다음과 같이 선언할 수 있다.

```
int * int_ptr;
float * float_ptr;
double * double_ptr;
char * char_ptr;
```

컴파일러는 위의 문장들을 만나면 포인터 변수들에 메모리를 할당할 것이다. 컴파일러는 메모리에 몇 byte씩 할당할까? 아래의 예제를 통해 포인터 변수의 메모리 크기를 확인해 보자.

```
#include <stdio.h>
int main(void) {
    int * int_ptr;
    float * float_ptr;
    double * double_ptr;
    char * char_ptr;
    printf("포인터 변수 int_ptr 메모리 크기는 %d \n",sizeof(int_ptr));
    printf("포인터 변수 float_ptr 메모리 크기는 %d \n",sizeof(float_ptr));
    printf("포인터 변수 double_ptr 메모리 크기는 %d \n",sizeof(double_ptr));
    printf("포인터 변수 char_ptr 메모리 크기는 %d",sizeof(char_ptr));
}
```

```
포인터 변수 int_ptr 메모리 크기는 8
포인터 변수 float_ptr 메모리 크기는 8
포인터 변수 double_ptr 메모리 크기는 8
포인터 변수 char_ptr 메모리 크기는 8
```

프로그램 실행 결과 위의 포인터 변수에는 모두 8byte가 할당되었다. 따라서 컴퓨터의 메모리가 크다고 할지라도 8byte이면 충분하다는 이야기다. 그런데 왜 포인터 변수에 대해 형을 지정할까? 그것은 포인터 변수의 형은 포인터 변수가 가리키는 메모리 주소로 가서 몇 바이트를 읽어올 것인가를 결정하기 위해서이다.

9.2.3 포인터 변수의 초기화

초기화되지 않은 포인터 변수는 에러를 유발시킨다. 이유는 보통 알 수 없는 메모리를 참조하기 때문이다.

```c
#include<stdio.h>
int main(void) {
    int a=10;
    int *ptr;                   /*포인터 변수 선언, 초기화 없음 */
    printf("%p", &ptr);
    ptr++;
    printf("%d \n", *ptr);                  /* 실행 에러 발생 */
}
```

;000000000062FE10

위의 프로그램에서 ptr은 초기화 되지 않았다. 이 상태는 ptr=0이거나 ptr=" "인 상태가 아니다. 프로그램이 메모리에 로딩 될 때, 변수 a와 포인터 변수 ptr가 메모리의 어느 위치에 자리 잡게 되는데, 그 메모리 공간에는 이전의 프로그램 자료가 존재할 수 있다. 결국 ptr++는 알 수 없는 값에 1을 증가한 결과를 갖게 된다. 보통 이와 같은 연산은 프로그램 내부의 사용 가능한 메모리를 이탈한 메모리를 사용하려고 하기 때문에 에러를 유발시킨다. 컴파일 과정에서 문법적인 에러는 없지만, 프로그램을 실행하면 첫 번째 printf()를 실행하고, 에러가 발생하여 프로그램이 종료된다.

```
#include <stdio.h>
int main(void) {
    int a=10, b=33 ;
    int *c;
    c=&a;
    printf("a 주소 &a=%p, b 주소 &b=%p \n\n", &a, &b);
    printf("포인터변수 c 주소 &c=%p, c 값=%p, *c=%d \n\n",&c, c, *c);
    c=&b;
    printf("포인터변수 c 주소 &c=%p, c 값=%p, *c=%d \n\n" &c, c, *c);
}
```

a 주소 &a=000000000062FE1C, b 주소 &b=000000000062FE18

포인터변수 c 주소 &c=000000000062FE10, c 값=000000000062FE1C, *c=10

포인터변수 c 주소 &c=000000000062FE10, c 값=000000000062FE18, *c=33

포인터 변수를 선언할 때 자료형은 중요하다. 자료형은 포인터 변수의 형이 아니라 포인터 변수가 가리키는 메모리 저장 공간의 자료형이다. 포인터가 가리키는 메모리에 저장된 자료형과 그 메모리를 참조하는 포인터 변수는 동일한 자료형으로 선언해야 한다.

만약 아래와 같이 소스코드를 작성한다면 컴파일 단계에서 에러가 발생하여 더이상 프로그램을 진행할 수 없음을 알 수 있다. 에러가 발생하는 이유는 정수형 포인터 변수와 실수형 포인터가 각각 지시하는 메모리의 크기가 서로 다르기 때문이다.

```
int *ptr;              /* 정수형 포인터 변수 선언 */
float a;
ptr = &a;              /* 포인터 변수 초기화 */
printf("%f", *ptr);
```

위의 코드에서 실수형 변수 a는 8바이트 메모리 크기를 갖고, 포인터 변수 ptr은 4바이트 크기를 갖는 변수를 가리키는 포인터 변수이다. 변수 a가 10000번지에서부터 10007번지까지 저장되었다면, printf()에서 *ptr은 10000번지에서 10003번지까지의 값만을 반환한다. 왜냐하면 ptr은 정수형 변수를 가리키도록 선언되었기 때문이다.

```c
#include <stdio.h>
int main(void) {
    char a='A';
    char *ptr;              /* 포인터 변수 선언 */
    ptr=&a;                 /* 포인터 변수 초기화 */
    printf("a 주소 &a=%p, a=%c \n", &a, a);
    printf("ptr 주소 &ptr=%p, ptr=%p, *ptr=%d \n\n", &ptr, ptr, *ptr);
    *ptr=a+2;
    printf("명령어 *ptr=a+2 수행 후 결과 \n");
    printf("a 주소 %a=%p이고, a=%c \n", &a, a);
    printf("ptr 주소 &ptr=%p이고, ptr=%p, *ptr=%c \n", &ptr, ptr, *ptr);
}
```

```
a 주소 &a=000000000062FE1F, a=A
ptr 주소 &ptr=000000000062FE10, ptr=000000000062FE1F, *ptr=65

명령어 *ptr=a+2 수행 후 결과
a 주소 0x0.000000p-1022=00000000000000043이고, a=`
ptr 주소 &ptr=000000000062FE10이고, ptr=000000000062FE1F, *ptr=C
```

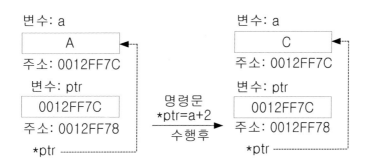

위의 예에서 포인터 변수 ptr는 변수 a의 주소값을 가지므로 변수 a의 값과 *ptr의 값은 동일한 메모리 주소에 있는 값이다.

9.2.4   포인터 변수의 연산

포인터 변수는 8byte 크기의 메모리 공간에 변수의 주소를 저장한다. 포인터 변수는 포인터 변수의 자료형에 관계없이 모두 8byte 크기에 해당 변수의 주소를 저장한다. 단, 포인터 변수가 메모리에서 값을 읽을 때는 포인터 변수에 지정된 자료형의 크기만큼 읽어 온다.

```
#include <stdio.h>        /* 포인터 변수의 메모리 크기 */
int main(void) {
    int *ptr_int;
    float *ptr_float;
    char *ptr_char;
    printf("포인터 변수 ptr_int은 %d byte\n", sizeof(ptr_int));
    printf("포인터 변수 ptr_float은 %d byte\n", sizeof(ptr_float));
    printf("포인터 변수 ptr_char은 %d byte\n", sizeof(ptr_char));
}
```

```
포인터 변수 ptr_int은 8 byte
포인터 변수 ptr_float은 8 byte
포인터 변수 ptr_char은 8 byte
```

포인터 변수는 포인터 변수와 주소에 대한 연산이 가능하다. 포인터 변수의 연산에서 피연산자인 두개의 포인터 변수는 동일한 자료형을 가지고 있어야한다. 일반적으로 많이 사용하는 연산으로 ++, --, +, -가 있다.

산술 연산에서 변수에 증감 연산자 ++와 --를 적용하면 변수의 값에 +1 또는 -1한 결과이었지만, 포인터 변수 연산에서는 산술적인 크기 1의 증감을 의미하지 않고, 포인터가 지시하는 자료 형의 메모리 크기만큼 증감한다. 다음과 같은 포인터 연산을 생각해보자.

```
int *ptr;              /* 정수형 포인터 변수 ptr 선언 */
.....
ptr++;
ptr--;
```

포인터 연산에서 ptr++;는 ptr이 갖는 메모리 주소의 다음 주소를 갖도록 값을 증가시킨다. 증가 연산과 유사하게 감소 연산 ptr--;는 ptr이 갖는 메모리 주소 이전의 주소를 갖도록 값을 감소시킨다. 포인터 변수 연산에서 값의 증가와 감소는 포인터가 가리키는 변수 자료형의 메모리 크기만큼 증감된다. 예를 들어, ptr이 4byte 크기를 갖는 정수형 변수를 가리킨다고 가정하자. ptr++는 한번 증가할 때 메모리 주소의 크기가 4byte만큼 증가한다. ptr이 1byte 크기를 갖는 문자형 변수를 가리킨다면 ptr--;는 한번 감소할 때 메모리 주소의 크기 1byte만큼 감소한다.

포인터에 대한 산술 연산 +와 -도 마찬가지다. 예를 들어, ptr+9;는 ptr이 가리키는 메모리의 요소로부터 9번째 요소를 말한다. 만약, ptr이 2byte의 자료형을 가리킨다면 ptr+9는 ptr이 가리키는 메모리 주소보다 18 증가한 메모리 위치를 가리킨다.

포인터 변수들은 증감 연산자와 정수를 이용한 +, - 연산 이외의 실수값과 곱셈에 의한 산술 연산은 허용하지 않는다. 예를 들어 'ptr+4.5'와 'ptr*4' 같은 연산은 허용되지 않는다. 포인터 변수들은 관계 연산자의 연산도 허용한다. 예를 들어, 포인터 변수에서 'ptr1 < ptr2'와 같은 연산은 "ptr1이 ptr2보다 더 적은 메모리 번지를 가리키다"는 것을 말한다.

```
int a, b;
int *ptr1, *ptr2;
ptr1=&a; ptr2=&b;
if(ptr1 < ptr2) then exit(1);
```

포인터 '*' 연산자는 단항 연산자로 다른 산술 연산자보다 우선순위가 높다. 예를 들어 '*ptr+1;'은 '(*ptr)+1;'과 동일한 의미를 갖는 것으로, 포인터 변수 ptr이 가리키는 내용물 값에 1을 더한다는 뜻이다. 만약 ptr이 가리키는 주소보다 하나 더 큰 메모리 번지를 참조하고 싶을 때는 '*(ptr+1);'과 같이 기술한다.

생각해보기   아래 프로그램은 정상적으로 수행되겠는가? 프로그램 결과를 예측해보기 바란다.

```
#include <stdio.h>
int main(void) {
    int temp=5;
    int *ptr_temp;
    ptr_temp=&temp;
    *ptr_temp=*ptr_temp +*ptr_temp;
    printf("%d \n", *ptr_temp);
}
```

[표 9.1] **포인터 변수의 연산과 그 의미**

실행문 (포인터 변수 ptr)	연산 순서 표시	의미
ptr	ptr	ptr 내용물(즉, 주소)을 읽어온다
ptr++	ptr++	ptr 주소를 ptr+1로 변환, (1은 자료형 크기)
*ptr	*ptr	ptr 주소의 내용물을 읽어온다
*ptr++	(*ptr)++	ptr 주소의 내용물을 읽어온다 ptr 주소는 ptr+1로 변환, (1은 자료형 크기)
*ptr--	(*ptr)--	ptr 주소의 내용물을 읽어온다 ptr 주소는 ptr-1로 변환, (1은 자료형 크기)
*ptr+1	(*ptr)+1	ptr 주소의 내용물에 1을 증가 ptr의 내용물은 변하지 않는다
*(ptr+1)	*(ptr+1)	ptr+1 주소의 내용물을 읽어온다
(*ptr)++	(*ptr)++	ptr 주소의 내용물을 읽어온다 ptr 주소의 내용물에 1을 증가 단, ptr 주소는 변하지 않는다
(*ptr)--	(*ptr)--	ptr 주소의 내용물을 읽어온다 ptr 주소의 내용물에 1을 감소 단, ptr 주소는 변하지 않는다
*++ptr	*(++ptr)	ptr+1 주소의 내용물을 읽어온다 ptr 주소는 ptr+1로 변환, (1은 자료형 크기)
++*ptr	++(*ptr)	ptr 주소의 내용물에 1을 증가 단, ptr 주소는 변하지 않는다

아래의 프로그램에서는 포인터 변수에 대한 연산자를 적용한 결과를 메모리 주소와 포인터
변수가 지시하는 메모리에 저장된 값의 변화를 알아본다. 또한, 자료형에 따라서 증가되는 메
모리 크기가 1byte 또는 4byte가 되는 예제를 알아본다.

```c
#include <stdio.h>
int main(void) {
    int j[3]={100, 200, 300};
    int *ptr=j;
    printf("ptr=%p, *ptr=%d, &j=%p \n", ptr, *ptr, &j);
    printf("ptr=%p, *ptr=%d \n", ptr, *ptr++);
    printf("ptr=%p \n\n", ptr);

    ptr=j;
```

```
    j[0]=100;
    printf("ptr=%p, *ptr=%d, &j=%p \n", ptr, *ptr, &j);
    printf("ptr=%p, *(ptr+2)=%d \n\n", ptr, *(ptr+2));

    ptr=j;
    j[0]=100;
    printf("*ptr=%d,          ptr=%p,  &j=%p \n", *ptr, ptr, &j);
    printf("*ptr=%d     ", ++*ptr);
    printf("ptr=%p \n\n", ptr);
}
```

```
ptr=000000000062FE00,    *ptr=100,         &j=000000000062FE00
ptr=000000000062FE04,    *ptr=100
ptr=000000000062FE04

ptr=000000000062FE00,    *ptr=100,         &j=000000000062FE00
ptr=000000000062FE00, *(ptr+2)=300

*ptr=100,          ptr=000000000062FE00,  &j=000000000062FE00
*ptr=101      ptr=000000000062FE00
```

위의 소스 코드에서 두 번째 printf()문의 명령문 '*ptr++'을 수행한 다음에 있는 두 번째 printf()와 세 번째 printf()에서 출력되는 ptr 값은 서로 다르다. 명령문 '*ptr++'에서 증가연산자(++)에 의해 ptr값이 증가되는 시점은 printf() 문장이 종료된 후에 ptr 값에 4byte 만큼 증가됨을 알 수 있다.

생각해보기　다음 테이블의 내용을 프로그램으로 확인해보자. 단, ptr은 포인터 변수이다.

*ptr++에서 증감연산 ++(또는 --)의 우선순위가 *보다 높지만 ++가 포인터 변수 ptr의 뒤에 있으므로 *ptr을 먼저 수행한 한다. 이후에 포인터 ptr에 대하여 ++가 수행된다.

명령문	내용
k = *ptr++	포인터 변수 ptr이 지시하는 주소에 있는 자료를 k에 대입한다. 포인터 변수 ptr을 1 증가한다.
k = (*ptr)++	포인터 변수 ptr이 지시하는 주소에 있는 자료를 k에 대입한다. 포인터 변수 ptr이 지시하는 주소에 있는 자료를 1 증가한다.
k = *++ptr	포인터 변수 ptr을 1 증가한다. 포인터 변수 ptr이 지시하는 주소에 있는 자료를 k에 대입한다.
k = ++*ptr	포인터 변수 ptr이 지시하는 주소에 있는 자료를 가져온다. 읽어온 자료를 1 증가한 후에 k에 대입한다.

다음 프로그램은 정수형 배열의 내용을 포인터를 이용하여 출력하는 코드이다. 수행 결과를 예측해보자.

```c
#include <stdio.h>
int main(void) {
    int k[]={100, 200, 300, 400, 500, 600};
    int *ptr=k;
    printf("*ptr = %d \n", *ptr);
    printf("(*ptr +5) = %d \n", (*ptr +5));
    printf("(*(ptr+2) +5) = %d \n", (*(ptr+2) +5));
}
```

위의 코드에서 ptr에 저장된 주소는 배열 k[0]이므로, *ptr은 100이 출력된다. (*ptr +5)는 배열 k[0]+5 이므로 105가 된다. (*(ptr+2) +5)에서 (ptr+2)는 ptr에 저장된 주소에서 2만큼 증가한 곳이므로 배열 k[2]와 동일하므로 *(ptr+2)는 배열 k[2]의 값 300이다. 따라서 (*(ptr+2) +5)는 305가 된다.

```c
#include <stdio.h>

int main(void) {
    int j[3]={100, 200, 300};
    int *ptr=j;
    printf("ptr=%p, *ptr=%d, &j=%p \n", ptr, *ptr, &j);
    printf("ptr=%p, (*ptr)++=%d \n", ptr, (*ptr)++);
    printf("ptr=%p, *ptr=%d \n\n", ptr, *ptr);

    ptr=j;
    j[0]=100;
    printf("ptr=%p, *ptr=%d, &j=%p \n", ptr, *ptr, &j);
    printf("ptr=%p, *ptr=%d \n", ptr, *++ptr);
}
```

```
ptr=000000000062FE00, *ptr=100, &j=000000000062FE00
ptr=000000000062FE00, (*ptr)++=100
ptr=000000000062FE00, *ptr=101

ptr=000000000062FE00, *ptr=100, &j=000000000062FE00
ptr=000000000062FE04, *ptr=200
```

위의 소스 코드에서 명령문 (*ptr)++를 수행한 결과는 ptr 주소의 메모리에 있는 자료 100 에 1을 더한 결과를 갖는다. 그렇지만 ptr 주소 값은 변하지 않는다.

마지막 printf()의 출력 인수 *++ptr은 *(++ptr)과 동일하다. 수행 결과는 ptr 주소를 1 증가시킨 후에 그 번지에 있는 자료를 가져오는 것이다. 그리고 ptr 주소를 1 증가하는 것은 포인터 변수가 정수형으로 선언되어 있으므로 4byte만큼 증가됨을 의미하므로 배열 j[]의 두 번째 원소를 가리키는 값이 된다.

```c
#include <stdio.h>
int main(void) {
    char j[3]={'A', 'B', 'C'};
    char *ptr=j;
    printf("ptr=%p, *ptr=%c, &j=%p \n", ptr, *ptr, &j);
    ptr++;
    printf("ptr=%p, *ptr=%c \n\n", ptr, *ptr);


    ptr=j;
    printf("ptr=%p, *ptr=%c, &j=%p \n", ptr, *ptr, &j);
    ptr=ptr+1;
    printf("ptr=%p, *ptr=%c \n", ptr, *ptr);
}
```

```
ptr=000000000062FE10,    *ptr=A, &j=000000000062FE10
ptr=000000000062FE11,    *ptr=B

ptr=000000000062FE10,    *ptr=A, &j=000000000062FE10
ptr=000000000062FE11,    *ptr=B
```

위의 소스코드에서 배열 j[]와 포인터변수 ptr의 자료형은 문자형으로 정의되어 있다. 따라서 명령문 ptr++ 또는 ptr=ptr+1에서 증가하는 값은 1byte만 증가함을 알 수 있다.

9.3 다중 포인터 변수

다중 포인터 변수는 포인터 변수의 포인터 변수를 말한다. 변수의 주소를 자료로 갖는 포인터 변수도 메모리에 저장되기 때문에 메모리에서 자신의 주소값이 있다. 다중 포인터 변수는 포인터 변수의 주소를 다른 포인터 변수에 저장할 때 사용하는 방법이다. 다중 포인터는 해당되는 변수의 메모리를 다중 회수만큼 참조해서 원하는 자료가 저장된 메모리 주소를 가리키는 포인터이다.

　다중 포인터 변수는 포인터를 나타내는 간접연산자 *의 사용 개수에 따라 이중 포인터 변수 또는 삼중 포인터 변수 등으로 나타낸다. 이중 포인터 변수는 포인터 변수 앞에 2개의 '*'를 사용하여 나타내고, 삼중 포인터 변수는 3개의 '*'를 이용하여 나타낸다. 예를 들어, 아래와 같이 사용할 수 있다.

```
int a, *ptr_1, **ptr_2;          /* 이중 포인터 변수 ptr_2 */
a=100;
ptr_1=&a;
ptr_2=&ptr_1;
```

　위의 예제에서 정수형으로 선언된 변수 a의 주소를 갖는 포인터변수는 ptr_1이고, 포인터 변수 ptr_1의 메모리 주소를 가리키는 포인터는 ptr_2이다.

```
#include <stdio.h>

int main(void)  {
   int a, *ptr_1, **ptr_2;
   a=100;
   ptr_1=&a;                  /* 포인터 변수 ptr_1 */
   ptr_2=&ptr_1;              /* 이중 포인터 변수 ptr_2 */
      printf("변수 a의 주소=%p,    a의 저장 값=%d \n", &a, a);
      printf("포인터변수의 주소값 &ptr_1=%p, &ptr_2=%p \n", &ptr_1, &ptr_2);
      printf("포인터변수의 저장 값 ptr_1=%d,  ptr_2=%d\ n\n", ptr_1, ptr_2);
      printf("저장 값의 내용물 *ptr_1=%d,  **ptr_2=%d \n\n", *ptr_1, **ptr_2);
}
```

```
변수 a의 주소=000000000062FE1C,     a의 저장 값=100
포인터변수의 주소값 &ptr_1=000000000062FE10, &ptr_2=000000000062FE08
포인터변수의 저장 값 ptr_1=6487580,  ptr_2=6487568 n
저장 값의 내용물 *ptr_1=100,  **ptr_2=100
```

다중 포인터는 포인터의 배열과 같다. 포인터의 배열은 각 구성요소가 하나하나 명확하게 어떤 주소를 가리키기 때문에 쉽게 이해할 수 있지만, 다중 포인터는 좀 더 이해하기 어렵다. 다중 포인터는 이론적으로는 더 많은 수의 간접 메모리 참조를 수행할 수 있지만 세 개 이상 사용하지 말 것을 권유한다.

9.4 / 널(null) 포인터

포인터 변수가 메모리 공간의 어떤 곳도 가리키지 않는 주소 값을 갖는 포인터를 널(null) 포인터라 한다. 이러한 널 포인터를 이용하여 값을 출력하려고 하면 당연히 문제가 발생할 것이다. 다음 프로그램은 포인터 변수 temp에 널 포인터를 할당하고, 변수 temp에 저장된 메모리 공간의 주소를 출력하고자 한다. 널(null)은 헤더 파일 stdio.h에 번지 0으로 정의되어 있다. 왜냐하면 주소 널(0)을 접근하려고하면 운영체제가 자동적으로 오류를 감지하기 때문이다.

```
#include <stdio.h>

int main(void) {
    char *temp;
    temp=NULL;              /* #define NULL ((void *) 0) */
    printf("포인터 변수 temp=%d", temp);
}
```

포인터 변수 temp=0

위 프로그램의 수행 결과 출력된 0의 의미는 무엇인가? 포인터 변수 temp는 아무것도 가리키고 있지 않다는 뜻으로 0이 출력되었다. 널 포인터는 아스키코드 값으로 0을 갖고 있다. 널 문자와 널 포인터는 구분해야 한다.

```
#include <stdio.h>
int main(void) {
    char *temp;
    temp="";                            /* 널 문자 할당 */
    printf("포인터 변수 temp=%d", temp);
}
```

포인터 변수 temp=4210688

위의 프로그램에서 포인터 변수 temp에 대입한 ""은 널 문자('\0')이다. 이 널 문자는 메모리의 어느 공간을 차지하고 있을 것이고, 그곳을 temp가 가리키고 있을 것이다. 따라서 포인터 변수 temp값을 출력하면 0아 아니라 메모리의 주소 값이 출력 될 것이다.

▍널 포인터의 활용

메모리의 어느 곳도 가리키지 않는 널 포인터를 어디에서 활용할 수 있을까? 프로그램에서 에러를 처리할 때와 함수에서 매개변수의 마지막을 알릴 때 활용할 수 있다. 다음 예제아 같이 널 포인터는 에러의 유무를 판단할 때 활용할 수 있나.

```c
if(fopen("temp_file", "r") == NULL) {
    perror("fopen");
    exit(0);
}

if((temp=(char *)malloc(sizeof(char) * 20)) == NULL) {
    perror("fopen");
    exit(0);
}
```

fopen()을 이용할 때 가장 빈번하게 나타날 수 있는 에러가 fopen()에서 지정한 파일이 존재하지 않는 경우이다. 이때 에러의 유무를 판단할 수 있는 것이 널 포인터이다.

malloc()에서 20byte에 해당하는 메모리를 할당하려고 했는데 실패했을 때 널 포인터가 리턴 된다. 결과적으로 perror()와 exit()를 실행한다.

9.5   배열과 포인터

9.5.1   1차원 배열과 포인터

포인터 변수는 변수이므로 대입 연산자를 이용하여 값을 저장할 수 있다. 하지만, 배열의 이름은 배열을 구성하는 첫 번째 원소의 주소를 가리키는 주소 상수이므로 증감 연산을 적용할 수 없다. 배열과 포인터는 상호 호환성이 있어서 배열을 선언하여 포인터를 사용할 수 있고, 포인터를 선언하여 배열을 사용할 수 있다. 따라서 배열의 모든 요소들은 포인터로 나타낼 수 있다. 배열에서 첨자를 제거한 배열명은 그 배열의 첫 번째 요소의 주소이다. 이 주소를 포인터 변수로 대입하고, 포인터 변수에 증감 연산자를 이용함으로써 배열의 값을 변경할 수 있다. 그렇지만 배열명 자체로는 연산이 불가능하다. 다음은 1차원 배열 a[]를 포인터 변수 ptr에 주소를 저장하는 예이다.

```
int a[20];
int *ptr;
ptr=a;        //ptr=&a[0]와 동일
*(ptr+2);
```

정수형 배열 a는 a[20] 배열의 첫 번째 요소 a[0]의 주소이다. 배열은 물리적인 메모리에 논리적으로는 연속적으로 저장된다. 명령문 ptr=a;는 배열 a의 첫 번째 요소의 주소를 ptr에 대입한다. 따라서 배열명 a와 배열의 첫 번째 요소 a[0]의 메모리 주소가 동일함을 알 수 있다. 만약 배열 a의 3번째 요소를 참조하고 싶다면, a[2];와 같이 쓰거나 *(ptr+2)와 같이 쓰면 된다. a가 10000번지부터 저장되었다면, a[1]은 10004번지, a[2]는 10008번지에 저장된 자료를 나타낸다. 배열에 대한 포인터 연산자로 *(a+2)는 10008번지의 자료를 나타낸다. ptr의 주소가 10000번지인 경우 ptr+2는 10002번지가 아니고 10008번지를 나타내고, 포인터 연산 *(ptr+2)은 10008번지의 주소에 들어 있는 내용물을 의미한다.

```
#include <stdio.h>      // 포인터변수의 증감연산 결과

int main(void)  {
    int num[]={10, 20, 30, 40};
    int *ptr=num;
    printf("*(ptr+0)=%d, *(ptr+1)=%d", *(ptr+0), *(ptr+1));
    printf(" *(ptr+2)=%d, *(ptr+3)=%d \n\n", *(ptr+2), *(ptr+3));
    printf("&num[0]=%p, &num[1]=%p,", &num[0], &num[1]);
    printf("&num[2]=%p, &num[3]=%p \n\n", &num[2], &num[3]);

    printf("ptr=%p,  *ptr=%u,   *ptr++=%d \n", ptr, *ptr, *ptr++);
    printf("ptr=%p,  *ptr=%d \n\n", ptr, *ptr);

    printf("ptr=%p,  *ptr=%d,   *++ptr=%d \n", ptr, *ptr, *++ptr);
    printf("ptr=%p,  *ptr=%d,   *ptr--=%d \n", ptr, *ptr, *ptr--);
    printf("ptr=%p,  *ptr=%d,   *ptr+3=%d \n", ptr, *ptr, *ptr+3);
    printf("ptr=%p,  *ptr=%d \n\n", ptr, *ptr);
}
```

```
*(ptr+0)=10, *(ptr+1)=20 *(ptr+2)=30, *(ptr+3)=40

&num[0]=000000000062FE00, &num[1]=000000000062FE04,&num[2]=000000000062FE08, &num[3]=000000000062FE0C

ptr=000000000062FE04, *ptr=20,   *ptr++=10
ptr=000000000062FE04, *ptr=20

ptr=000000000062FE08, *ptr=30,   *++ptr=30
ptr=000000000062FE04, *ptr=20,   *ptr--=30
ptr=000000000062FE04, *ptr=20,   *ptr+3=23
ptr=000000000062FE04, *ptr=20
```

위 소스코드의 printf() 문장에서 포인터 변수의 증감식 *ptr++은 ptr의 내용물을 읽어오고, ptr의 주소 값은 printf() 문장이 종류 될 때끼지 값니 승가하지 않고, printf() 문장이 종료된 후 ptr의 주소가 4byte 증가한다. 증감식 *ptr--도 동일하게 적용된다. 단, 포인터 변수의 증감식 *++ptr과 *--ptr은 ptr의 주소 값을 4byte 증가 또는 감소한 메모리의 내용물을 읽어온다.

결국 증감 연산자에서 ++ptr 또는 --ptr 형태는 증감 수식을 만나는 시점에 증감이 이루어지고 ptr++ 또는 ptr-- 형태는 수식이 종료된 후에 증감이 이루어진다.

```c
#include <stdio.h>          /* 배열과 포인터변수의 주소 관계 */
int main(void)  {
    int num[]={10, 20, 30, 40};
    int *ptr=num;
    printf("명령 *ptr=num 수행후 배열과 포인터변수 주소 관계 \n\n");
    printf("&num=%p,  ptr=%p \n\n", &num, ptr);
    printf("&num[0]=%p,   &num[1]=%p,", &num[0], &num[1]);
    printf("  &num[2]=%p,   &num[3]=%p \n\n", &num[2], &num[3]);

    printf("&num[0]+0=%p, &num[0]+1=%p,", &num[0]+0, &num[0]+1);
    printf(" &num[0]+2=%p, &num[0]+3=%p \n\n", &num[0]+2, &num[0]+3);

    printf("ptr+0=%p,     ptr+1=%p,", ptr+0, ptr+1);
    printf("    ptr+2=%p,     ptr+3=%p \n\n", ptr+2, ptr+3);

    printf("아래 주소는 배열 전체 크기 만큼 증가 \n");
    printf("&num+0=%p,   &num+1=%p,", &num+0, &num+1);
    printf("    &num+2=%p,    &num+3=%p \n\n", &num+2, &num+3);
}
```

```
명령 *ptr=num 수행후 배열과 포인터변수 주소 관계
&num=000000000062FE00,  ptr=000000000062FE00
&num[0]=000000000062FE00,   &num[1]=000000000062FE04,   &num[2]=000000000062FE08,   &num[3]=000000000062FE0C
&num[0]+0=000000000062FE00, &num[0]+1=000000000062FE04, &num[0]+2=000000000062FE08, &num[0]+3=000000000062FE0C
ptr+0=000000000062FE00,    ptr+1=000000000062FE04,    ptr+2=000000000062FE08,    ptr+3=000000000062FE0C
아래 주소는 배열 전체 크기 만큼 증가
&num+0=000000000062FE00,   &num+1=000000000062FE10,   &num+2=000000000062FE20,   &num+3=000000000062FE30
```

위의 소스코드에서 마지막에 있는 2개의 printf()에서 처리하는 &num+1 값은 배열 num 전체 크기만큼 증가한 메모리 위치를 나타낸다. 예를 들어, &num+0=0012FF70이고, &num+1=0012FF80이므로 두 수의 차이는 16진수로 10이다. 실행코드에서 다음과 같은 명령 형태 &(num[0]+1)는 에러를 발생시킨다.

```c
#include <stdio.h>              /* 배열과 포인터변수의 저장 값 비교 */
int main(void)  {
    int num[ ]={10, 20, 30, 40};
    int *ptr=num;

    printf("\n 배열과 포인터변수의 저장 값 비교 \n\n");
    printf(" num[0]=%d,   num[1]=%d,", num[0], num[1]);
    printf("    num[2]=%d,   num[3]=%d \n\n", num[2], num[3]);

    printf("*(num+0)=%d, *(num+1)=%d,", *(num+0), *(num+1));
    printf("  *(num+2)=%d, *(num+3)=%d \n\n", *(num+2), *(num+3));

    printf("*(ptr+0)=%d, *(ptr+1)=%d,", *(ptr+0), *(ptr+1));
    printf(" *(ptr+2)=%d, *(ptr+3)=%d \n\n", *(ptr+2), *(ptr+3));
}
```

배열과 포인터변수의 저장 값 비교

　num[0]=10,　num[1]=20,　　num[2]=30,　　num[3]=40

*(num+0)=10, *(num+1)=20,　*(num+2)=30, *(num+3)=40

*(ptr+0)=10, *(ptr+1)=20, *(ptr+2)=30, *(ptr+3)=40

위 프로그램에서 현재 *ptr의 내용물이 20인 상태에서 명령문 *ptr+3을 수행한 결과를 출력하면 23을 갖는다. 그렇지만 명령문 *ptr+3을 수행한 후 ptr의 내용물이 20에서 23으로 변경되는 것은 아니다.

다음의 소스 코드에 나오는 포인터 변수의 증감 연산식 결과를 계산해 본 후, 프로그램으로 확인해 보자.

```c
#include <stdio.h>        // 포인터 변수의 증감 연산식 결과
int main(void) {
    int num[]={10, 20, 30, 40, 50, 60};
    int *ptr=num;
            printf("ptr=%p,  *ptr=%d \n", ptr, *ptr);
            printf("ptr=%p,  *ptr=%d,  (*ptr)++=%d \n", ptr, *ptr, (*ptr)++);
            printf("ptr=%p,  *ptr=%d,  *++ptr=%d \n", ptr, *ptr, *++ptr);

            printf("\n ptr=%p,  *ptr=%d,  *++ptr=%d \n", ptr, *ptr, *++ptr);
            printf("\n ptr=%p,  *ptr=%d,  *++ptr=%d \n", ptr, *ptr, *++ptr);

            printf("ptr=%p,  *ptr=%d,  ++*ptr=%d \n", ptr, *ptr, ++*ptr);
            printf("ptr=%p,  *ptr=%d \n\n", ptr, *ptr);

            printf("ptr=%p,  *ptr=%d,  *--ptr=%d \n", ptr, *ptr, *--ptr);
            printf("ptr=%p,  *ptr=%d,  --*ptr=%d \n", ptr, *ptr, --*ptr);
            printf("ptr=%p,  *ptr=%d,  --*ptr=%d \n", ptr, *ptr, --*ptr);
}
```

```
ptr=000000000062FE00,  *ptr=10
ptr=000000000062FE00,  *ptr=11,   (*ptr)++=10
ptr=000000000062FE04,  *ptr=20,   *++ptr=20

 ptr=000000000062FE08,  *ptr=30,   *++ptr=30

 ptr=000000000062FE0C,  *ptr=40,   *++ptr=40
ptr=000000000062FE0C,  *ptr=41,   ++*ptr=41
ptr=000000000062FE0C,  *ptr=41

ptr=000000000062FE08,  *ptr=30,   *--ptr=30
ptr=000000000062FE08,  *ptr=29,   --*ptr=29
ptr=000000000062FE08,  *ptr=28,   --*ptr=28
```

　다음의 소스코드는 배열 num[]의 원소에 포인터 변수를 이용하여 어떤 처리를 수행하는 코드이다. 수행 결과를 예측해본 후, 프로그램을 수행하여 결과를 비교해 보자.

```c
#include <stdio.h>
int main(void) {
    int num[]={4, 15, 53, -3, 5, -66, 49, 50};
    int k, *ptr;
    int max=-1000, min=1000;
    int max_p, min_p;
                        // 코드 확인 필요
    ptr=num;
    printf("배열 num[]={ ");
    for(k=0; k<8; k++) {
        if(*(ptr+k) > max) {
            max = *(ptr+k); max_p = k;
        }
        if(*(ptr+k) < min) {
            min = *(ptr+k); min_p = k;
        }
        printf(" %3d", *(ptr+k));
    }
    printf(" } \n");
    printf("최댓값 max=%3d, 배열 첨자=%d \n", max, max_p);
    printf("최솟값 min=%3d, 배열 첨자=%d \n", min, max_p);
}
```

```
배열 num[]={    4  15  53  -3   5 -66  49  50 }
최댓값 max= 53, 배열 첨자=2
최솟값 min=-66, 배열 첨자=2
```

9.5.2 2차원 배열과 포인터

2차원 배열을 포인터 변수에 할당하는 경우 배열의 원소를 저장하는 순서의 특징으로 행의 시작 위치를 나타내게 된다.

```c
#include <stdio.h>
int main(void)  {
    int j, k, *ptr;
    int num_B[2][3]={{10, 20, 30}, {40, 50, 60}};
    printf("2차원 배열 이름을 이용한 원소 출력 \n");
    for(j=0, j<2; j++)
        for(k=0; k<3; k++)  {
            printf("num_B[%d][%d]=%2d    ", j, k, num_B[j][k]);
            printf("%s",(k==2) ? "\n": " ");
        }
    ptr=num_B[0];               /* 배열을 포인터변수에 할당 */
    printf("\n포인터변수를 이용한 원소 출력 \n");
    for(j=0; j<6; j++) {
        printf("*(ptr+%d)=%d    ", j, *(ptr+j));
        if((j+1)%3 == 0)
                printf("%s", "\n");
    }
}
```

```
2차원 배열 이름을 이용한 원소 출력
num_B[0][0]=10    num_B[0][1]=20    num_B[0][2]=30
num_B[1][0]=40    num_B[1][1]=50    num_B[1][2]=60

포인터변수를 이용한 원소 출력
*(ptr+0)=10    *(ptr+1)=20    *(ptr+2)=30
*(ptr+3)=40    *(ptr+4)=50    *(ptr+5)=60
```

2차원 배열 num_B[2][3]의 원소를 포인터 변수 ptr을 이용하여 출력하고자하는 경우 배열 명 num_B를 ptr에 할당하면 명령문 ptr=num_B;은 에러가 발생한다. 이 경우에는 ptr=num_B[0]; 형태로 이용해야한다. printf() 문장에서 배열 이름을 이용한 원소 출력 부분은 조건 연산자를 이용하여 한 행에 3개의 원소를 출력하도록 하였고, 포인터 변수를 이용한 원소 출력에서는 나머지 연산자를 이용하여 한 행에 3개 원소를 출력하도록 하였다.

```
#include <stdio.h>
int main(void) {
    int j, k;
    int *ptr_0, *ptr_1;
    int num_B[2][3]={{10, 20, 30}, {40, 50, 60}};
    ptr_0=num_B[0];
    ptr_1=num_B[1];
    printf("2차원 배열 요소의 주소 알아보기\n");
    for(j=0; j<2; j++)
        for(k=0; k<3; k++) {
            printf("num_B[%d][%d]=%p   ", j, k, &num_B[j][k]);
            printf("%s",(k==2) ? "\n": " ");
                }
    printf("\n2차원 배열과 포인터 주소 알아보기\n");
    printf("배열주소:num_B=%p, num_B[0]=%p,", num_B, num_B[0]);
    printf("num_B[1]=%p\n", num_B[1]);
    printf("포인터주소:ptr_0=%p, ptr_1=%p\n\n",ptr_0, ptr_1);
}
```

```
2차원 배열 요소의 주소 알아보기
num_B[0][0]=000000000062FDF0     num_B[0][1]=000000000062FDF4     num_B[0][2]=000000000062FDF8
num_B[1][0]=000000000062FDFC     num_B[1][1]=000000000062FE00     num_B[1][2]=000000000062FE04

2차원 배열과 포인터 주소 알아보기
배열주소:num_B=000000000062FDF0, num_B[0]=000000000062FDF0,num_B[1]=000000000062FDFC
포인터주소:ptr_0=000000000062FDF0, ptr_1=000000000062FDFC
```

9.5.3   문자열과 포인터

C 언어는 문자열을 문자 배열로 정의한다. 문자열의 마지막은 널로 종결된다는 것에 유의해야 한다. 널(null)은 논리 판단에서 거짓 값이다. 다음 예제의 의미를 생각해 보자.

```c
#include <stdio.h>

int main(void) {
    char gender;
    char *ptr_gender;

    gender = 'a';           /* ① */
    gender = "a";           /* ② */


    ptr_gender = 'a';        /* ③ */
    ptr_gender = "a";        /* ④ */
}
```

위의 ①은 문자 'a'를 gender에 할당한다. 문자 'a'의 아스키코드 값이 gender에 할당되므로 문법적으로 하자가 없다.

②에서 "a"는 문자열이며, 문자열은 주소 값을 리턴 하므로 "a"가 저장된 곳의 주소를 gender에 할당하므로 에러가 발생한다.

③에서는 문자 'a'를 ptr_gender에 할당하는 것이다. 문자 'a'에 해당하는 아스키코드 값을 ptr_gender에 저장하는 것과 동일하다. 그렇지만 ptr_gender에는 주소 외에 다른 값이 저장될 수 없으므로 문법적으로 에러이다.

④에서는 "a" 문자열이 메모리의 어딘가에 저장되고 문자열 "a"가 저장된 주소를 ptr_gender에 할당하므로 문법적으로 옳은 표현이다.

C 언어에서 문자열은 배열보다도 포인터 연산자를 이용하여 연산한다.

```c
#include <stdio.h>        // while()에서 *ptr++를 이용한 문자열 출력
int main(void) {
    char str[20];
    char *ptr;
    printf("배열 str의 입력 문자열: ");
    gets(str);
    ptr=str;
    printf("\n *ptr의 문자열 출력: ");
    while(*ptr)
        printf("%c", *ptr++);
}
```

배열 str의 입력 문자열: C Program

*ptr의 문자열 출력: C Program

위의 코드는 gets() 함수를 이용하여 str에 문자열을 저장하고, 배열 str[]의 주소를 포인터 변수 ptr에 저장한 후, while() 문장을 이용하여 한 글자씩 출력하는 프로그램이다. printf()에서 포인터 변수의 명령문 *ptr++는 ptr 주소의 내용물을 읽어오고, printf() 문장이 종료하면 ptr 주소는 1byte 증가된 주소를 갖는다. 문자열의 마지막 원소인 널 문자를 만나면 while() 조건문은 거짓이 되어 프로그램이 종료한다. 위의 코드와 동일한 논리적 흐름을 갖도록 배열을 사용하여 작성하면 다음과 같다.

```c
#include <stdio.h>      // while()에서 str[i]를 이용한 문자열 출력
int main(void) {
    char str[20];
    int i=0;
    gets(str);
    while(str[i]) {
        printf("%c", str[i]);
        i++;
    }
    printf("\n");
}
```

C Programing
C Programing

▌ 문자열 포인터 변수

포인터 변수 str을 선언하고, str에 문자열 "C language"를 할당하였다. 문제는 없는가?

```c
#include <stdio.h>
int main(void) {
    char *str;
    str = "C Language";          /* ① */
    while(*str) {
        printf("%c", *str);
        *str++;
    }
    printf("\n");
}
```

```
C Language
```

위의 프로그램에서 str이 포인터 변수이므로 주소 외에는 저장할 수 없다고 하였는데, 문자열 "C Language"를 대입할 수 있는가? C 언어에서는 이것을 다른 의미로 해석한다.

포인터 변수 str이 가리키는 대상체가 문자열 "C Language"이 아니고, 문자열 "C Language"가 저장된 곳의 가장 첫 번째 문자의 주소이다. 이러한 포인터 변수 str을 문자열 포인터 변수라 한다. 즉, 프로그램 컴파일러가 ①이 있는 실행문을 만나는 순간 문자열 "C Language"에서 'C'가 저장된 곳의 주소를 str에 할당한다. 이때 문자열 "C Language"를 문자열 상수라 한다.

9.6   포인터 배열

배열의 각 원소가 포인터를 나타내는 것을 포인터 배열이라 한다. 즉, 포인터 배열은 배열 원소로 주소 값을 갖는다. 정수형 포인터 배열의 선언은 다음과 같다.

```c
int * arr[3];
```

배열을 나타내는 []는 포인터를 나타내는 * 연산자보다 우선순위가 높다. 따라서 arr은 배열이 된다. 배열 arr[3]은 정수를 지시하는 포인터 배열이 된다. 배열 arr[3]에는 3개의 배열 원소가 있고, 각각의 원소들은 정수형 포인터이므로 정수형 변수들의 주소가 지정된다.

```
int a=111, b=222, c=333;
int * arr[3]={&a, &b, &c};     //정수형 포인터 배열 초기화
```

다음에 제시된 예제에서 배열과 포인터 배열의 메모리 할당 크기는 얼마일까?

```
int A[3];
int *ptr_A;        /* 1차원 포인터 배열 선언*/
ptr_A=A;


int B[2][3];
int (*ptr_B)[3];     /* 2차원 포인터 배열 선언*/
ptr_B=B


int C[2][3][3];
int (*ptr_C)[3][3];    /* 3차원 포인터 배열 선언*/
ptr_C=C
```

각 포인터 배열 ptr_A, ptr_B, ptr_C에는 메모리가 8byte씩 할당되고, 배열 A[], B[][], C[][][]의 시작하는 주소 값을 갖고 있다. 위의 2차원 포인터 배열 중 B[][]와 관련된 부분을 아래와 같이 선언하면 어떤 현상이 발생할까?

```
int B[2][3];       /* 2차원 배열 B[][] */
int *ptr_B[3];       /* 1차원 포인터 배열 ptr_B[] */
ptr_B=B        /* 에러 발생 */
```

ptr_B=B 이 경우에는 에러를 발생시킨다. 왜냐하면 ptr_B는 1차원 포인터 배열 변수로서 3개의 저장 공간을 갖는다. 그렇지만 ptr_B=B에서 ptr_B에는 B[0][0]의 주소가 대입되기 때문이다. 배열 요소가 3개인 2차원 배열을 가리킨다는 것을 (*ptr_B)[3]처럼 정의해야 한다.
즉, 배열에서 첫 번째 행의 열 개수만 알면 다음 행을 참조하는 것은 어렵지 않으므로 행 개수는 관여하지 않는다.

```
#include <stdio.h>
int main(void) {
    int A[3];
    int *ptr_A;          /* 1차원 포인터 배열 선언*/
    ptr_A=A;

    int B[2][3];
    int (*ptr_B)[3];     /* 2차원 포인터 배열 선언*/
    ptr_B=B;

    printf("배열 A[]의 메모리는 %d byte \n", sizeof(A));
    printf("포인터 배열 ptr_A는 %d byte \n", sizeof(ptr_A));
    printf("포인터 내용물 *ptr_A는 %d byte \n", sizeof(*ptr_A));

    printf("배열 B[][]의 메모리는 %d byte \n", sizeof(B));
    printf("포인터 배열 ptr_B는 %d byte \n", sizeof(ptr_B));
    printf("포인터 내용물 *ptr_B는 %d byte \n", sizeof(*ptr_B));
}
```

```
배열 A[]의 메모리는 12 byte
포인터 배열 ptr_A는 8 byte
포인터 내용물 *ptr_A는 4 byte
배열 B[][]의 메모리는 24 byte
포인터 배열 ptr_B는 8 byte
포인터 내용물 *ptr_B는 12 byte
```

위의 프로그램 예제에서 1차원 배열 A는 A[0], A[1], A[2]를 대표하는 배열명이므로 sizeof(A)의 메모리 크기는 3*4byte=12byte이다. 포인터 변수의 메모리 크기 sizeof(ptr_A)은 종류에 관계없이 8byte이다. sizeof(*ptr_A)의 의미는 포인터 ptr_A가 가리키는 대상의 크기를 의미하므로 A[0] 한 개이고, 메모리 할당은 4byte이다.

2차원 배열 B는 B[0][0], B[0][1], B[0][2], B[1][0], B[1][1], B[1][2]를 대표하는 배열명이므로 sizeof(B)의 메모리 크기는 6*4byte=24byte이다. ptr_B는 포인터 변수이므로 sizeof(ptr_B)은 종류에 관계없이 8byte이다. sizeof(*ptr_B)의 의미는 포인터 ptr_B가 가리키는 대상의 크기를 의미하므로 B[0][0] 한 개가 아니고, B[0][0], B[0][1], B[0][2]이므로 메모리 할당은 3*4byte=12byte이다. 위의 int (*ptr_B)[3];에서 첨자 3이 대상체가 3개임을 의미한다.

```
#include <stdio.h>
int main(void) {
    int k, a=10, b=20, c=30;
    int *ptr[3];                    /* 1차원 포인터 배열 선언*/
    ptr[0]=&a;
    ptr[1]=&b;
    ptr[2]=&c;
    for(k=0; k<3; ++k)
        printf("ptr[%d]=%p  *ptr=%d \n", k, &ptr[k], *ptr[k]);
}
```

```
ptr[0]=000000000062FDF0   *ptr=10
ptr[1]=000000000062FDF8   *ptr=20
ptr[2]=000000000062FE00   *ptr=30
```

위의 소스코드에서 선언문 int *ptr[3];은 배열 ptr[3]이 정수형 포인터 배열이고, 배열 요소를 3개 갖는 1차원 배열임을 의미한다. 명령어 ptr[0]=&a;는 변수 a의 주소를 ptr의 첫 번째 요소에 대입한다. ptr의 각 요소들은 정수형 포인터 변수이다.

```
#include <stdio.h>
int main(void)  {
    int k;
    int B[5] = {10, 20, 30, 40, 50};
    int *A[5];
            for(k=0; k<5; k++)
            {
                A[k] = B + 4 - k;
            }
    for(k=0; k<5; k++) {
        printf("A[%d]=%3d ", k, *A[k]);
    }
}
```

```
A[0]= 50 A[1]= 40 A[2]= 30 A[3]= 20 A[4]= 10
```

다음 예제 프로그램에서 1차원 포인터 배열의 내용에 대해 알아보자.

위의 소스코드는 포인터 배열을 사용하기 위해서 기본 배열의 주소를 포인터 배열의 주소에 할당하여 B의 값을 포인터 배열 A로 출력하고 있다.

다음 예제 프로그램에서 2차원 포인터 배열 변수 ptr_B에 대해 알아보자.

```c
#include <stdio.h>
int main(void)  {
    int j, k;
    int B[3][2]={{8, 4}, {20, 50}, {300, 60}};
    int (*ptr_B)[2];
    ptr_B=B;
    printf("%d \n", ptr_B);          /* ① */
    printf("%d \n,", *ptr_B);         /* ② */
    printf("%d \n", **ptr_B);        /* ③ */
}
```

```
6487552
6487552
,8
```

포인터 배열 변수 ptr_B에는 2차원 배열 B[][]를 할당하여 초기화를 하였다. 위의 printf()에서 ①과 ②는 배열 B[][]의 시작하는 주소를 출력한다. 1차원 배열 원소의 값을 포인터를 이용하여 얻기 위해서는 '*'가 한 개 있으면 충분하였다. 그렇지만 2차원 배열에서는 '*'가 2개 있어야 2차원 배열 원소 한 개를 취할 수 있다. printf()에서 ③에 의해 출력 되는 결과는 8이다.

아래 예제에서는 2차원 포인터 배열과 2차원 배열과 동등한 기능을 수행하는 표현법을 표현
하였다. 프로그램을 만들어서 그 의미를 분석해 보자.

```
#include <stdio.h>
int main(void) {
    int j, k;
    int B[3][2]={{8, 4}, {20, 50}, {300, 60}};
    int (*ptr_B)[2];
    ptr_B=B;
    // 포인터 표현과 동등한    // 배열 표현
    // ptr_B+1                B+1
    // ptr_B+2                B+2
    // *ptr_B                 B[0]
    // *(ptr_B+1)             B[1]
    // *(ptr_B+2)             B[2]
    // **ptr_B                B[0][0]
    // *(*ptr_B+1)            B[0][1]
    // *(*(ptr_B+1))          B[1][0]
    // *(*(ptr_B+1)+1)        B[1][1]
    // *(*(ptr_B+2)           B[2][0]
    // *(*(ptr_B+2)+1)        B[2][1]
}
```

포인터 배열에서 '*'는 배열에서 대괄호[]를 이용한 첨자를 사용한 것과 같다. 포인터 배열
표현식에서 '*'가 한 개 나오면 대괄호를 이용한 첨자가 한 개 나오고, '*'를 2개 사용하면 배열
표현에서 첨자가 2개 사용되었다. 2차원 배열에서 B[0], B[1], B[2]는 행의 주소를 뜻한다고
했으므로 포인터 배열에서 '*' 연산자를 한 개만 붙여서는 배열 요소의 값을 얻을 수 없고 행의
주소를 얻을 수 있다. '*' 연산자를 한 개만 이용하면 행의 첫 번째 배열 원소의 주소 값을 의미
하므로 배열 원소의 값 1개를 표현하기 위해서는 반드시 '*' 연산자가 2개 있어야 한다. 물론
배열 이름에 첨자를 2개 사용해도 같은 결과를 얻는다.

포인터 배열은 문자형 포인터 배열을 이용할 때 유용하게 사용할 수 있다. 아래 예제에서
문자형 포인터 배열 str[3]의 선언 결과는 다음과 같다. 포인터 배열 str[0]은 "sunday" 문자열
의 첫 번째 문자인 s의 시작주소를 기억하고 있으며, str[1]은 "monday" 문자열의 첫 번째 문
자인 m의 시작주소를 기억하고 있다. str[2]은 "tuesday" 문자열의 첫 번째 문자인 t의 시작주
소를 기억한다.

```
#include <stdio.h>
int main(void) {
 int j;
 char *str[3]={"sunday", "monday", "tuesday"};  /*문자형 포인터 배열 선언*/
 for(j=0; j<3; ++j)
     printf("str[%d]: 주소=%p    값=%s \n", j, &str[j], str[j]);
}
```

```
str[0]: 주소=000000000062FE00     값=sunday
str[1]: 주소=000000000062FE08     값=monday
str[2]: 주소=000000000062FE10     값=tuesday
```

str[0]→ | s | u | n | d | a | y | \0 |

str[1]→ | m | o | n | d | a | y | \0 |

str[2]→ | t | u | e | s | d | a | y | \0 |

▌문자열과 포인터 배열

문자형 배열에 아래와 같은 프로그램으로 자료를 할당하였다. 어떤 단점이 있겠는가 생각해보자.

```
#include <stdio.h>
#include <string.h>
int main(void) {
   char name[3][20];          /*문자형 2차원 배열 선언*/

   strcpy(name[0], "Hunmin Lee");
   strcpy(name[1], "Jungeum Lee");
   strcpy(name[2], "Jimyung Lee");
}
```

배열 name은 2차원 배열이므로, name[0]은 첫 번째 행을 의미한다. 한 사람의 이름을 저장하기 위해 배열 공간을 20개 설정하였다. 혹시, 이름이 20글자 이상인 경우가 있으면 배열 공간은 최대 길이+1 크기만큼 선언해야 한다. 위 경우처럼 메모리 낭비가 발생하는 문제를 해결할 수 있는 것이 포인터 배열이다. 아래와 같은 프로그램으로 수정할 수 있다.

```
#include <stdio.h>
int main(void) {
    char *name[3];        /*포인터 배열 선언*/
    name[0]="Hunmin Lee";
    name[1]="Jungeum Lee";
    name[2]="Jimyung Lee";
    for(int n=0; n<3; n++) {
        puts(name[n]);
        printf("\n");
    }
}
```

```
Hunmin Lee

Jungeum Lee

Jimyung Lee
```

포인터 배열 name[0], name[1], name[2]에는 문자열의 시작하는 위치 즉, 첫 번째 문자의 주소를 할당한다.

9.7 / 배열 포인터

배열 포인터는 배열을 가리키는 포인터이다. 배열 포인터의 형식은 다음과 같다. 괄호 ()의 우선순위가 높으므로 * 연산자 먼저 적용 되어서 arr은 포인터이다. arr 포인터는 int[3]을 가리키는 포인터가 된다.

```
int (* arr)[3];
```

 다음 프로그램의 의미와 결과를 예측해보자.

```
#include <stdio.h>
int main(void) {
    int arr[4]={10, 20, 30, 40};    //1차원 배열
    int (*brr)[4];                  // 배열 포인터
    int k;
```

```
    brr=&a;
    for(k=0; k<4; k++)
        printf("%3d \n", (*brr)[k]);
}
```

생각해보기 포인터 배열과 배열 포인터의 비교

```
int * arr[3];                //포인터 배열
int (*arr)[3];               //배열 포인터
```

int * arr[3]; 배열을 나타내는 []는 포인터를 나타내는 * 연산자보다 우선순위가 높다. 따라서 arr은 배열이 된다. 배열 arr[3]은 정수를 지시하는 주소들이 저장된 포인터 배열이 된다.

int (*arr)[3]; 괄호 ()의 우선순위가 높으므로 * 연산자 먼저 적용 되어서 arr은 포인터이다

9.8   다차원 배열 포인터

다차원 배열에서 배열 이름은 포인터의 간접연산자 *를 이용하여 포인터 상수로 사용된다. 아래 예제에서 배열 이름 num은 배열의 1행을 나타내는 num[0]을 지시하는 포인터 상수이다. 포인터 상수 num[0]은 배열의 가장 첫 번째 원소 num[0][0]의 주소값을 갖는 포인터 상수이다. 주의할 것은 다차원 배열의 이름에 간접연산자 *를 이용하면 배열의 첫 번째 원소의 내용물이 아니라는 사실이다. 예를 들어, *num의 결과는 배열 num의 시작하는 주소값이다. 1차원 배열과 다차원 배열에서 '*배열 이름'의 결과를 비교하여 그 의미를 이해하자.

```
#include <stdio.h>          // 2차원 배열에서 *num 의미
int main(void)  {
    int num[2][3]={{10, 20, 30}, {40, 50, 60}};
    printf("num=%p, *num=%p \n\n", num, *num);
    printf("&num[0][0]=%p, num[0]=%p \n\n", &num[0][0], num[0]);
    printf("&num[0]=%p, *num[0]=%d \n\n", &num[0], *num[0]);
    printf("num[0][0]=%d, num[1][2]=%d \n\n", num[0][0], num[1][2]);
}
```

```
num=000000000062FE00, *num=000000000062FE00

&num[0][0]=000000000062FE00, num[0]=000000000062FE00

&num[0]=000000000062FE00, *num[0]=10

num[0][0]=10, num[1][2]=60
```

배열에서 배열이름에 간접연산자 *를 이용한 결과의 의미를 알아보자. 예를 들어, 위의 다차원 배열에서 '*num'의 결과는 배열의 포인터 상수로 사용되어 num 배열의 첫 번째 행 또는 첫 번째 행의 첫 번째 열 원소의 시작하는 주소를 갖는 값을 갖는다. 그렇지만 1차원 배열에서 '*num'의 결과는 배열의 시작주소에 있는 첫 번째 열의 원소 num[0]의 저장 내용물을 의미한다.

```
#include <stdio.h>    // 1차원 배열에서 *num 의미
int main(void) {
    int num[3]={10, 20, 30};
    printf("num=%p, *num=%d \n\n", num, *num);
    printf("&num[0]=%p, num[0]=%d \n\n", &num[0], num[0]);
}
```

```
num=000000000062FE10, *num=10

&num[0]=000000000062FE10, num[0]=10
```

아래 예제에서 2차원 배열 원소와 포인터 상수의 관계성을 알아보자. 포인터 상수인 num[0]가 &num[0][0]과 동일한 주소를 갖고, num[1]은 &num[1][0]와 동일한 주소를 갖는다. 포인터 상수인 num[0]에 대해 연산식 num[0]+1의 의미는 무엇일까? 또한, 포인터 상수인 num에 대해 연산식 num+2의 의미는 무엇일까? 연산식 num+2는 포인터 상수 num이 지시하는 배열 상수의 다음 배열 상수의 메모리 주소 값이다. 따라서 num+1은 &num[1]을 의미한다.

```
#include <stdio.h>        // 2차원 배열에서 배열원소와 포인터상수 관계
int main(void) {
    int num[2][3]={{10, 20, 30}, {40, 50, 60}};
    printf("num[0][0]=%d, *num[0]=%d \n\n", num[0][0], *num[0]);
    printf("num[0]=%p, num[0]+1=%p \n\n\n", num[0], num[0]+1);
    printf("num+1=%p, &num[1]=%p, ", num+1, &num[1]);
    printf("&num[1][0]=%p \n\n", &num[1][0]);
    printf("num[1][2]=%d, *(num[1]+2)=%d \n\n", num[1][2], *(num[1]+2));
}
```

```
num[0][0]=10, *num[0]=10

num[0]=000000000062FE00, num[0]+1=000000000062FE04

num+1=000000000062FE0C, &num[1]=000000000062FE0C, &num[1][0]=000000000062FE0C

num[1][2]=60, *(num[1]+2)=60
```

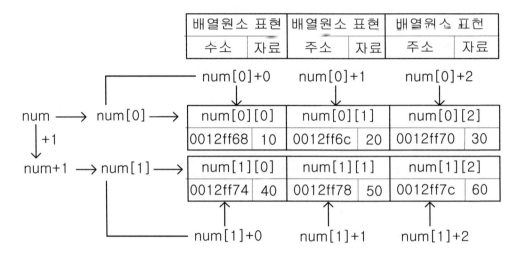

〔그림 9.1〕 배열의 포인터 상수에 대한 연산

```
#include <stdio.h>
int main(void)  {
    int num[2][3]={{10, 20, 30}, {40, 50, 60}};        /* 2차원 배열 */
    printf("num[0][0]=%d, *num[0]=%d \n\n",num[0][0], *num[0]);
    printf("**num=%d, (*num)[0])=%d \n\n\n",**num, (*num)[0]);
    printf("num[1][0]=%d, *num[1]=%d \n\n",num[1][0], *num[1]);
    printf("*(*num+3)=%d, *(num+1)[0])=%d \n\n\n",*(*num+3), *(num+1)[0]);
    printf("*num+5=%p, *(num+1)+2=%p \n\n",*num+5, *(num+1)+2);
    printf("*(*num+5)=%d, (*(num+1))[2])=%d \n\n",*(*num+5), (*(num+1))[2]);
}
```

```
num[0][0]=10, *num[0]=10
**num=10, (*num)[0])=10

num[1][0]=40, *num[1]=40
*(*num+3)=40, *(num+1)[0])=40

*num+5=000000000062FE14, *(num+1)+2=000000000062FE14
*(*num+5)=60, (*(num+1))[2])=60
```

위의 프로그램에서 마지막 출력문에 있는 (*(num+1))[2]를 대신하여 *(num+1)[2], (*num+1)[2], (*(num+1)[2]) 또는 *((num+1)[2])을 사용하면 예상하지 못한 결과값을 갖거나 컴파일 에러가 발생한다.

num[0][0]		num[0][1]		num[0][2]	
&num[0][0] num[0] *num	num[0][0] *num[0] (*num)[0]	&num[0][1] num[0]+1 *num+1	num[0][1] *(num[0]+1) (*num)[1]	&num[0][2] num[0]+2 *num+2	num[0][2] *(num[0]+2) (*num)[2]
num[1][0]		num[1][1]		num[1][2]	
&num[1][0] num[1] *num+3	num[1][0] *num[1] (*num)[3]	&num[1][1] num[1]+1 *num+4	num[1][1] *(num[1]+1) (*num)[4]	&num[1][2] num[1]+2 *num+5	num[1][2] *(num[1]+2) (*num)[5]

〔그림 9.2〕 배열 원소의 자료 표현과 저장 위치 표현방법-1

num[0][0]		num[0][1]		num[0][2]	
num	**num (*(num))[0] (*num)[0]		*(*num+1) (*(num))[1] (*num+1)[0]		*(*num+2) (*(num))[2] (*num+2)[0]
num[1][0]		num[1][1]		num[1][2]	
num+1 *(num+1)	*(*num+3) (*(num+1))[0] (*num+3)[0]	*(num+1)+1	*(*num+4) (*(num+1))[1] (*num+4)[0]	*(num+1)+2	*(*num+5) (*(num+1))[2] (*num+5)[0]

〔그림 9.3〕 배열 원소의 자료 표현과 저장 위치 표현방법-2

9.9	함수와 배열

9.9.1   함수의 인자로 배열을 사용

함수의 인자로 변수와 배열을 사용할 수 있으며, 함수의 반환 값으로 변수와 배열을 사용할
수 있다. 함수의 인자로 배열을 사용하는 경우 호출 함수의 인자로 배열 이름만 사용하고, 함수
의 원형과 선언부분에서는 함수의 파라미터로 배열을 사용할 경우 배열을 표시하되 1차원 배열
의 크기는 생략 가능하다. 함수 파라미터로 다차원 배열을 사용하는 경우 배열 요소의 첫 번째
요소만 생략 가능하다. 예를 들어, 2차원 배열이면 string_print(char str[][3])로 사용할 수
있다.

```c
#include <stdio.h>
void string_print(char str[]);            /* 함수 원형과 파라미터 선언*/
int main(void)  {
    char Pstr[8];
    printf("배열 Pstr에 저장할 문자열을 입력: ");
    scanf("%s", Pstr);              /* scanf()를 이용한 문자열 입력 */
    string_print(Pstr);            /* 인자로 배열 이름 Pstr을 이용 */
}

void string_print(char str[]) {              /* 함수 선언과 파리미터 */
    printf("string_print 함수의 가인수로 전달된 문자열: ");
    printf("%s \n\n",str);
}
```

```
배열 Pstr에 저장할 문자열을 입력: 우리나라대한민국
string_print 함수의 가인수로 전달된 문자열: 우리나라대한민국
```

main() 함수에서 string_print() 함수를 호출할 때 배열의 이름 Pstr을 호출함수의 실인수
로 사용한다. string_print() 함수를 호출하면 배열 Pstr이 호출된 함수 string_print(char
str[])의 배열 str[]로 전달된다. 이 경우 배열의 요소 값을 전달하는 것이 아니고, 배열 Pstr의
주소가 전달된다.

생각해보기 다음 코드의 실행 과정을 예측해보자.

```c
#include <stdio.h>
void chang(int a[], int k);            /* 함수 원형과 파라미터 선언*/
int main(void)  {
    int b[4] = {10, 20, 30, 40};
    printf("배열 b[] 출력 %d %d %d %d \n", b[0], b[1], b[2], b[3]);
    chang(b, 4);
    printf("배열 b[] 출력 %d %d %d %d \n", b[0], b[1], b[2], b[3]);
    return 0;
}

void chang(int a[], int k)  {    // void chang(int *a, int k) 동일 기능
    a[0]=50;    a[1]=60;
    a[2]=70;    a[3]=80;
}
```

9.9.2 함수의 결과로 배열을 반환

함수의 실행 결과 값으로 배열을 반환하려면 주소를 지정하는 포인터 변수를 이용한다.

아래의 예제는 1차원 배열 Pnum[]을 함수의 실인수로 넘겨주고, 함수에서 배열의 모든 원소에 100을 더하는 연산을 수행한 후, 그 결과를 함수의 결과 값으로 반환하는 예제이다.

```c
#include <stdio.h>
#include <stdlib.h>
int *array_add(int num[], int n);
int main(void)  {
    int *ptr, j;
    int Pnum[4]={0, 1, 2, 3};
    printf("배열 Pnum에 저장된 값 출력: \n");
    for(j=0; j<4; j++)
        printf("Pnum[%d]=%2d   ", j, Pnum[j]);
    ptr=array_add(Pnum, 4);         /* 실인자로 배열이름 Pnum 이용 */
    printf("\n\n함수에서 각 원소에 100을 더한 결과:\n");
    for(j=0; j<4; j++)
        printf("ptr[%d]=%2d   ", j, ptr[j]);
}
```

```
int *array_add(int num[], int n)  {
    int *ptr_1=(int *)malloc(n);
    for(int j=0; j<n; j++)
        ptr_1[j]=num[j]+100;
    return ptr_1;
}
```

```
배열 Pnum에 저장된 값 출력:
Pnum[0]= 0   Pnum[1]= 1   Pnum[2]= 2   Pnum[3]= 3

함수에서 가 원소에 100을 더한 결과:
ptr[0]=100   ptr[1]=101   ptr[2]=102   ptr[3]=103
```

위의 main() 함수에서 array_add(Pnum, 4) 함수를 호출하면, 배열 Pnum의 주소가 호출된 함수 array_add(int num[], int n)의 배열 num[]으로 전달된다. 호출된 함수 array_add(int num[], int n)는 배열 num[]의 각 원소에 100을 더한 결과를 포인터 배열 ptr_1에 저장하고, 포인터 배열 ptr_1을 이용하여 반환한다. 반환된 결과는 함수 main()에서 포인터 변수 ptr에 저장된다.

위 프로그램에서 함수 array_add(int num[], int n)에 있는 malloc() 함수는 동적 메모리 할당을 위한 함수로서, 이 함수를 이용하려면 전처리 지시자 #include <stdlib.h>를 헤더파일에 기술해야 한다. malloc() 함수는 할당된 메모리에 대한 시작 주소를 반환하고, 모든 자료형의 포인터로 이용할 수 있다. 또한, 동적으로 할당된 메모리가 더 이상 필요하지 않을 경우 free() 함수를 이용하여 메모리를 시스템에 반환해야한다. 이와 같이 프로그램 실행 도중에 입력할 자료의 형태와 크기에 따라 기억 공간을 할당하는 동적 메모리 할당 기법을 이용하면 기억공간의 낭비를 최소화 할 수 있다. 그렇지만 동적 메모리 할당 기법은 프로그램 실행 도중에 메모리 공간이 확보되므로 컴파일 과정에서는 그 크기를 알 수 없고, 변수의 이름을 갖지 못한다. 따라서 동적으로 할당된 메모리 공간을 사용하기 위해서는 주소를 저장하는 포인터를 이용해야 한다.

9.10 / void형 포인터

▌ void형 포인터 변수 정의

포인터 변수의 자료 형이 지정되지 않고 void로 표현된 것을 void형 포인터라 한다. 여기서 void형 포인터는 현재 가리키고 있는 대상체가 정해져 있지 않은 포인터이다. 선언하는 방법은 포인터 변수 앞에 'void *'를 써주면 된다.

```
void * name_ptr;
```

위의 예제처럼 선언된 경우 포인터 변수 name_ptr이 가리키는 주소에서 몇 byte를 읽어 올것 인가를 결정하는 것은 무엇인가? 그것은 캐스트 연산자 (int *), (float *), (chat *)이다.

▌ void형 포인터 변수 성질

void형 포인터 변수의 성질은 다음과 같다.

첫째, 어떠한 형 변환 없이도 void형 포인터 변수에 대입이 가능하다.
둘째, void형 포인터 변수가 지시하는 메모리 공간의 내용물을 읽을 때는 반드시 캐스트 연산자를 사용해야 한다.
셋째, 간접지정 연산자 '*'를 사용할 때는 항상 캐스트 연산자를 사용한다.
넷째, void형 포인터 변수에 증감 연산자 ++, --를 사용할 때는 반드시 캐스트 연산자를 사용한다.

▌ void형 포인터 변수 사용 예제

```
#include <stdio.h>
int main(void) {
    int number=201108;
    float phi=3.141592;
    char gender='F';

    void * refer;

    refer = &number;
    printf("number %d \n", *(int *)refer);  //printf( "%d ", *refer); 오류
```

```
    refer = &phi;
    printf("phi %d \n", *(float *)refer);

    refer = &gender;
    printf("gender %d \n", *(char *)refer);
}
```

```
number 201108
phi 0
gender 70
```

위 프로그램에서 refer는 포인터 변수이므로 메모리의 주소 값만 할당 가능하다. refer는 void형 포인터 변수이므로 refer가 가리키는 메모리 주소에서 몇 byte를 읽어올 것인지 결정되지 않았으므로 이를 해결하기 위해 캐스트 연산자 (int *), (float *), (chat *)를 이용하고 있다.

```
    printf("number %d \n", *(int *)refer);
```

위의 printf()에서 '(int *)refer'는 refer에 들어 있는 주소 값을 정수형 포인터로 변환한다. refer에 들어 있는 값을 정수형으로 변환하였기 때문에 나중에 역참조 연산자 '*'를 사용하면 메모리 공간에서 8byte를 읽어오게 되어 201108을 출력하게 된다.

9.11 / 함수 포인터

함수를 가리키는 포인터를 함수 포인터라 한다. 함수 포인터는 수치해석 또는 그래픽 분야에서 많이 사용한다. 함수 포인터의 사용 형식은 다음과 같다.

```
자료형 (* 포인터 변수) (매개변수)
```

```
#include <stdio.h>        // 함수 포인터
int add_60(int, int);
int add_100(int, int);


int main(void)  {
    int a=22, b=55, num;
    int (*temp)(int, int);              //에러시 이 문장을 main 위로 이동
    scanf("%d",&num);
    if(num >= 60)
        temp=add_100;
    else
        temp=add_60;
    printf("입력된 num=%d에 따라 값은 %d", num, temp(a,b));

}


int add_60(int a, int b) {
    return (a+b+60);
}


int add_100(int a, int b) {
    return (a+b+100);
}
```

45
입력된 num=45에 따라 값은 137

위의 예제에서 temp는 입력된 num에 따라 함수 add_60() 또는 함수 add_100()을 가리킬 수 있다. 즉, num값이 60보다 큰 값이면 temp에 add_100() 함수의 주소가 할당된다. 이 예제에서 포인터 함수에 복수개의 함수를 대입할 수 있음을 알 수 있다.

다음은 2차원 함수 포인터의 예제이다. 함수를 가리키는 포인터를 3개 생성하여 조건에 따라 함수를 선택하도록 하였다.

```
#include <stdio.h>                    // 함수 포인터
int add_0(int, int);
int add_1(int, int);
int add_2(int, int);
```

```
int (*temp[3])(int, int);

int main(void)  {
    int a=20, b=50, k, num;
    temp[0]=add_0;      temp[1]=add_1;      temp[2]=add_2;
    for(k=0; k<7; k++) {
        if(k%3 == 0)
            printf("나머지 0 : a+b+0=%d\n", temp[0](a,b));
        else if((k%3 == 1))
                printf("나머지 1 : a+b+1=%d\n", temp[1](a,b));
            else
                printf("나머지 2 : a+b+2=%d\n", temp[2](a,b));
    }
}

int add_0(int a, int b) {
    return (a+b+0);
}

int add_1(int a, int b) {
    return (a+b+1);
}

int add_2(int a, int b) {
    return (a+b+2);
}
```

```
나머지 0 : a+b+0=70
나머지 1 : a+b+1=71
나머지 2 : a+b+2=72
나머지 0 : a+b+0=70
나머지 1 : a+b+1=71
나머지 2 : a+b+2=72
나머지 0 : a+b+0=70
```

위 프로그램에서 int (*temp[3])(int, int);은 괄호()가 있으므로 괄호 ()를 먼저 처리한다. 괄호 안의 *temp[3]에서 배열 []이 포인터 연산자 * 보다 우선순위가 높으므로 temp는 배열이 된다. 배열 temp[3]는 포인터들의 배열이고, 이 포인터는 함수를 가리키는 포인터이다.

생각해보기   아래 코드의 실행 결과를 예측해 보자.

```c
#include <stdio.h>
void swap(int *x, int *y);
int main(void)  {
    int a=222, b=555;
    printf("swap() 함수 적용 이전 a=%d  b=%d \n", a, b);
    swap(&a, &b);
    printf("swap() 함수 적용 이후 a=%d  b=%d \n", a, b);
    return 0;

void swap(int *x, int *y) {
    int temp;
    temp=*x;
    *x = *y;
    *y=temp;
}
```

EXERCISE

|||||||||||||||||||||||||||||||||||||||

1   정수형 변수와 정수형 포인터 변수를 선언하고, 정수형 변수의 주소를 포인터에 대입하라. 그리고 정수형
     변수의 주소, 포인터 변수의 주소, 포인터 변수의 값 그리고 포인터 변수가 가리키는 메모리의 값을 출력
     하는 프로그램을 작성하시오.

2   정수형 포인터와 문자형 포인터에 증가연산자(++)와 감소연산자(—)를 사용하였을 때 포인터 변수들의
     값이 어떻게 변하는지 프로그램으로 보여라.

3   for()문과 포인터 변수를 사용하여 1차원 배열에 입력된 정수의 합을 구하시오

4   포인터를 이용하여 입력한 문자열을 역순으로 출력하시오. 단 문자열의 길이를 이용 활용한다.

5   함수의 인자로 배열의 주소를 넘겨서 배열의 합을 구하고, 그 합을 반환하는 프로그램을 작성하시오.

10 구조체와 공용체

C 언어에서는 3장 변수에서 소개한 기본적인 자료형 외에 사용자가 새롭게 정의하여 사용할 수 있는 자료형이 있다. 기본적인 자료형의 변수들을 하나로 묶는 구조체, 변수를 비트별로 할당할 수 있는 비트 필드, 같은 메모리를 쓰는 union, 심볼들의 목록을 이용한 열거형, 사용자가 재정의 해서 쓸 수 있는 typedef형 등이 있다. 이중에 3장에서 소개되지 않은 구조체와 공용체에 대해서 살펴본다.

10.1 / 구조체

구조체는 논리적으로 관련이 있는 항목을 하나의 이름으로 묶어서 자료로 표현하고자 할 때 사용한다. 구조체 자료의 각 항목을 구조체 원소 또는 구조체 멤버라 하고, 각 원소에 대한 자료형과 변수를 구성하는 것을 구조체 정의라 한다. 사용자가 구조체를 정의한다는 것은 시스템에서 제공하지 않는 특별한 구조를 갖는 자료형을 만드는 것으로 구조체형이라 한다.

10.1.1 구조체 선언과 구조체 변수

구조체를 정의할 때 키워드는 struct이고, 형 선언 기술자에는 구조체를 대표하는 이름을 쓴다. 구조체 원소들은 중괄호 { } 안에 선언하고, 각 원소는 자료형과 변수이름을 갖지만, 구조체 이름은 구조체 원소의 변수로 사용할 수 없다. 구조체 원소의 자료형은 변수, 배열, 포인터 변수, 구조체 변수, 구조체 포인터 변수를 사용할 수 있다. 구조체를 정의하는 문장도 C 언어의 문장이기 때문에 중괄호 다음에 문장 끝을 알리는 세미콜론을 반드시 기술해야한다.

```
struct 구조체 태그 {
    자료형 변수1;
    자료형 변수2:
} 구조체 변수명;
```

구조체 태그는 구조체의 이름이다. 이것은 변수 이름이 아니고 새로 만들어진 자료형이다. 선언된 구조체를 통해 컴파일러는 사용자가 정의한 구조체형을 인식하고, 구조체 변수가 선언되면 기억장소에 구조체형의 크기만큼 메모리를 할당한다. 예를 들어, 대학교에서 사용하는 학생의 자료를 표현하는 내용 중 일부를 구조체 정의를 이용하여 다음과 같이 나타낼 수 있다.

구조체의 원소에 초기값을 할당 할 때 값이 지정되지 않으면 C 언에 자료형의 기본 값이 지정된다. 예를 들어, int형이면 십진수 0 값이, char형이면 널 값이 할당된다.

구조체 변수를 선언하는 방법은 크게 3가지로 나누어 선명할 수 있다.
첫째, 구조체를 정의한 후 구조체 이름과 함께 구조체 변수를 선언할 수 있다.
둘째, 구조체 정의와 동시에 구조체 변수를 선언할 수 있다.
셋째, typedef를 이용하여 구조체 변수를 선언할 수 있다.

① 구조체 정의 후 구조체 변수 선언

```
struct student {
        char name[10];
        char male_f[2];
} ;
    struct student Pstudent ;      /* 구조체 변수 Pstudent선언 */
    student Pstudent ;             /* 구조체 변수 선언 */
    student Qstudent ;
    printf("구조체 메모리 크기=%d", sizeof(struct student)); /* 가능 */
```

구조체 변수 Pstudent는 아래와 같은 형태로 메모리에 할당된다. 아래 그림에서는 자료형의 메모리 크기에 관계없이 배열 원소 개수만 나타냈다.

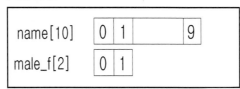

위의 구조체 변수 선언 예는 구조체 이름이 student이고, 구조체 원소로 5가지 항목을 갖는 구조체형이 정의된 것이다. 또한 구조체 변수의 메모리 크기를 sizeof() 함수를 이용하여 출력할 수 있다. 구조체 변수 Pstudent는 구조체 student의 정의와 함께 변수로 선언할 수 있으며, 구조체의 이름을 이용하여 구조체 변수 Pstudent를 선언할 수 있다. 또한, Pstudent와 동일한 자료형을 갖는 구조체 변수 Qstudent를 구조체 이름을 이용하여 선언할 수 있다. 구조체의 메모리 크기를 알아보는 sizeof() 문장에서 키워드 struct를 이용하는 경우에는 구조체 이름을 이용해야만 한다. 키워드 struct와 구조체 변수 Pstudent를 함께 사용하면 문법 에러가 발생한다. 위의 프로그램에서 sizeof(struct student)와 sizeof(student)은 사용 가능하다. 그렇지만 sizeof(struct Pstudent)는 사용할 수 없다.

② 구조체 정의와 동시에 구조체 변수 선언

아래와 같이 구조체 이름을 생략해도 구조체 변수 선언은 가능하다. 이 경우 구조체 이름이 없기 때문에 구조체 이름을 이용하여 구조체 변수를 선언할 수 없고, 구조체 변수를 선언할 때마다 구조체형의 전체 구조를 다시 기술해야한다. 동일한 구조체 이름으로 선언된 구조체 변수만 동일한 자료형의 구조체가 되기 때문에 구조체 이름 없이 선언된 구조체 변수 Pstudent와 Qstudent는 서로 다른 자료형의 구조체 변수이다. 이와 같이 구조체의 자료형이 서로 다르면 구조체 변수를 이용한 대입연산자를 적용할 수 없다. 예를 들어, 아래의 2개 구조체 변수 사이에 Pstudent=Qstudent 연산을 수행할 수 없다.

```
    struct student_P {              /* 구조체 이름 */
        char name[10];
        char male_f[2];
} Pstudent ;                /* 구조체 변수 선언 */

    struct {                        /* 구조체 이름 생략 */
        char name[10];
        char male_f[2];
} Qstudent ;                /* 구조체 변수 선언 */
```

위의 구조체 변수 Qstudent의 경우는 구조체 태그를 선언하지 않았다. 이 구조체를 한번 이상 사용할 계획이라면 구조체 태그를 사용한다.

구조체 변수의 초기값을 지정하는 방법은 아래와 같이 구조체 정의와 동시에 구조체 변수를 선언하면서 초기값을 지정할 수 있다.

```
    struct student {
          char name[10];
          char male_f[2];
} Pstudent={"홍길동", "m"} ;  /* 구조체 변수 및 초기값 선언 */
struct student Qstudent;
printf(구조체 메모리 크기=%d", sizeof(student));       /* 가능 */
   printf(구조체 메모리 크기=%d", sizeof(Pstudent));      /* 가능 */
printf(구조체 메모리 크기=%d", sizeof(struct Pstudent));/* 에러*/
```

③ 구조체 정의 후 typedef을 이용한 구조체 변수 선언

student에 대한 구조체 선언과 구조체 변수 Pstudent가 아래와 같이 있다고 가정한다. typedef을 이용하여 구조체의 자료형을 하나의 이름 All_student로 정의할 수 있다. 결국 typedef를 이용하면 struct student는 All_student와 동일한 의미로 사용 가능하므로, All_student를 이용하여 구조체 변수를 선언할 수 있다.

```
struct student {                    /* 구조체 정의 */
      char name[10];
      char male_f[2];
} ;
   typedef struct student All_student;
   All_student A_student ;              /* 구조체 변수 선언 */
   All_student B_student ;
```

아래 예제 프로그램은 구조체 정의 후 typedef을 이용한 구조체 변수 선언하고, 선언된 변수에 초기값을 지정하였다.

```
#include <stdio.h>
struct student {
    char name[10];
    char male_f[2];
 } ;

typedef struct student All_student;
```

```
   All_student A_student = {"독불장군", "f"};        /* 초기 값 지정 */

   int main(void)  {
      All_student B_student = {"불독장군", "m"};
      printf("이름: %s, 성별: %s \n", A_student.name, A_student.male_f);
      printf("이름: %s, 성별: %s \n", B_student.name, B_student.male_f);
      printf("구조체 메모리 크기=%d \n", sizeof(All_student));
      printf("구조체 메모리 크기=%d \n", sizeof(B_student));
   }
```

```
이름: 독불장군, 성별: f
이름: 불독장군, 성별: m
구조체 메모리 크기=12
구조체 메모리 크기=12
```

④ 구조체 정의와 동시에 typedef을 이용한 구조체 변수 선언

typedef를 이용한 다른 형태는 구조체 정의와 동시에 typedef을 이용하는 방법이다. 아래와 같이 2가지 경우로 나눌 수 있다. 첫째, 구조체 정의를 한 후에 typedef를 이용하여 구조체 변수를 선언하는 방법이다. 둘째, 구조체 정의와 동시에 typedef를 이용하여 구조체 변수를 선언하는 방법이다.

아래 예제에서는 구조체 자료형 struct student를 정의하고, typedef를 이용하여 자료형을 student와 teacher로 각각 재정의 하였다. 재정의된 student를 이용하여 구조체 변수 All_student와 teacher를 이용하여 구조체 변수 All_teacher를 선언하였다.

```
struct student {
        char name[10];
        char male_f[2];
} ;
   typedef struct student student ;
   student All_student ;          /* 구조체 변수 All_student 선언 */
   typedef struct student teacher ;
   teacher All_teacher ;          /* 구조체 변수 All_teacher 선언 */
```

구조체 정의와 동시에 typedef를 이용하는 아래 방법에서 새로운 자료형으로 재정의 되는 키워드는 All_student이다. All_student를 이용하여 구조체 변수 A_student와 B_student를 선언하였다.

```
typedef struct {
        char name[10];
        char male_f[2];
} All_student ;
    All_student A_student ;        /* 구조체 변수 A_student 선언 */
    All_student B_student ;        /* 구조체 변수 B_student 선언 */
```

```
    #include <stdio.h>
    typedef struct student {
        char name[10];
        char male_f[2];
    } All_student ;

    All_student A_student = {"여장군", "f"};        /* 변수 초기화 */

    int main(void)  {
       All_student B_student = {"남장군", "m"};
       printf("이름: %s, 성별: %s \n", A_student.name, A_student.male_f);
       printf("이름: %s, 성별: %s \n", B_student.name, B_student.male_f);
    }
```

```
이름: 여장군, 성별: f
이름: 남장군, 성별: m
```

자료형을 정의하는 typedef은 전처리기를 통해 실행되는 것이 아니고 컴파일러에 의해 인식되고 실행되므로 전처리를 나타내는 #이 필요 없고, 문장의 끝을 나타내는 세미콜론이 요구된다. typedef는 몇 개의 키워드를 대신하여 간단히 표현하고자 할 때 키워드를 대신하는 대체용으로 사용하고, 컴퓨터 기종이 다른 경우 발생하는 자료형에 관한 메모리 크기를 쉽게 변경할 수 있는 장점이 있다.

다음 예제를 실행해 보자.

```
    #include <stdio.h>
    #define MAX_TITL 20
    #define MAX_AUTH 10

    struct lib_book {
        char title[MAX_TITL];
```

```
            char author[MAX_AUTH];
                int value;
    } ;


    int main(void)  {
        struct lib_book library;
        gets(library.title);
        gets(library.author);
        scanf("%d", &library.value);
        printf("title : %s, author : %s\n", library.title, library.author);
        printf("value : %d", library.value);
    }
```

```
C programing
HongGilDong
1
title : C programing, author : HongGilDong
value : 1
```

10.1.2 구조체 변수 적용 범위

구조체 정의가 선언된 위치에 따라 구조체 변수의 적용 범위가 결정된다. 구조체 변수의 적용 범위는 일반변수의 적용에서 전역변수와 지역변수에서 적용했던 것과 동일하게 적용한다. 아래의 2가지 경우를 살펴보자.

첫째, main() 함수 이전에 구조체가 정의된 경우 구조체 student는 파일의 어느 부분에서도 이용 가능하다.

```
#include <stdio.h>
struct student {
        char name[10];
        char male_f[2];
} ;

int main(void)  {
    struct student Pstudent;      /* 구조체 변수 선언 */
    . . .
}

print_out() {
    struct student Qstudent;      /* 구조체 변수 선언 */
}
```

둘째, 구조체 정의가 main()함수 내부에서 정의된 경우 구조체 변수는 main() 함수 내에서
만 이용 가능하다.

```c
#include <stdio.h>
int main(void) {
    struct student {
        char name[10];
        char male_f[2];
    } ;
    struct student Pstudent;
    . . .
}
```

10.1.3 구조체 원소 참조

구조체 원소를 참조하기 위해서는 구조체 원소 접근 연산자인 도트 연산자를 이용한다. 구조
체 원소의 자료형이 정수형 또는 문자형은 C 언어에서 제공하지만 문자열형은 제공하지 않으
므로 문자열을 처리하는 함수를 이용해서 자료를 입력해야한다. 구조체 정의, 구조체 변수의
원소 참조 및 변수 초기값 할당의 예를 살펴보자.

```c
#include <stdio.h>
    #include <string.h>            /* 문자 배열 복사를 위한 헤더파일 */
int main(void) {
    struct student {
        char name[10];
        int hakbun;
    } ;
    student Pstudent={"홍길동", 2401} ;      /* 구조체 변수 초기화 */
    struct student Qstudent={"이장군", 2402};
    student Rstudent;
    printf("구조체 메모리 크기=%d \n", sizeof(student));
    printf("이름: %s, 성별: %d \n", Pstudent.name, Pstudent.hakbun);
    printf("이름: %s, 성별: %d \n", Qstudent.name, Qstudent.hakbun);
        strcpy(Rstudent.name, " 이병장 ");         /* 구조체 변수 초기화 */
        Rstudent.hakbun=7777;
    printf("이름: %s, 성별: %d \n", Rstudent.name, Rstudent.hakbun);
}
```

```
구조체 메모리 크기=16
이름: 홍길동, 성별: 2401
이름: 이장군, 성별: 2402
이름: 이병장, 성별: 7777
```

다음 예제는 구조체 선언과 도트 연산자를 이용하여 구조체의 원소를 접근하는 프로그램이다.

```
#include <stdio.h>
   #include <string.h>                /* strcpy를 이용한 복사 */
struct student {
    char name[10];
    int hakbun;
} ;


int main(void) {
    struct student Pstudent ;          /* 구조체 변수 선언 */
      strcpy(Pstudent.name, " 이병장 ");
      Pstudent.hakbun=20120812;
    printf("이름: %s \n", Pstudent.name);
    printf("학번: %d \n", Pstudent.hakbun);
  }
```

```
이름: 이병장
학번: 20120812
```

아래와 같이 구조체 정의와 동시에 구조체 원소의 초기값을 할당하는 경우에는 문법적 오류가 발생한다. 오류가 발생한 이유는 구조체 정의는 컴파일러에서 제공하는 자료형이 아니기 때문에 구조체 변수를 선언하기 전에 미리 자료 형을 정의해야만 한다. 사용자가 구조체를 정의하면 컴파일러가 구조체를 인식한 후에 구조체 변수를 할당할 수 있다. 변수가 선언되지 않았는데 초기값을 할당하는 것은 잘못된 것이다.

```
struct student {
    char name[10]={"홍길동"} ;
    char male_f[2]={"f"};
} ;
```

아래 예제에서는 구조체 변수와 구조체 변수 사이의 대입 연산자를 적용한 경우와 구조체 변수의 원소 사이에 대입 연산자를 적용한 예이다. 구조체 weight의 구성 원소는 정수형과 실수형을 갖는 2개 원소로 구성되어 있다.

```c
#include <stdio.h>
int main(void)  {
    struct weight {
        int body;
        double needle;
    };
    typedef struct weight weight;
    weight Pweight={60, 0.2758};
    weight Qweight={120, 1.00349};
    weight Rweight ;
    printf("Pweight 몸체: %d, 바늘: %f \n", Pweight.body, Pweight.needle);
    printf("Qweight 몸체: %d, 바늘: %f \n\n", Qweight.body, Qweight.needle);
    Rweight.body = Pweight.body ;
    Rweight.needle = Pweight.needle ;
    printf("Rweight 몸체: %d, 바늘: %f \n", Rweight.body, Rweight.needle);
}
```

```
Pweight 몸체: 60, 바늘: 0.275800
Qweight 몸체: 120, 바늘: 1.003490

Rweight 몸체: 60, 바늘: 0.275800
```

아래 예제에서 구조체 student의 원소는 문자형 배열이므로 구조체 원소 사이에 자료를 복사하기 위해서는 스트링 복사 명령어인 strcpy()를 이용한다. strcpy() 함수를 이용하기 위해서는 전처리기로 〈string.h〉 헤더 파일이 요구된다.

```c
#include <stdio.h>
#include <string.h>                /* 문자 배열 복사를 위한 헤더파일 */
int main(void)  {
    struct student {
        char name[10];
        char male_f[2];
```

```
    };
    typedef struct student student;
    student Rstudent ;
    student Pstudent={"홍길동", "m"};
    student Qstudent={"이장군", "f"};
    printf("Pstudent 이름: %s, 성별: %s \n", Pstudent.name, Pstudent.male_f);
    printf("Qstudent 이름: %s, 성별: %s \n\n", Qstudent.name, Qstudent.male_f);
    strcpy(Rstudent.name, Pstudent.name) ;
    strcpy(Rstudent.male_f, Qstudent.male_f) ;
    Pstudent = Qstudent;                    /* 구조체 변수 대입연산자 */
    printf("Rstudent 이름: %s, 성별: %s \n", Rstudent.name, Rstudent.male_f);
    printf("Pstudent 이름: %s, 성별: %s \n", Pstudent.name, Pstudent.male_f);
}
```

```
Pstudent 이름: 홍길동, 성별: m
Qstudent 이름: 이장군, 성별: f

Rstudent 이름: 홍길동, 성별: f
Pstudent 이름: 이장군, 성별: f
```

구조체에서 자료형이 서로 다른 변수 사이에도 구조체 원소의 자료형과 크기가 동일하면 원소간의 대입 연산자는 적용할 수 있다. 그렇지만 자료형이 서로 다른 구조체 변수 사이에 대입 연산자는 적용할 수 없다. 예를 들어, 아래 프로그램에서 구조체 변수 X_weight와 Pweight는 자료형이 서로 다르다. 두 구조체의 원소 사이에 대입 연산자 명령문 X_weight.x_body = Pweight.body;은 수행된다. 그러나 구조체 변수 X_weight와 Pweight 사이에 대입 연산자를 적용한 명령문 X_weight = Pweight;은 문법 오류가 발생한다.

```
#include <stdio.h>
struct weight {
    int body;
    double needle;
};

typedef struct weight weight;
int main(void) {
    struct x_weight {
        int x_body;
        double x_needle;
    } X_weight ;
```

```
    weight Pweight={60, 0.2758};
    X_weight.x_body = Pweight.body;
    X_weight.x_needle = Pweight.needle;
    printf("X_weight 몸체: %d \n", X_weight.x_body);
    printf("X_weight 바늘: %f \n", X_weight.x_needle);
    /* X_weight = Pweight;            문법 오류 발생 */
}
```

```
X_weight 몸체: 60
X_weight 바늘: 0.275800
```

C 언어의 컴파일러는 구조체 변수에 대해 메모리 재배치 작업을 수행하는데, 이 과정을 패딩이라 한다. 패딩 작업에서는 구조체를 구성하는 원소의 자료형 중 가장 큰 기억장소를 기준으로 배수에 해당하는 메모리를 할당한다. 아래 예제에서 A_student 변수는 문자형으로 2개의 배열이 선언되어 있으므로 가장 큰 기억장소 크기의 기준은 1byte이다. 따라서 A_student의 메모리 크기는 30byte이다. 구조체 변수 B_student의 원소에서 가장 큰 메모리 공간은 정수형 4byte이므로 실제 메모리크기인 34byte와 가장 근접한 4의 배수는 36이므로 36byte를 할당한다. 구조체 변수 C_student의 원소에서 가장 큰 메모리 공간은 실수형 8byte이므로 실제 메모리크기인 38byte와 가장 근접한 8의 배수는 40이므로 40byte를 할당한다.

컴파일러의 메모리 재배치 작업은 현재 사용하는 32비트 컴퓨터에서 cpu와 메모리 사이에 기본 자료 전송량이 4byte이므로 메모리의 주소 매핑이 4바이트 단위로 설정되어 있다.

이러한 메모리 패딩 작업을 통해 cpu와 메모리 사이의 자료 전송 또는 메모리 사용의 효율을 높이도록 한다. 구조체 변수 C_student에서 각 문자배열의 크기가 16이 될 때까지 전체 메모리 크기는 40byte이다.

```
#include <stdio.h>
int main(void) {
    struct {
        char name[15];
                char depart[15];
    } A_student;
    struct {
        char name[15];
                char depart[15];
                int number;
    } B_student;
```

```
    struct {
        char name[15];
                char depart[15];
                double number;
    } C_student;
    printf("구조체 A_student: %d Byte \n", sizeof(A_student));
    printf("구조체 B_student: %d Byte \n", sizeof(B_student));
    printf("구조체 C_student: %d Byte \n", sizeof(C_student));
}
```

```
구조체 A_student: 30 Byte
구조체 B_student: 36 Byte
구조체 C_student: 40 Byte
```

▌ 다양한 구조체 멤버 사용

구조체의 멤버로는 기본 자료 형뿐만 아니라 모든 응용 자료형을 사용할 수 있다. 배열, 포인터 변수, 이미 정의된 다른 구조체 변수 등이 구조체의 멤버가 될 수 있다.

```
#include <stdio.h>
struct profile {
    int age;
    char *np;              /* 이름을 연결할 포인터 변수 멤버 */
};

struct student {
    int number;
    struct profile p_f;     /* 이미 정의된 구조체를 멤버로 사용 */
};

int main(void)  {
    struct student A_student;
    A_student.p_f.age=16;        /* A_student의 p_f 멤버를 참조하고, */
    A_student.p_f.np="이훈민 " ; /* 다시 그 안의 멤버 age, np를 참조 */
    A_student.number=2;
    printf("이름: %s \n", A_student.p_f.np);
    printf("나이: %d \n", A_student.p_f.age);
    printf("번호: %d \n", A_student.number);
}
```

```
이름: 이훈민
나이: 16
번호: 2
```

구조체 포인터와 구조체 배열

구조체와 포인터의 관계에는 포인터 변수가 구조체 멤버가 되는 경우가 있고, 포인터 변수가 구조체 포인터가 되는 경우가 있다. 다음은 구조체 포인터의 예를 나타낸다.

```c
struct student {
    int number;
    char name[20];
}
struct student *ptr;        /* 구조체 포인터 변수 선언 */
struct student Pstudent;    /* 구조체 변수 선언 */
ptr=&Pstudent;             /* 포인터 변수 ptr의 초기화 */
```

위의 구조체에서 student형을 가리키는 포인터 변수 ptr을 선언하였다. 포인터는 어떤 변수의 주소를 저장하는 변수이기 때문에 포인터 변수가 가리킬 변수가 있어야 한다. 따라서 구조체와 구조체 사이에, 또는 구조체 포인터와 구조체 사이에 어떤 관계를 갖기 위해서는 구조체의 형태가 같아야 한다. 위의 예제에서는 구조체 변수 Pstudent의 주소값이 구조체 포인터 변수 ptr에 저장된다. 엄밀히 말하면 Pstudent의 첫 번째 멤버의 주소가 들어간다.

구조체 변수의 주소를 저장하기 위해 구조체 포인터 변수를 사용한다. 구조체 포인터 변수의 자료형은 구조체 변수의 자료형과 동일해야 한다. 구조체 변수 또는 구조체 배열의 원소를 접근하기 위해서는 도트 연산자 "."을 이용하고, 구조체 포인터 변수에 대해서는 연산자 "→"을 이용한다.

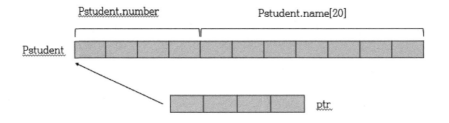

```
#include <stdio.h>
int main(void) {
    struct student {
        char name[10];
        char male_f[2];
    };

    struct student Pstudent={"이대장", "f"};    /* 구조체 변수 */
    student *Pst;                               /* 구조체 포인터 변수 */
    Pst=&Pstudent;
    typedef struct student A_student;
    A_student Qstudent={"홍길동", "m"};
    A_student *Qst=&Qstudent;                   /* 구조체 포인터 변수 */

    printf("Pstudent 이름: %s, 성별: %s \n", Pstudent.name, Pstudent.male_f);
    printf("*Pst 이름: %s, 성별: %s \n", Pst->name, Pst->male_f);
    printf("*Pst 이름: %s, 성별: %s \n\n", (*Pst).name, (*Pst).male_f);
    printf("Qstudent 이름: %s, 성별: %s \n", Qstudent.name, Qstudent.male_f);
    printf("*Qst 이름: %s, 성별: %s \n", Qst->name, Qst->male_f);
    printf("*Qst 이름: %s, 성별: %s \n\n", (*Qst).name, (*Qst).male_f);
}
```

```
Pstudent 이름: 이대장, 성별: f
*Pst 이름: 이대장, 성별: f
*Pst 이름: 이대장, 성별: f

Qstudent 이름: 홍길동, 성별: m
*Qst 이름: 홍길동, 성별: m
*Qst 이름: 홍길동, 성별: m
```

구조체 배열을 이용하여 여러개의 구조체 변수를 선언할 수 있으며, 구조체 배열의 첨자도 0부터 시작한다. 구조체 배열을 선언하는 방법은 구조체 변수를 선언하는 방법과 유사하지만 구조체 배열은 구조체를 접근할 때 첨자를 사용한다. 예를 들어, 학교에서 학과 학생들의 자료를 저장하기 위해 학생 수 만큼의 구조체 변수를 이용할 수 있다.

아래 예제에서 구조체 포인터 변수 ptr을 선언하고, 구조체 배열 Pst[]의 주소를 포인터 변수 ptr에 할당한다.

```
#include <stdio.h>        /* 구조체 배열 */
int main(void) {
    int j;
    struct student {
                int hakbun;
        char name[10];
        char male_f[3];
    };

    struct student Pst[3]={ {1201, "이훈민", "m"}, {1202, "이정음","m"},
                            {1203, "이지명", "f"} };
    struct student *ptr;          /* 구조체 포인터 변수 */
    ptr = Pst;
    for(j=0; j<3; j++)
        printf("번호: %d, 이름: %s, 성별: %s \n", Pst[j].hakbun,
                        Pst[j].name, Pst[j].male_f);
    printf("\n");
    for(j=0; j<3; j++)
        printf("번호: %d, 이름: %s, 성별: %s \n", (ptr+j)->hakbun,
                    (ptr+j)->name, (ptr+j)->male_f);
}
```

```
번호: 1201, 이름: 이훈민, 성별: m
번호: 1202, 이름: 이정음, 성별: m
번호: 1203, 이름: 이지명, 성별: f

번호: 1201, 이름: 이훈민, 성별: m
번호: 1202, 이름: 이정음, 성별: m
번호: 1203, 이름: 이지명, 성별: f
```

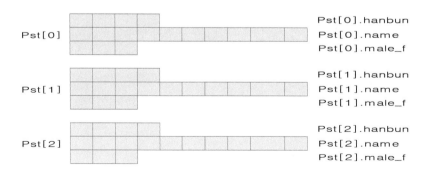

10.3 / 구조체와 함수

함수의 인자로 구조체형, 변수, 포인터를 사용할 수 있고, 함수의 결과값으로 구조체를 반환할 수 있다. 구조체형을 함수의 인자로 사용하는 경우 구조체 변수, 구조체 포인터, 구조체 배열을 사용할 수 있지만 함수 선언시 인자의 자료형을 구조체형으로 선언하여야 한다. 만약 함수의 결과로 구조체형을 반환하면 함수의 자료형을 구조체형으로 정의하여야 한다.

10.3.1 함수 인자로 구조체 변수 사용

함수의 인자로 일반 변수와 유사하게 구조체 변수도 사용할 수 있다. 함수형 정의 및 함수 선언에서 인수의 자료형을 구조체로 선언해야 한다.

```c
#include <stdio.h>
struct student {
            int hakbun;
    char name[10];
};

void print_out(struct student Qst);

int main(void)  {
    struct student Pst={ 1201, "이훈민"};
    printf("Pst 메모리 주소: %p \n", &Pst);
    printf("Pst 번호: %d, 이름: %s \n", Pst.hakbun, Pst.name);
    print_out(Pst);
    printf("Pst 번호: %d, 이름: %s \n", Pst.hakbun, Pst.name);
}

void print_out(struct student Qst) {
    printf("Qst 메모리 주소: %p \n", &Qst);
    printf("Qst 번호: %d, 이름: %s \n", Qst.hakbun, Qst.name);
    printf("이름 입력:");
    gets(Qst.name);
    printf("번호 입력:");
    scanf("%d", &Qst.hakbun);
    printf("Qst 번호: %d, 이름: %s \n", Qst.hakbun, Qst.name);
}
```

```
Pst 메모리 주소: 000000000062FE10
Pst 번호: 1201, 이름: 이훈민
Qst 메모리 주소: 000000000062FE00
Qst 번호: 1201, 이름: 이훈민
이름 입력:이지명
번호 입력:1203
Qst 번호: 1203, 이름: 이지명
Pst 번호: 1201, 이름: 이훈민
```

위의 프로그램에서 print_out() 함수를 호출할 때 구조체 변수 Pst의 값이 Qst에 전달된다. 함수의 인자로 구조체 변수를 전달하는 것은 값에 의한 호출 방법이므로 print_out() 함수 내부에서 구조체 원소 name과 hakbun의 자료를 변경해도 print_out() 함수에서만 변경되고, main() 함수의 Pst 구조체 변수에는 영향을 끼치지 않는다. print_out() 함수에서 구조체 Qst의 원소 name 문자열 입력은 gets() 함수를 이용하였고, hakbun은 scanf() 함수를 이용하였다.

다음의 예제는 구조체 자체가 함수의 인수로 사용된 프로그램이다.

```c
#include <stdio.h>
int total_sum(struct data total);    /* 함수 원형 */
struct data {                        /* 구조체 정의 */
          int a, b;
};

int main(void)  {
    struct data value={10, 30};    /* 구조체 변수 및 초기화 */
    int sum=0;
    sum = total_sum(value);       /* 함수 호출 */
    printf("sum=%d", sum);
}

int total_sum(struct data total) { /* 함수 정의 */
    return (total.a + total.b);
}
```

sum=40

```c
#include <stdio.h>
struct student {
    int hakbun;
    char name[10];
};

void print_out(struct student *Qst);                    /* 함수형 정의 */

int main(void) {
    struct student Pst={ 1201, "이훈민"};              /* 구조체 변수 */
    printf("Pst 메모리 주소: %p \n", &Pst);
    printf("Pst 번호: %d, 이름: %s \n", Pst.hakbun, Pst.name);
    print_out(&Pst);
    printf("Pst 번호: %d, 이름: %s \n", Pst.hakbun, Pst.name);
}

void print_out(struct student *Qst) {                   /* 함수 선언 */
    printf("Qst 메모리 주소: %p \n", &Qst);
    printf("Qst 번호: %d, 이름: %s \n", Qst->hakbun, Qst->name);
    printf("이름 입력:");
    gets(Qst->name);
    printf("번호 입력:");
    scanf("%d", &Qst->hakbun);
    printf("Qst 번호: %d, 이름: %s \n", Qst->hakbun, Qst->name);
}
```

```
Pst 메모리 주소: 000000000062FE10
Pst 번호: 1201, 이름: 이훈민
Qst 메모리 주소: 000000000062FDF0
Qst 번호: 1201, 이름: 이훈민
이름 입력:홍길동
번호 입력:1202
Qst 번호: 1202, 이름: 홍길동
Pst 번호: 1202, 이름: 홍길동
```

위의 프로그램에서 print_out() 함수를 호출할 때 구조체 변수 Pst의 주소값이 Qst에 전달된다. 함수의 인자로 구조체 변수의 주소를 전달하는 것은 주소에 의한 호출 방법으로서 print_out() 함수 내부에서 구조체 Qst의 원소 name과 hakbun의 자료를 변경하면 print_out() 함수의 구조체 변수 Qst뿐만 아니라 main() 함수의 Pst 구조체의 원소까지 변경된다. 이유는 호출 함수의 인자로 구조체 변수 Pst의 주소를 넘겨주었기 때문이다.

다음 프로그램은 구조체의 내용을 표시하는 함수에 구조체 변수와 구조체 포인터 변수로 구조체를 전달하는 예제이다.

```c
#include <stdio.h>
struct student {
    int hakbun;
    char name[10];
};

void print_out_1(struct student Pst) {
    printf("번호: %d, 이름: %s \n", Pst.hakbun, Pst.name);
}

void print_out_2(struct student *Qst) {
    printf("번호: %d, 이름: %s \n", Qst->hakbun, Qst->name);
}

int main(void) {
    struct student Pst={ 1201, "이훈민"};      /* 구조체 변수 */
    print_out_1(Pst);
    print_out_2(&Pst);
}
```

```
번호: 1201, 이름: 이훈민
번호: 1201, 이름: 이훈민
```

10.3.2 함수 인자로 구조체 배열 사용

```c
#include <stdio.h>
struct student {
    int hakbun;
    char name[10];
};

void print_out(int n, struct student *Qst);          /* 함수형 정의 */
```

```
int main(void) {
    struct student Pst[3]={ {1201, "이훈민"}, {1202, "이정음"},
                            {1203, "이지명"} };
    print_out(3, Pst);                          /* 구조체 배열 */
}

void print_out(int n, struct student *Qst) {    /* 함수 선언 */
    int j;
    for(j=0; j<n; j++)
        printf("번호: %d, 이름: %s \n", Qst[j].hakbun, (Qst+j)->name);
}
```

```
번호: 1201, 이름: 이훈민
번호: 1202, 이름: 이정음
번호: 1203, 이름: 이지명
```

위의 프로그램에서 print_out() 함수를 호출할 때 함수 인자로 배열 개수와 배열 이름을 전달한다. 구조체 포인터 변수로 선언된 Qst에 전달되는 자료는 구조체 배열 Pst[0]의 주소로서 배열 이름 자체가 주소를 나타내는 포인터 상수이기 때문에 가능하다. print_out() 함수에서 구조체 원소를 접근하는 경우 도트 "." 연산자를 이용하여 배열 원소를 접근하는 방법과 연산자 "->"와 배열 주소의 상대적인 위치를 이용한 2가지 방법으로 출력하였다.

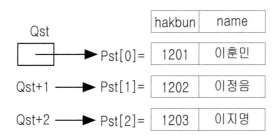

10.4　자기 참조 구조체

구조체 원소들이 대부분은 정수형 또는 문자형이다. 자기 참조 구조체란 구조체 원소의 자료형으로 자신의 구조체형을 정의한 것을 의미한다. 즉, 구조체 자체를 원소로 사용할 수는 없고 구조체의 자료형과 동일한 포인터를 구조체 원소로 사용하는 것이다. 이러한 방법은 포인터 원소가 자기 자신과 동일한 구조체를 지시하도록 하는 방법이다. 자기 참조 구조체는 연결리스트의 노드 표현이나 그래프의 노드 표현에서 많이 사용한다. 일반적으로 연결리스트의 노드 구조체형은 다음과 같이 표현한다. 노드 구조체형에서 첫 번째 원소인 name[10]는 문자형 배열이고, 두 번째 원소인 next는 포인터로서 다른 node를 지시하고, node의 구조체가 되어 node와 동일한 구조체를 지시한다. 구조체 node의 원소 next가 자신과 동일한 자료형을 갖는 구조체를 지시하는 포인터이다.

```
struct node {
    char name[10];
    struct node *next;
};
```

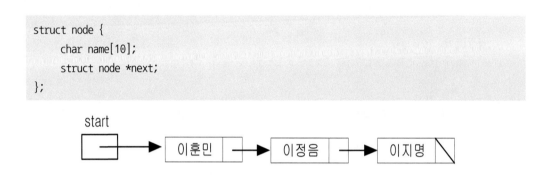

예를 들어, 위의 연결리스트와 같은 구조가 만들어지는 프로그램을 알아보자. 연결리스트의 노드를 접근하기 위해 처음 노드의 주소 정보를 갖는 특별한 노드를 start라 한다.

```
#include <stdio.h>
#define null 0

struct node {
   char name[10];
   struct node *next;
};

int main(void) {
   struct node *start;                    //구조체 포인터 변수
   node x={"이훈민", null}; node y={"이정음", null}; node z={"이지명", null};
   start=&x;  x.next=&y;  y.next=&z;
   printf("start 주소: %p \n", &start);
   printf("start의 내용물: %p \n", start);
   printf("구조체 x 주소: %p \n", &x);
   printf("구조체 y 주소: %p \n", &y);
   printf("구조체 z 주소: %p \n\n", &z);
   while(start !=null) {
```

```
        printf("이름: %s, 주소:%p \n", start->name, start->next);
        start=start->next;
    }
}
```

```
start 주소: 000000000062FE18
start의 내용물: 000000000062FE00
구조체 x 주소: 000000000062FE00
구조체 y 주소: 000000000062FDE0
구조체 z 주소: 000000000062FDC0

이름: 이훈민, 주소:000000000062FDE0
이름: 이정음, 주소:000000000062FDC0
이름: 이지명, 주소:0000000000000000
```

아래 예제에서는 필요한 메모리를 동적으로 할당하기 위해 getnode() 함수에서 malloc (sizeof(node))를 이용하여 구조체 node 크기에 해당하는 메모리를 할당한다. 동적 메모리 할당을 위해 사용한 malloc(sizeof(node)) 함수는 전처리 지시자 〈stdlib.h〉를 필요로 한다.

```
#include <stdio.h>
#include <stdlib.h>
#define null 0

struct node {
    char name[10];
    struct node *next;
};

int main(void) {
    int j=1;
    struct node *getnode(void);
    struct node *start, *x, *y, *z;
    void input_name(struct node *p);
    x=getnode(); y=getnode(); z=getnode();
    input_name(x);  input_name(y);  input_name(z);
    start=x;  x->next=y;  y->next=z;  z->next=null;
    printf("start 주소: %p \n", start);
    printf("구조체 x 주소: %p \n", x);
    printf("구조체 y 주소: %p \n", y);
    printf("구조체 z 주소: %p \n\n", z);
    while(start !=null) {
```

```
        printf("번호:%d 이름: %s, 주소:%p \n", j++,
                            start->name, start->next);

        start=start->next;
    }
}

struct node *getnode() {
    return (node *)malloc(sizeof(node));
}

void input_name(struct node *p) {
    printf("이름 입력: ");
    scanf("%s", p->name);
}
```

```
이름 입력: 이훈민
이름 입력: 이정음
이름 입력: 이지명
start 주소: 0000000000701420
구조체 x 주소: 0000000000701420
구조체 y 주소: 0000000000701440
구조체 z 주소: 0000000000701460

번호:1 이름: 이훈민, 주소:0000000000701440
번호:2 이름: 이정음, 주소:0000000000701460
번호:3 이름: 이지명, 주소:0000000000000000
```

10.5 / 공용체

   C 언어에서는 여러 가지 변수들을 하나의 저장 장소에서 사용하는 것이 가능하다. 하나의 메모리 공간을 여러 변수가 공용할 수 있는 방법을 제공한 것이 공용체이다. 공용체의 저장 메모리 크기는 공용체를 구성하는 원소 중 가장 큰 메모리 공간을 확보한다.

   공용체는 키워드 union을 사용하고 구조체 정의와 유사한 방법으로 사용하고, typedef을 이용하여 형을 재정의하여 사용할 수 있다. 공용체의 원소는 마지막에 저장한 하나의 원소 자료만을 저장한다.

```
union student {
     int hakbun;
     char name[10];
     char male_f[3];
};
union student Pst, *Qst ;
```

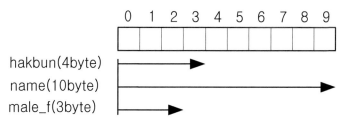

위의 공용체 선언은 student의 자료형을 갖는 변수 Pst와 포인터 변수 Qst로 구성되어 있다. 공용체의 원소에 대한 접근도 구조체와 동일한 방법을 적용할 수 있다. 즉, 공용체 변수의 원소에 대한 접근은 도트 연산자 "."를 이용하고, 공용체의 포인터 변수에 대한 접근은 화살표 연산자 "->"를 이용한다.

```
#include <stdio.h>
#include <string.h>
union student {
     int hakbun;
     char name[10];
     char male_f[3];
};

typedef union student student;
student *Qst, Pst;

int main(void) {
    student Pst={1203};
    printf("Pst: 번호: %d , 이름: %s \n", Pst.hakbun, Pst.name);
    strcpy(Pst.name, "이지명");
    printf("Pst: 번호: %d, 이름: %s \n", Pst.hakbun, Pst.name);
         Qst=&Pst;
    printf("Qst: 번호: %d, 이름: %s \n", Qst->hakbun, Qst->name);
}
```

다음 예제는 공용체 number_tag의 변수 a는 정수 n과 실수 f로 선언된 두 멤버 중에서 최근에 결정된 멤버 f에 대한 변수로만 사용되는 프로그램이다.

```c
#include <stdio.h>
union number_tag {
      int n;
      float f;
} a, *ptr;

int main(void) {
    float k;
    ptr=&a;
    a.n=22;
    a.f=54.7;
    k=ptr->f;
    printf("%f",k);
}
```

54.700001

10.6 비트 필드 구조체

비트 필드는 표현하고자하는 자료들이 바이트 단위가 아니고 비트 단위인 경우 활용하는 구조체이다. 즉, 구조체 원소들이 필요로 하는 비트 크기만큼 할당하여 사용하므로 메모리 공간을 절약할 수 있는 장점이 있다. 비트 필드 구조체의 원소 자료형은 정수형과 unsigned 두 가지만 사용할 수 있다. 비트 필드의 크기는 정수형의 크기인 4바이트를 넘을 수 없으며, 비트 필드에서는 배열을 사용할 수 없다. 배열을 사용하지 않으므로 구조체의 원소들이 주소를 갖지 않으므로 주소 연산자와 포인터를 사용할 수 없다. 예를 들어, 아래와 같은 학생 자료에서 학생의 번호를 나타내는 hakbun, 학생의 성별을 나타내는 male_f, 학생이 학부생 또는 대학원생을 구분하는 state, 그리고 학생이 흡연자인지 아닌지를 구분하는 smoke로 구조체 원소가 구성될 수 있다. 이 중에서 자료를 2가지로만 나타낼 수 있는 male_f, state, smoke 정보는 비트 필드를 이용하여 나타낼 수 있다. 비트 필드를 이용하는 방법은 키워드 unsigned와 함께 비트수를 지정하면 된다.

```c
#include <stdio.h>
struct student {
      int hakbun;
      unsigned male_f : 1;
      unsigned state : 1;
      unsigned smoke : 1;
};

int main(void) {
     struct student Pst={1724, 0, 1, 1};
     printf("학번: %d, 성별: %d, 학부생: %d, 흡연여부: %d \n",
                Pst.hakbun, Pst.male_f, Pst.state, Pst.smoke);
}
```

학번: 1724, 성별: 0, 학부생: 1, 흡연여부: 1

EXERCISE

1. 학번, 이름, 국어, 영어, 수학의 정보를 갖는 성적정보를 구조체로 정의하고 3개의 데이터를 초기화하여 출력하는 프로그램을 작성하시오.

2. 문자열을 입력받아 각 문자를 하나의 노드로 하는 정렬된 2진 트리를 구성하는 프로그램을 작성 하시오.

3. 2번에서 작성된 트리를 이용해서 임의의 문자를 입력하여 트리에서 검색하는 프로그램을 작성하시오.

4. 문자열을 입력받아 선형 연결 리스트를 만들고 3번째 문자를 제거한 문자열을 출력하는 프로그램을 작성 하시오.

11.1 / 프로그램과 메모리

 C 언어는 기본적으로 메모리를 정적으로 할당한다. 시스템으로부터 메모리를 할당받는다는
것은 시스템에서 사용하고 있지 않은 메모리 영역을 배정받고, 할당받은 메모리 주소를 얻는
것이다.

 동적 메모리 할당은 명시적인 명령어를 통해 프로그램 실행 시간에 할당된다. 동적 메모리
할당이 이루어지는 메모리 공간은 힙(heap) 영역이다. 동적 메모리는 포인터 변수 또는 참조변
수를 이용하여 접근할 수 있다. 포인터 변수에 의해서 접근할 수 있는 영역은 malloc() 함수에
의해서 생성되고, 할당된 영역을 회수하는 함수는 free()이다. 동적 메모리 함수 할당과 해제를
위해 stdlib.h 헤더 파일을 선언해야 한다. C 프로그램에서의 메모리 구조를 알아보자.

 1. 텍스트(또는 코드) 영역
 2. 초기화된 데이터 영역
 3. 비 초기화된 데이터 영역
 4. 스택
 5. 힙

▎텍스트(또는 코드) 영역
 CPU에 의해서 실행할 프로그램의 코드가 저장되는 메모리 영역으로 코드(또는 텍스트) 영
역이라고 한다. CPU는 코드 영역에 저장된 명령어를 하나씩 가져가서 처리한다.

▎초기화된 데이터 영역
 프로그램에서 초기화된 변수에 관한 자료들이 모여 있는 메모리 영역이다. 다음 예제에서
변수 temp와 배열 name[]는 초기 값을 가지고 있으므로 초기화 된 데이터 영역에 저장된다.
전역 변수와 상수를 저장하는 영역이다.

```
int main(void) {
    int n, sum;
    int temp=250;
    char name[]={2, 46, 72, 15};
}
```

▌ 비 초기화된 데이터 영역

프로그램에서 초기화되지 않은 변수들을 저장하는 메모리 영역이다. 위의 예제에서 변수 n, sum이 해낭된다. 초기화되지 않은 변수가 함수 바깥쪽에 존재하면 변수 초기값은 0으로 초기화되고 비 초기화 데이터 영역에 저장된다. 이 부분을 BSS라고 부른다.

▌ 스택(Stack)

프로그램에서 함수 내에서 생성된 변수와 함수 호출과 관계되는 지역(local) 변수와 매개변수가 저장되는 영역이다. 스택 영역은 함수 호출과 함께 할당 되고, 함수 호출이 완료되면 소멸한다. 스택 영역에 저장되는 함수의 호출 정보를 스택 프레임(stack frame)이라고 한다. 함수가 호출될 때 함수 종료 후에 복귀할 수 있는 주소와 호출 함수의 환경이 스택에 저장된다.

▌ 힙(heap)

프로그램이 실행되는 도중에 필요에 의해서 할당받는 메모리 영역으로서 동적 메모리 할당을 위한 공간이다. 힙 영역은 사용자가 직접 관리하는 영역이므로 메모리 크기가 정해져 있지 않고 유동적이다. 힙 영역은 메모리의 낮은 주소에서 높은 주소 방향으로 할당된다.

일반적으로 힙은 스택보다 아래쪽에 존재하고, BSS 위쪽에 존재한다. 메모리 할당을 통해 현재 실행되고 있는 시점(런타임 run time)에 생성하는 변수 또는 함수는 모두 힙(heap) 영역에 저장된다. 코드 실행 도중에 메모리를 할당한다면 모두 힙 영역에 저장함을 의미한다.

스택과 힙은 프로그램의 수행에 따라 메모리 공간이 증가하기도하고 줄어들기도 한다. 아래 그림은 C 언어 프로그램에서 사용되는 기억장소의 일반적인 모습이다. 스택과 힙은 메모리 공간의 유동성을 표현하기 위해 화살표를 사용하였다.

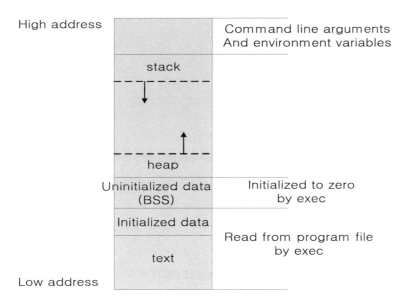

〔그림 11.1〕 **일반적인 메모리 영역 구성도**

메모리 할당과 관련하여 일반적으로 사용하는 함수는 3가지이다.

첫째, malloc() : 메모리 힙으로부터 size 바이트만큼의 메모리 영역을 할당받고, 영역의 시작 주소 값을 반환한다. 할당한 메모리 영역의 쓰레기값을 그대로 보존한다.

둘째, calloc() : 메모리 힙으로부터 size 바이트만큼의 영역을 할당받고, 영역의 시작 주소 값을 반환한다. 할당한 메모리 영역을 0으로 초기화한다.

셋째, realloc() : 기존에 존재하는 메모리 영역을 재할당받는다.

이 함수들은 라이브러리 함수에 저장되어 있으므로 함수를 사용하기 위해서는 프로그램에서 #include 〈stdlib.h〉를 포함해야 한다.

동적 메모리 할당의 장점은 어떤 자료를 저장하려고 할 때 할당할 메모리의 크기를 알 수 없을때 효과적이다. malloc()은 컴파일 과정에서 메모리 영역을 지정하지 않고 프로그램 실행 시에 지정할 수 있다. 프로그램에서 malloc()을 사용하는 순간 시스템은 사용하지 않는 메모리를 할당하고, 할당된 메모리 영역에 대한 주소를 반환할 것이다. 이 일은 프로그램의 실행 지체를 유발하므로 malloc()을 남발해서는 안되고 필요한 경우만 사용해야 한다.

11.2 / 동적 메모리 할당 과정

동적 메모리를 할당하는 기본적인 함수 malloc()은 바이트 단위로 메모리를 할당한다.

```
int *ptr;
ptr = (int *)malloc(100 * sizeof(int));        //100개 정수 할당
```

할당된 메모리 크기는 100*sizeof(int)이고, (int *) int 포인터로 반환한다.

포인터를 이용하여 동적 메모리를 사용하는 방법은 포인터 연산자 * 사용, 배열 []과 같이 취급하는 방법이 있다. 일반적으로 배열 []처럼 사용한다.

```
*ptr = 10;                   // 동적 메모리 사용 방법 1
*(ptr+1) = 20;
*(ptr+2) = 30;
ptr[0] = 10;                 // 방법 2
ptr[1] = 20;
ptr[2] = 30;
free(ptr);                   // 메모리 반납
```

시스템에서 동적으로 할당 가능한 메모리의 크기는 제한적이기 때문에 사용 후에는 다른 프로그램이 사용할 수 있도록 free()를 이용하여 반납을 해야 한다. 반납 함수 free()를 호출 할때는 할당된 메모리를 가리키는 포인터를 인수로 하여 호출한다.

11.3 / malloc()

malloc()은 메모리 힙으로부터 size byte만큼의 메모리 영역을 할당받고, 할당된 메모리의 시작 주소값을 반환한다. 반환값의 자료형은 void * 형으로서 모든 자료형의 포인터로 이용할 수 있다. 만약, 할당할 메모리가 없어서 실패하면 널(null)을 반환한다.

```
#include <stdlib.h>
void *malloc(size_t size);
```

일반적으로 malloc()의 특징은 다음과 같다.

첫째, 동적으로 메모리 영역을 할당받게 해준다. 단, 할당한 메모리 영역의 쓰레기값은 그대로 보존한다. 즉, 할당받은 메모리를 0으로 초기화하지 않는다.

둘째, void형 포인터를 반환하기 때문에 어떤 형이든 관계없이 메모리를 할당받을 수 있다.

▌간단한 메모리 할당 예제

```
char *fun() {
    char *temp;
    temp=malloc(250);
    ...
    return temp;
}
```

malloc()를 이용하여 250byte를 할당받았다. 할당받은 영역의 시작 주소를 temp가 갖고 있다. fun()함수는 이 주소를 호출 함수에 반환해준다. temp는 fun() 함수에서 사용하는 지역 변수이다.

다음 예제는 동적으로 메모리 공간을 할당하여 저장하고, free() 함수를 사용하여 메모리를 반환하는 프로그램이다.

```
#include <stdio.h>
#include <stdlib.h>
int main(void) {
    int k;
    char *ptr;
    ptr=(char *)malloc(250);
    gets(ptr);
    printf("입력된 문자열은 %s입니다.\n", ptr);
    printf("free() 함수를 통해 메모리 반환");
    free(ptr);
}
```

```
hello world
입력된 문자열은 hello world입니다.
free() 함수를 통해 메모리 반환
```

입력된 문자열에는 엔터키는 넣지 않고, 문자열의 마지막 위치에 문자열의 마지막을 의미하는 널 문자인 'W0'을 넣는다. 따라서 문자열의 끝을 의미하는 널 문자 때문에 저장 공간의 크기는 실제 입력하고자하는 문자열보다 한자리 더 많아야 한다.

위의 예제에서 gets(ptr) 대신에 scanf("%s", ptr)를 이용할 수 있지만 scanf()는 문자열의 공백을 허용하지 않는다.

▌ 시스템의 할당 가능한 메모리 영역 알아보기

현재 사용하고 있는 컴퓨터에서 사용 가능한 동적 메모리 공간의 크기를 알아보자.

```
#include <stdio.h>
#include <stdlib.h>
int main(void) {
    int tot_byte = 0;
    char *temp;
    while((temp=(char *)malloc(1<<20)))
        tot_byte++;
    printf("할당 가능 공간 : %d Mbyte \n", tot_byte);
}
```

```
할당 가능 공간 : 23172 Mbyte
```

malloc()에서 1 << 20은 비트 이동연산자로 2의 20승을 의미하므로 while() 문을 한번 수행할 때 마다 1Mbyte씩 증가한다. malloc()에서 메모리 할당에 실패하면 널을 반환하므로 while() 문을 종료할 수 있게 되고, 이때의 tot_byte를 알면 현재의 컴퓨터에서 사용할 수 있는 메모리 공간을 알 수 있게 된다.

▌ 동적 메모리 영역 초기화

malloc()은 동적으로 메모리 할당만 할뿐 그 안의 영역을 초기화해주지 않는다. 할당받은 메모리 영역을 초기화해주기 위해서는 memset() 함수를 이용한다. 함수 memset((student, 0, sizeof(struct students))은 할당 받은 구조체 포인터 변수 student의 메모리에서 sizeof(struct students)byte 만큼 0으로 초기화한다.

```
struct students {
    char name[20];
    int number;
    char address[100];
} student ;

struct students *student ;
student = (struct students *)malloc(sizeof(struct students));
memset(student, 0, sizeof(struct students));
 }
```

▌ 문자열 포인터 변수를 위한 malloc()

malloc() 함수를 이용하여 문자열 포인터 변수 temp에 50byte 크기의 메모리 공간을 할당한다. 그리고 할당받은 temp 공간을 free() 함수를 사용하여 시스템에 반환한다.

```
#include <stdio.h>
#include <stdlib.h>
#include <string.h>

int main(void) {
   char *temp;
   if((temp=(char *)malloc(50)) == NULL) {
       puts("메모리 공간 부족");
       exit(0);
   }
   strcpy(temp, "C program language");
   printf("%s", temp);
   free(temp);
}
```

```
C program language
```

▌ 구조체 포인터 변수를 위한 malloc()

```
#include <stdio.h>
#include <string.h>
#include <stdlib.h>

struct students {
    char name[20];
    int number;
} student ;

int main(void) {
struct students *student ;
student = (struct students *)malloc(sizeof(struct students));
strcpy(student->name, "홍길동 " );
student->number=2012801;
printf("이름: %s", student->name);
printf("번호: %d", student->number);
free(student);
}
```

이름: 홍길동번호: 2012801

malloc() 함수는 구조체 students에 해당하는 메모리 크기를 할당한 후, 그 시작 주소를 반환한다.

11.4 / calloc()

calloc()은 메모리 힙으로부터 size byte만큼의 메모리 영역을 할당받고, 영역의 시작 주소 값을 반환한다. 만약, 할당할 메모리가 없어서 실패하면 널을 반환한다. malloc()와 calloc()의 차이점은 무엇인가? 2가지 함수의 공통점은 요구한 메모리 공간을 할당한다는 점이다. 차이점은 malloc()는 할당받은 메모리 공간을 초기화하지 않고 사용하는 것이고, calloc()는 할당받은 메모리 공간을 0으로 초기화한 후 사용한다는 것이다. 따라서 calloc()는 메모리 공간을 초기화하기 위한 시간이 추가적으로 요구된다. calloc() 함수 원형은 다음과 같다.

```
#include <stdlib.h>
void *calloc(size_t count, size_t size);
```

▎ 간단한 메모리 할당 예제

```
struct students {
    char name[20];
    int number;
    char address[100];
};
char * temp;
struct students *student ;
student = (char *)calloc(10, sizeof(char));
temp = (struct students *)calloc(10, sizeof(struct students));
}
```

위의 calloc()는 malloc()를 이용히어 다음과 같이 표현할 수 있다. 아래 예제에서 malloc()을 수행한 후 memset()을 이용한다는 것 이외에는 malloc()와 차이가 없다.

11.5   realloc()

realloc() 함수는 malloc() 함수와 거의 동일하다. 차이점은 기존에 존재하는 메모리 영역을 재할당할 때에만 의미가 있다. 즉, 기존의 메모리 영역을 사용하지 않고 새로운 메모리 영역을 할당 받으려면 malloc()를 사용하면 된다. 만약, realloc()를 이용하여 새로운 영역을 할당 받고 싶다면 realloc()의 가장 첫 번째 인자를 널로 지정하면 가능하다.

realloc()은 이미 할당된 메모리 영역을 늘리거나 줄이고자 할 때 사용하지만 일반적으로 늘리기 위해서 사용한다. 기존에 할당받은 메모리 영역이 부족하게 되면 새로 할당 받지 않고 기존의 메모리 영역을 조금 늘리는 방식이다. 만일 확장할 메모리 공간이 기존에 할당된 공간에 연속적으로 충분히 존재하면 기존의 자료들은 옮겨지지 않지만 충분하지 않으면 새로 확보한 영역에 기존의 정보를 모두 옮기게 된다. 이러한 상황이 되면 기존의 메모리 영역은 시스템에 반납하기 때문에 이 영역을 다른 지시자가 가리키고 있지 않아야 한다. 또한, 확장하려는 영역이 존재하지 않으면 그만큼의 영역을 다른 곳에서 할당하는 것이 아니라 전체 영역을 새로 할당한다. 이 경우 기존의 자료들이 새로운 영역으로 옮겨지는 현상이 발생한다. 그러므로 realloc()의 두 번째 인자에는 "기존 메모리 영역 + 추가할 영역 크기"가 들어간다.

```
void * realloc(void * ptr, size_t newsize)
```

```
    struct students {
    char name[20];
    int number;
    };
    struct students *student ;
    student = (struct students *)malloc(10, sizeof(struct students));
    student = (struct students *)realloc(student, (10* sizeof(struct students))
+sizeof(struct students));
    }
```

메모리 해제 free()

프로그램에서 더이상 사용하지 않는 메모리 영역을 시스템이 재사용할 수 있도록 해제해야 하는데 이것을 처리해주는 함수가 free()이다. free() 함수의 반환 값은 없고, 시스템에 반환하려는 포인터만 지정해주면 된다.

```
    void free(void * ptr)
```

▌ 간단한 메모리 해제 예제

문자형 포인터 변수 temp에 malloc()를 통해 메모리를 할당하고, 사용한 후 free() 함수를 이용하여 시스템에 반환하는 예제이다.

```
#include <stdio.h>
#include <stdlib.h>

int main(void) {
    int n;
    char *temp;
    temp=(char *)malloc(50+1);
    ...
    free(temp);
}
```

메모리 할당과 해제 예제

프로그램의 실행이 시작되면 실행 코드들은 코드 영역을, 전역변수와 고정변수는 데이터 영역을 확보한다. 일정양의 자동변수형이거나 형 선언을 하지 않은 경우는 스택에 영역을 확보하여 프로그램 실행 시 자동으로 생성되거나 소멸된다. 이와 같은 정적메모리 할당은 메모리 낭비를 가져온다. char A[100][100]의 선언은 10000 바이트의 메모리를 프로그램 시작과 동시에 데이터 영역이나 스택에 확보한다. 그리고 이 배열의 쓰임과 상관없이 프로그램이 종료할 때 소멸된다. 이와 같은 메모리 낭비를 피하기 위해 동적 메모리 관리 함수를 제공한다. 동적 메모리 관리 함수에 의해 할당된 메모리는 힙 영역에 확보된다. 프로그램 안에서 필요할 때 메모리를 확보하거나 해제하는 것이 가능해져 메모리 낭비를 줄일 수 있다. 메모리 관리 함수를 사용하기 위해서는 stdlib.h 헤더파일과 malloc.h 헤더파일이 필요하다. 동적 메모리 관리 함수는 다음 [표 11.1]과 같다.

〔표 11.1〕 **동적 메모리 관리 함수**

메모리 관리 함수	기능
void *malloc(unsigned size)	size 만큼의 메모리를 확보하고 주소를 반환
void *free(void *ptr)	ptr 주소를 시스템에 반납
void *calloc(unsigned n, unsigned size)	size * n 개의 크기의 메모리를 확보하고 주소 반환
void *realloc(void *ptr, unsigned size)	ptr에 의해 지정된 메모리를 size크기로 다시 변경하고 주소를 반환

malloc() 함수는 힙 메모리가 size보다 클 경우 확보된 메모리의 첫 번째 주소를 반환하고, 실패하면 널을 반환한다. free()함수는 ptr이 가리키는 메모리를 힙에 반납한다. 따라서 메모리를 사용 할 수 있게 된다.

```c
#include <stdio.h>        // 메모리 관리 함수
#include <string.h>
#include <malloc.h>
#include <stdlib.h>

int main(void) {
    char *p, *p2;

    int *p1;
```

```
      p=(char *)malloc(100);
      if(!p) {
                  printf("malloc(100) failure ~ \n\n");
                  exit(0);
      }

      p1=(int *)calloc(50,sizeof(int));
      if(!p1) {
                  printf("calloc(50) failure ~ \n\n");
                  exit(0);
      }

      strcpy(p,"sunchon university, department computer science");
      printf("%s\n\n", p);

      *p1=100;
      p1++;
      *p1=200;

      printf("p1[1] = %d  ", *p1);
      p1--;
      printf("p1[0] = %d  \n\n", *p1);

      p2=(char *)realloc(p1,18);
      strcpy(p2,"hello bab");
      printf("p2 = %s \n\n", p2);

      free(p2);
      free(p);
  }
```

```
sunchon university, department computer science

p1[1] = 200  p1[0] = 100

p2 = hello bab
```

11.7 / 연결 리스트

  연결 리스트는 개체를 표현한 구조체 원소에서 포인터를 이용하여 다른 객체를 가리키도록 하여 자료를 연결하는 자료구조이다. 연결 리스트의 구조에서 객체를 노드(node)라 하고, 노드에는 자료를 저장하는 데이터(data) 필드와 포인터를 저장하는 링크(link) 필드로 구성되어 있다. 데이터(data) 필드에는 객체에 대한 다양한 형태의 자료(예, 이름, 학번, 주소 등)를 저장할 수 있다.

  연결 리스트에서는 연결 리스트의 첫 번째 노드를 가리키는 변수가 필요한데 이를 헤드 포인터(head pointer)라 한다. 연결 리스트의 헤드 포인터(head pointer)가 널(null)을 가지면 연결 리스트를 구성하는 노드가 없음을 의미한다.

  사기 참조(self-referential) 구조체는 구조체를 구성하는 멤버 중에 자신의 구조체와 동일한 차입의 구조체를 가리키는 포인터가 있는 구조체이다.

```
struct NODE  {
    int data;
    struct NODE *ptr;      //자기 참조 구조체
};
```

  위 구조체 정의에서 NODE 구조체는 정수형 변수 data, 포인터 변수 ptr로 정의 되어있다. 포인터 변수 ptr은 지금 정의하고 있는 구조체 NODE를 가리키는 자기 참조 구조체 포인터이다.

  자기 참조 구조체는 typedef를 이용하여 새로운 타입으로 정의하여 사용한다. typedef을 이용하면 struct 키워드를 쓰지 않아도 된다.

```
typedef struct NODE  {
    int data;
    struct NODE *ptr;                //자기 참조 구조체
} NODE;
NODE *p1;                            //구조체 변수
p1 = (NODE *)malloc(sizeof(NODE));   //동적 메모리 할당
p1->data = 100;
p1->ptr = NULL;
```

노드 p1 생성 후 관련 자료를 초기화 하였다. 연결 리스트의 2번째 노드 할당을 위한 과정은 다음 코드를 참조하면 된다. 즉, 연결 리스트를 구성하는 노드를 링크로 연결하는 과정을 알 수 있다.

```
NODE *p2;
p2 = (NODE *)malloc(sizeof(NODE));
p2->data = 200;
p2->ptr = NULL;
p1 )ptr = p2;                    //노드 연결
free(p1);
free(p2);
```

연결 리스트를 구성하는 모든 노드를 방문하는 방법에 대해 알아보자. 연결 리스트의 헤드 포인터(연결 리스트의 첫 번째 노드 주소 갖고 있음)를 list_ptr 이라고 가정한다.

```
p1 = list_ptr;
while( p1 != Null) {
    printf("[%d] ->", p1->data;
    p1 = p1->ptr;
}
```

EXERCISE

1   동적 메모리 할당의 개념을 작성하시오

2   다음 보기 중 옳은 것은?
   ① malloc() 함수는 동적 메모리 할당 시 메모리 초기화를 진행한다.
   ② calloc() 함수는 동적 메모리 할당 시 메모리 초기화를 진행하지 않는다.
   ③ realloc() 함수는 동적 메모리 할당 시 기존에 할당된 메모리만 재지정 할 수 있다.
   ④ free() 함수는 사용된 메모리를 해제하는 함수로 사용자가 직접 메모리 관리를 할 수
      있게 해준다.

3   동적 메모리 할당을 이용하여 학생의 정보를 입력하는 프로그램을 작성하시오

4   다음은 동적 메모리로 할당하여 메모리를 초기화한 코드 중 일부이다. 다음 코드를 보고 같은 역할을 할
     수 있는 코드를 하나를 더 작성하시오

```
void * trans_malloc(size_t count, size_t size) {
      size_t total_size = count * size;
      void *temp = malloc(total_size);
      if(temp != NULL)
          memset(temp, 0, total_size);
      return temp;
  }
```

C 언어에서 파일을 처리하기 위해 표준 입출력 함수를 사용한다. 표준 입출력 함수를 사용하기 위해 stdio.h 헤더 파일을 전처리기에 포함해야 한다. 파일을 처리하는 방법은 고급수준의 파일 처리와 저급수준의 파일처리로 나눌 수 있다. 고급수준의 파일처리는 버퍼를 이용해 프로그램에서 버퍼로 출력하면 버퍼에 있는 데이터를 O/S가 디스크로 저장하는 방법이다. 저급수준의 파일처리는 버퍼를 이용하지 않고 프로그램에서 직접 디스크로 쓰기 읽기 작업을 한다. 저급수준의 파일처리는 간략하지만 사용하기 불편하다. 여기에서는 고급수준의 파일처리만 다룬다.

12.1 / fopen(), fclose()

파일에 입출력을 하기 위해서 선행되어야 할 것은 파일을 여는 것이다. fopen 함수는 파일을 열고 fclose 함수는 파일을 닫는다. fclose에 의해 닫힌 파일은 버퍼에서 디스크로 쓰기 작업이 행해진다.

```
                FILE *fopen(char *file_name, char *mode)
o file_name - access 하기 위한 open 할 파일 이름
o mode - [표 12.1] 참조
```

file_name은 open해야 할 파일 이름이다. mode는 open할 때 어떤 목적으로 open 할지를 결정하는 mode이다. 다음은 mode를 나타냈다.

〔표 12.1〕 **file open에서 사용하는 모드**

mode	방법	파일 종류
r	읽기(파일이 존재해야 함)	text
w	쓰기(파일이 존재하면 내용 내용을 지움, 없으면 생성)	"
a	맨 뒤에 붙이기(파일이 존재해야 함)	"
rb	읽기(파일이 존재해야 함)	binary
wb	쓰기(파일이 존재하면 내용 내용을 지움, 없으면 생성)	"
ab	맨 뒤에 붙이기(파일이 존재해야 함)	"
r+	읽기/쓰기(파일이 존재해야 함)	text
w+	쓰기(파일이 존재하면 내용 내용을 지움, 없으면 생성)	"
a+	읽기/쓰기(파일이 존재해야 함)	"
rb+	읽기/쓰기(파일이 존재해야 함)	binary
wb+	쓰기(파일이 존재하면 내용 내용을 지움, 없으면 생성)	"
ab+	읽기/쓰기(파일이 존재해야 함)	"

fopen 함수는 파일 열기에 실패하면 NULL을 반환하고, 성공하면 파일 입출력과 close에 사용될 포인터를 반환한다.

```
int fclose(FILE *fp)
```
o fp - fopen에서 반환된 파일의 주소

실패하면 널을 반환하고 성공하면 널 외에 값을 반환한다.

12.2 fgetc(), fputc() 함수

fgetc 함수는 file에서 한 문자를 읽어 들이는 함수다. fgetc 함수를 실행하고 나면 파일 포인터는 1씩 자동으로 증가한다. 파일의 마지막을 읽으면 EOF을 반환한다. 보통 루프와 함께 쓰인다.

> **char fgetc(FILE *fp)**
>
> fp - fopen에서 반환된 파일의 주소

fputc 함수는 file로 한 문자를 쓰는 함수다. fputc 함수를 실행하고 나면 파일 포인터는 1씩 자동으로 증가한다. 파일의 쓰기 동작에 오류가 일어나면 EOF을 반환 한다.

> **int fputc(char ch, FILE *fp)**
>
> ch - 파일에 출력할 문자
> fp - fopen에서 반환된 파일의 주소

```c
#include <stdio.h>      //  fopen, fclose, fputc, fgetc 사용 예
#include <stdlib.h>

int main(void) {
    char ch;
    FILE *fp1, *fp2;

    if((fp1=fopen("read.txt","r"))==NULL)    {
            printf("read.txt file open failure!! \n");
            exit(0);
    }

    if((fp2=fopen("write.txt","w"))==NULL)    {
            printf("write.txt file open failure!! \n");
            exit(0);
    }
    while((ch=fgetc(fp1)) != EOF)    {
        if(fputc(ch,fp2)==NULL) {
                printf("char write error!! \n");
            exit(0);
        }
    }

    fclose(fp1);
    fclose(fp2);
}
```

```
read.txt file open failure!!
```

read.txt 파일이 실행되는 디렉토리에 존재해야 한다. 위 예시는 파일이 있지 않기 때문에 오류 메시지가 출력된다. 실행되는 디렉토리는 프로젝트가 존재하는 디렉토리이다. getc() 함수는 fgetc() 함수와 사용하는 방법은 동일하다. 하지만 fgetc() 함수는 표준라이브러리로 정의 되어 있고, getc()는 매크로로 정의 되어 있다.

12.3   fgets(), fputs()

fgets 함수는 파일에서 지정된 개수만큼 문자열을 읽어 들인다.

char *fgets(char *str, int num, FILE *fp)
str - 파일에서 읽어 들일 문자열
num - 읽어 들일 문자열의 개수
fp - fopen에서 반환된 파일의 주소

num −1개만큼의 문자열을 fp에서 읽어 str에 저장한다. fp에서 읽어 들인 문자열이 num −1개를 다 읽지 못한 상태에서 "Wn" 문자나 널 문자가 있으면 그곳까지만 읽는다. str의 마지막은 널이 덧붙여진다. 정상적이면 str의 주소가 반환되고 에러가 있으면 널이 반환된다. 파일의 마지막에도 널이 반환되기 때문에 에러에 의한 널값 반환인지 파일의 마지막인지 구분하기 위해 foef() 함수를 사용하여 마지막을 판단한다.

fputs 함수는 문자열을 파일에 쓴다.

int fputs(char *str, FILE *fp)
str - 파일에 출력할 문자열
fp - fopen에서 반환된 파일의 주소

str에서 지정한 문자열을 fp로 저장한다. str은 마지막이 널 문자로 끝나야 한다. fputs 함수가 str이 널 문자가 나타날 때까지 읽어 들이기 때문이다. 널 문자는 쓰지 않고 버린다. 정상적이면 0이 아닌 값을 정상적이면 0을 반환한다.

```c
#include <stdio.h>      // fgets(), fputs() 사용 예
#include <stdlib.h>
int main(void) {
    char str[10];
    FILE *fp1, *fp2;

    if((fp1=fopen("read.txt","r"))==NULL)         {
            printf("read.txt file open failure!! \n");
            exit(0);
    }

    if((fp2=fopen("write.txt","w"))==NULL)  {
            printf("write.txt file open failure!! \n");
            exit(0);
    }

    while(!feof(fp1))  {
            if(fgets(str,10,fp1)) {
        if(fputs(str,fp2)) {
            printf("file write error!! \n");
                exit(0);
                }
            }
            else {
                printf("file read error~~ \n");
                exit(0);
            }
    }

            fclose(fp1);
            fclose(fp2);
}
```

hellodayyy   // read.txt 파일의 내용

hellodayyy   // write.txt 파일의 내용

12.4　　fscanf(), fprintf()

　fscanf 함수는 파일에서 지정된 입력제어 형식에 따라 값을 입력받는다. 사용하는 방법은 scanf 함수와 동일하며, 파일에서 입력받는다는 점이 다르다.

---

int fscanf(FILE *fp, char *format, 인수1, 인수2, ...)
fp - fopen에서 반환된 파일의 주소
format - 입력 제어 형식
인수 - 입력된 값이 저장될 변수들

　입력받는 방법은 여러 가지가 있지만 입력 제어 문자에 구분기호를 쓰는 방법과 입력 데이터의 너비를 이용해 입력하는 방법이 유용하다. 구분기호를 쓰는 경우에 입력되는 문자들에서 구분기호 다음 문자는 무시되므로 구분문자 다음에 꼭 공백문자를 하나 두어야 한다. 정상적이면 참을 비정상적이면 거짓을 반환한다.

　fprinf 함수는 변수들을 지정한 출력제어 형식에 따라 파일에 출력한다. 사용하는 방법은 printf 함수와 동일하며, 파일로 출력한다는 점이 다르다.

---

int fprintf(FILE *fp, char *format, 인수1, 인수2, ...)
fp - fopen에서 반환된 파일의 주소
format - 출력 제어 형식
인수 - 출력될 변수들

　출력하는 방법은 여러 가지가 있지만 출력된 파일을 다시 입력받거나 인쇄하여 사용하기 위해서는 항목 사이에 구분 문자를 넣어서 출력하는 방법과 항목의 길이를 일정하게 출력하는 방법이 유용하다. 정상적이면 참을 비정상적이면 거짓을 반환한다.

```c
#include <stdio.h>        // fscanf(), fprintf() 사용 예
#include <stdlib.h>

int main(void) {
    char name[15];
    int  kor, eng, mat;
    FILE *fp1, *fp2;
```

```
    if((fp1=fopen("read.txt","r"))==NULL)            {
            printf("read.txt file open failure!! \n");
            exit(0);
    }


    if((fp2=fopen("write.txt","w"))==NULL)  {
            printf("write.txt file open failure!! \n");
            exit(0);
    }


   while(!feof(fp1))  {
            if(fscanf(fp1,"%15s%3d%3d%3d",name, &kor, &eng, &mat)) {
        if(!fprintf(fp2,"%-15s%3d%3d%3d%4d%6.2f\n", name, kor, eng, mat, kor+eng+mat,
(kor+eng+mat)/3.)) {
                    printf("string write error!! \n");
                 exit(0);
                }
            }
            else   {
                printf("string read error~~ \n");
                exit(0);
            }
    }

    fclose(fp1);
    fclose(fp2);
}
```


아무개	90 90 90	// read.txt 파일의 내용
홍길동	95 95 95	
박호순	90 80 90	

아무개	90 90 90 270 90.00	// write.txt 파일의 내용
홍길동	95 95 95 285 95.00	
박호순	90 80 90 260 86.67	

12.5 / fread(), fwrite()

fread 함수는 파일에서 일정한 크기의 데이터를 n개만큼 읽어 들인다. 이 함수는 fscanf에 비해서 읽은 데이터를 형변환 할 필요가 없다. fscanf는 읽어들인 text 형식의 데이터를 fscanf에서 정의한 데이터형으로 변환해야 한다.

> **int fread(char *buf, int size, int count, FILE *fp)**
> fp - fopen에서 반환된 파일의 주소
> buf - 파일에서 읽은 데이터를 저장할 장소
> size - 읽을 데이터의 크기
> count - 읽을 데이터의 개수

fread 함수는 size*n개만큼의 데이터를 buf에 저장한다. 그러므로 buf의 크기는 최소한 size*n보다 커야 한다. size의 크기보다 읽지 않고 남은 파일의 크기가 적으면 읽지 않는다. 정상적이면 읽어 들인 size크기 만큼의 n을 반환하고, 비정상적이거나 파일의 끝을 만나면 0을 반환한다. 파일 사이즈가 size의 정수배이면 파일을 끝까지 읽을 수 있고, 그렇지 않다면 (파일의 크기 / size)의 나머지만큼 읽지 못한다. size가 1이면 무조건 끝까지 읽을 수 있다.

fwrite 함수는 일정한 크기의 데이터를 n개만큼 파일에 출력한다. 이 함수는 fprintf에 비해서 쓸 데이터를 형 변환 할 필요가 없다. fprintf는 쓸 데이터를 fprintf에서 정의한 데이터형으로 변환해야 한다.

> **int fwrite(char *buf, int size, int count, FILE *fp)**
> fp - fopen에서 반환된 파일의 주소
> buf - 파일에서 읽은 데이터를 저장할 장소
> size - 읽을 데이터의 크기
> count - 읽을 데이터의 개수

fwrite 함수는 buf에 있는 size*n 개만큼의 데이터를 fp에 저장한다. 그러므로 buf의 크기는 최소한 size*n 보다 커야 한다. 정상적이면 파일에 저장한 size 크기만큼의 블록 개수 n을 반환하고, 비정상적이면 0을 반환한다.

```
#include <stdio.h>                    // fread(), fwrite() 사용 예
void main()  {
            char buf[25];
            FILE *fp1, *fp2;

            if((fp1=fopen("read.txt","r"))==NULL)        {
                printf("read.txt file open failure!! \n");
                exit(0);
            }

        if((fp2=fopen("write.txt","w"))==NULL)        {
                printf("write.txt file open failure!! \n");
                exit(0);
            }

            while(!feof(fp1))          {
                if(fread(buf,1,25,fp1)) {
                if(!fwrite(buf,1,25,fp2)) {
                        printf("string write error!! \n");
                        exit(0);
                    }
                }
                else        {
                    printf("string read error~ \n");
                    exit(0);
                }

            }
            fclose(fp1);
            fclose(fp2);
}
```

아무개	90	90	90	// read.txt 파일의 내용
홍길동	95	95	95	
박호순	90	80	90	

아무개	90	90	90	// write.txt 파일의 내용
홍길동	95	95	95	
박호순	90	80	90	

12.6 / fseek(), ftell(), rewind()

fseek, ftell, rewind 함수들은 파일의 포인터에 관한 함수들이다. fseek 함수는 원하는 위치로 파일 포인터를 이동시키고, ftell은 현재 파일 포인터를 반환하고, rewind 함수는 파일 포인터를 처음 시작 위치로 옮긴다. 파일의 포인터를 조작하는 것은 동일한 크기의 레코드를 가진 파일에 용이하게 쓰인다. 파일이 어떤 키에 의해 정렬되어 있고 한 행의 크기가 일정하다면 파일 포인터 조작에 의해 인덱스 파일을 다루는 것과 유사한 효과를 나타낸다.

---

int fseek(FILE *fp, long int offset, int mode)

fp - fopen에서 반환된 파일의 주소
offset   파일 포인터가 이동할 바이트 수
mode - {0,1,2} 기준 포인트로 0이면 파일의 시작점, 1이면 현재 포인터,
　　　　2이면 파일이 마지막이 기준 포인트가 된다.

---

fseek 함수는 mode에 기술된 기준 위치로부터 offset만큼 파일 포인터를 이동 시킨다. offset이 양수 일 때는 뒤로 이동하고 음수 일 때는 앞으로 이동한다. mode는 0:SEEK_SET 파일의 처음, 1:SEEK_CUR 파일내의 현재위치, 2:SEEK_END 파일의 끝을 나타낸다. 지정한 포인터로 정상적으로 이동하면 0을 반환하고 비정상적이면 −1을 반환한다.

ftell 함수는 파일 포인터를 반환한다.

---

long int ftell(FILE *fp)

fp - fopen에서 반환된 파일의 주소

---

ftell 함수는 현재 위치한 파일 포인터의 값을 넘긴다. 파일 포인터는 시작 위치로부터 몇 바이트 떨어져 있는지 나타낸다. 실패하면 −1을 반환한다. rewind 함수는 파일 포인터를 파일의 시작 위치로 변경한다.

---

void rewind(FILE *fp)

fp - fopen에서 반환된 파일의 주소

---

rewind 함수는 void 형으로 어떤 값도 반환하지 않는다. fseek(fp,0L,0)과 같은 의미이다.

```c
#include <stdio.h>          // fseek() 사용 예
#include <stdlib.h>
void main()  {
    char buf[25];
    FILE *fp1, *fp2;
    if((fp1=fopen("read.txt","r"))==NULL)  {
                printf("read.txt file open failure!! \n");
                exit(0);
    }


    if((fp2=fopen("write.txt","w"))==NULL)  {
                printf("write.txt file open failure!! \n");
                exit(0);
    }


    fseek(fp1,sizeof(buf)+1,SEEK_SET);

    if(fread(buf,1,25,fp1)) {
        if(!fwrite(buf,1,25,fp2)) {
                    printf("string write error!! \n");
                    exit(0);
            }
    }
    else  {
                printf("string read error~ \n");
                exit(0);
    }


    rewind(fp1);

    if(fread(buf,1,25,fp1)) {
        if(!fwrite(buf,1,25,fp2)) {
                    printf("string write error!! \n");
                    exit(0);
            }
    }
    else  {
                printf("string read error~ \n");
                exit(0);
    }
```

```
    fclose(fp1);
    fclose(fp2);
}
```

```
서정현         90  90  90        // read.txt 파일의 내용
홍길동         95  95  95
박호순         90  80  90
```

```
홍길동         95  95  95        // write.txt 파일의 내용
서정현         90  90  90
```

12.7 / foef(), ferror()

두 함수는 파일을 제어할 때 오류 검출용 함수이다. feof 함수는 함수의 끝을 판단하여 참이면 1를 반환하고 끝이 아니면 0를 반환한다. 파일을 다루는 함수들 중에는 오류가 발생하면 −1를 반환하는 경우가 있다. 이 경우 프로그래머는 함수 조작 오류 인지 파일의 끝인지 판단하기 어렵다. 이러한 현상은 프로그램이 종료되었을 때 오류에 의한 종료인지 정식적인 종료인지 판단할 수 없다. 이러한 경우에 feof 함수를 사용한다.

int foef(FILE *fp)

  fp - fopen에서 반환된 파일의 주소

ferror() 함수는 파일 제어시 오류 검출 함수이다. 파일 제어시 오류가 발생하면 1을 반환하고 오류가 없으면 0을 반환한다. ferror() 함수는 파일 제어 함수에서 반환된 값으로 에러 유무를 체크 할 수 없을 때 사용한다.

int ferror(FILE *fp)

  fp - fopen에서 반환된 파일의 주소

12.8 / 저차원 파일 입출력

저차원 파일 입출력 함수는 버퍼를 거치고 않고 오퍼에리팅 시스템에 근접한 파일 입출력을 한다. 고차원 파일 입출력 함수는 파일 포인터를 이용해 접근하지만 저차원 파일 입출력 함수는 정수형의 파일 식별자를 통해서 접근한다. 저 차원 파일 입출력 함수는 open(), create(), close(), read(), write() 함수가 있다. 저차원 입출력 함수는 ANSI C표준이 아니다. 따라서 저 차원 함수의 사용법은 컴파일러에 따라 다르므로 정확한 사용법은 사용하는 C언어 컴파일러 개발자가 제공하는 매뉴얼을 참고해야 한다.

open()함수는 파일을 액세스하기 위해 여는 함수이다.

---

int open(char *fname, int mode)

fname – 경로와 파일명
mode – open할 파일의 읽기, 쓰기, 추가 등을 설정

---

open() 함수는 정상적으로 수행되면 파일 디스크립터를 반환하고 오류가 나면 −1을 반환한다. 파일 디스크립터는 하나의 프로그램 안에서 파일을 오픈할 때마다 1부터 1씩 증가하여 반환된다. mode는 open할 파일을 어떤 용도로 사용할 것인지 지정하는 것이다. mode의 종류와 용도는 다음과 같다.

〔표 12.2〕 file open에서 사용하는 모드

mode	용도
O_RDONLY	읽기 전용
O_WRONLY	쓰기 전용
O_RDWR	읽기/쓰기
O_CREAT	새로운 파일 만들기
O_TRUNC	기존 파일의 내용을 없애고 쓰기 가능
O_EXCL	존재하는 파일 열기
O_APPEND	추가
O_TEXT	text 형식으로 열기
O_BINARY	2진 형식으로 열기

create() 함수는 파일을 생성하는 함수이다. create() 함수는 open() 함수에서 O_CREATE 모드로 open한 것과 같다. 정상적으로 open 되면 파일 디스크립터를 반환하고 오류가 나면 -1을 반환한다.

> **int create(char *fname, int mode)**
> fname - 경로와 파일명
> mode - create할 파일의 읽기전용, 쓰기전용 을 설정

모드는 다음과 같다.

〔표 12.3〕 **file create 사용하는 경우 모드**

mode	용도
S_IREAD	읽기 가능
S_IWRITE	쓰기 가능
S_IREAD | S_IWRITE	읽기 쓰기 가능

close() 함수는 파일을 닫는다. 오류가 나면 -1을 반환한다.

> **int close(int fd)**
> fd - creates나 open에서 반환된 파일 디스크립터

read() 함수는 파일에서 데이터를 읽어 온다.

> **int read(int fd, char *buf, unsigned int count)**
> fd - creates나 open에서 반환된 파일 디스크립터

fd 파일에서 count만큼의 바이트를 읽어 buf에 저장한다. 정상적으로 실행되면 읽어 들인 바이트수가 반환되고 파일의 마지막에 도착하면 0을 반환한다. 파일을 읽을 때마다 파일 포인터는 count만큼 증가한다.

write() 함수는 파일에 데이터를 저장 한다.

> **int write(int fd, char *buf, unsigned int count)**
> fd – creates나 open에서 반환된 파일 디스크립터

buf에서 count만큼의 바이트를 읽어 파일에 저장한다. 정상적으로 실행되면 저장한 바이트 수가 반환되고 오류가 나면 –1이 반환된다.

```c
#include <stdio.h>         // 저급 파일 입출력 함수
#include <stdlib.h>
#include <io.h>
#include <fcntl.h>
#include <sys\stat.h>
void main() {
        char buf[25];
        int fd1, fd2;
        int count;

        if((fd1=open("read.txt",O_RDONLY))==NULL)  {
            printf("read.txt file open failure!! \n");
            exit(0);
        }

    if((fd2=creat("write.txt",S_IWRITE))==NULL){
            printf("write.txt file open failure!! \n");
            exit(0);
        }

    while((count=read(fd1,buf,25))  != 0) {
        if(!write(fd2,buf,count)) {
                printf("string write error!! \n");
                exit(0);
            }
        }

        close(fd1);
        close(fd2);
}
```

```
아무개        90  90  90        // read.txt 파일의 내용
홍길동        95  95  95
박호순        90  80  90
```

```
아무개        90  90  90        // write.txt 파일의 내용
홍길동        95  95  95
박호순        90  80  90
```

저자 소개

이형옥

- 순천대학교 학사, 전남대학교 석사 · 박사
- 한국전산원(선임연구원)
- 순천대학교(교수)

이성운

- 전남대학교 학사 · 석사, 경북대학교 박사
- 한국정보시스템
- 동명대학교(교수)

자기 주도적 학습을 위한 C언어 프로그래밍

1판 1쇄 인쇄   2023년 01월 18일
1판 1쇄 발행   2023년 01월 25일
저   자 이형옥 · 이성운
발 행 인 이범만
발 행 처 **21세기사** (제406-2004-00015호)
　　　　　경기도 파주시 산남로 72-16 (10882)
　　　　　Tel. 031-942-7861   Fax. 031-942-7864
　　　　　E-mail : 21cbook@naver.com
　　　　　Home-page : www.21cbook.co.kr
　　　　　ISBN 979-11-6833-072-6

정가 30,000원